L'audience est ouverte

## Du même auteur

Dominique Verdeilhan et J.-C. Bauer (illustrations), *Portraits de justice*, Éditions Dargaud, 1995.

*Les Magistrats sur le divan*, Éditions du Rocher, 2017.

Dominique Verdeilhan

# L'AUDIENCE EST OUVERTE

Chroniques d'une justice défaillante

éditions du
ROCHER

Éditions du Rocher
28, rue Comte Félix Gastaldi - BP 521 - 980105 Monaco

*www.editionsdurocher.fr*

ISBN : 978-2-268-10515-4
EAN Epub : 9782268105376

*À mes proches, qui, au long de ces*
*trente-deux ans de chronique judiciaire,*
*ont accepté que je m'éloigne d'eux.*

*Aux magistrats et avocats, qui ont eu*
*la gentillesse de me faire croire que*
*j'étais un peu des leurs.*

*Aux prévenus, accusés et victimes,*
*qui ont nourri, malgré eux,*
*mes innombrables chroniques.*

*Aux confrères de la presse judiciaire,*
*avec qui j'ai eu plaisir à perfectionner mon*
*éducation juridique et judiciaire.*

*Aux dix-sept ministres de la justice,*
*qui n'ont jamais omis de m'inviter*
*à la passation de pouvoirs.*

# PRÉFACE

« L'audience est ouverte, veuillez-vous asseoir. »

En 32 ans de chronique judiciaire, combien de fois ai-je entendu cette invitation faite par le président du tribunal correctionnel ou de la cour d'assises ? Impossible de le dire. Je n'ai pas fait le compte. Elle est pourtant prononcée à chaque ouverture de procès. Avec une variante après une suspension d'audience : « L'audience est reprise. Veuillez-vous asseoir. »

C'est un rituel en même temps qu'une obligation, tout le monde se lève à l'entrée des magistrats. Il en est de même lorsqu'ils quittent la salle d'audience. L'huissier y veille, et gare à ceux qui font de la résistance.

En 3 décennies de chronique, c'est une phrase que je n'ai jamais prise en note dans mes cahiers à spirale. Pourtant, force est de constater que j'ai noirci du papier au cours de ces passionnantes années. Seule une infime partie nourrissait en fin de journée mon compte rendu du soir. Prendre en note, comme un greffier, le maximum de ce qui est dit à l'audience, annoter ses impressions, griffonner l'attaque ou la chute d'un "papier" sont les exigences d'un chroniqueur judiciaire. Avec le temps, les archives deviennent les meilleures garantes d'une mémoire forcément défaillante. Je me suis donc replongé dans mes cahiers à spirale, témoins fidèles de ces joutes oratoires entre magistrats, avocats, accusés et victimes.

Mon arrivée dans la chronique judiciaire pour Antenne 2, puis *France 2*, s'est jouée en un week-end. Un vendredi, mon chef de service me désignait pour suivre un procès. Le lundi suivant, je pénétrais pour la première fois dans la cour d'assises de Paris, celle qui avait vu juger et condamner Émile Zola, le docteur Petiot, Violette Nozières, l'assassin de Jean Jaurès, Robert Brasillach, Jacques Mesrine... Après avoir purgé sa peine de prison aux États-Unis pour trafic de drogue, Christian David, alias le Beau Serge, comparaissait devant ses juges pour le meurtre, en février 1966, du commissaire Maurice Galibert, lequel enquêtait alors sur l'enlèvement de Mehdi Ben Barka, opposant marocain au roi Hassan II. Nous étions le 25 janvier 1988. Je découvrais un lieu mythique et une matière qui m'était complètement étrangère. Ainsi ai-je passé plus de temps sur les bancs durs et souvent inconfortables des tribunaux que sur ceux des établissements scolaires.

Qui n'a jamais pénétré dans une salle d'audience ne peut imaginer l'atmosphère particulière qui y réside. Les films récents *Une intime conviction* d'Antoine Raimbault sur l'affaire Jacques Viguier et *La Fille au bracelet* de Stéphane Demoustier, tournés l'un en studio, l'autre en décor naturel, sont parvenus à s'approcher au plus près de la réalité judiciaire. Ce sont des vies qui s'y entrechoquent. Celle de la victime ou de ses proches qui viennent y confier en public leurs cicatrices physiques et morales. Celle du prévenu ou de l'accusé qui n'ignore pas qu'au bout du chemin, il y a la liberté ou l'enfermement. Le moment où le verdict tombe, cet instant où le condamné quitte le box, menotté, après un dernier salut à sa famille, pour aller purger une peine souvent lourde, laisse rarement indifférent. Il faut que le crime soit odieux, comme lorsqu'il vise un enfant, ou accompli au nom d'une idéologie terroriste, pour que le cœur reste insensible. Avec plusieurs collègues, nous avons souvent imaginé ce que nos prédécesseurs ont pu ressentir lors du prononcé de la peine capitale.

N'ayant, comme la plupart de mes confrères chroniqueurs, aucune formation juridique, il a fallu se plonger dans les codes pour acquérir les clés de ce labyrinthe judiciaire si complexe. La justice a son langage, son "charabia" : parquet, partie civile, commission rogatoire, arrêt, JAP, juge du siège... Le justiciable, le téléspectateur, l'auditeur, le lecteur les lit ou les entend dans les comptes rendus d'audience ou dans les séries policières. Sans en saisir forcement le sens exact. Derrière ce jargon, se cache le fonctionnement d'une institution qui fait partie de la démocratie et de notre quotidien. « Nul n'est censé ignorer la loi. » La formule est connue mais difficile à appliquer à la lettre. La faute à qui ? À une instruction civique défaillante ? Aux médias ? À la justice elle-même, trop hermétique, trop ennuyeuse en apparence ?

Bien que les journalistes soient généralement installés au sein du prétoire dans les tribunaux, ils ne sont en rien des auxiliaires de justice. Nous ne sommes ni juges, ni procureurs, ni avocats d'une cause. Seulement témoins, observateurs privilégiés de la machine judiciaire. Témoins et non acteurs de la procédure. Le rôle du chroniqueur judiciaire, outre de relater les moments forts d'une instruction et d'un procès, est de souligner le bon fonctionnement de la justice ou, au contraire, de dénoncer les lenteurs, de rappeler les dysfonctionnements et de mettre en exergue les enterrements de dossiers. Avec recul, objectivité, en respectant le contradictoire et la présomption d'innocence. Ce n'est pas un hasard si les magistrats et les journalistes ont en commun le mot "enquête". La démarche est semblable. Seule la finalité diffère.

Le journaliste a donc obligation de synthétiser, de raccourcir, de vulgariser. Tout le contraire du métier de magistrat qui se doit d'être le plus complet possible, de présenter un dossier argumenté, documenté. Les contraintes du temps ne sont pas les mêmes. Le rédacteur doit agir vite, en prenant les précautions d'usage. Vérifier, recouper, livrer avec prudence. D'où la nécessité d'être clair, simple, attrayant, compréhensible. On ne refait pas la justice. On ne refait pas les procès. On les explique. On les décode. Faisant œuvre de pédagogie afin d'aider le lecteur à se repérer dans ces méandres judiciaires. Dans le même temps, une bonne justice se doit de prendre le temps d'écouter, de confronter, de comprendre. En un mot, d'appliquer la loi. Avec humanité et humilité.

Ce livre n'est pas un plaidoyer pour la justice. Il ne s'agit pas de prendre la défense des magistrats et des avocats. Ce n'est pas le rôle du journaliste. Contentons-nous de relater ce dont nous avons été témoin. La machine judiciaire broie des vies humaines plus qu'elle ne les soulage. D'une instruction, d'une procédure, d'un procès, on ne sort pas indemne[1]. Essayons simplement de comprendre pourquoi.

La fascination qu'exercent les faits divers n'est plus à démontrer. Le fait que des affaires n'aient jamais quitté la chronique n'est sûrement pas étranger à ce phénomène. Les crimes de Seznec, Dominici, les affaires “Omar m'a tuer” et “Grégory” sont passées allègrement d'un siècle à l'autre, sans que les juges ne mettent un point final à ces énigmes. À défaut de s'identifier à la victime ou au coupable, le lecteur aime jouer les enquêteurs. Tout devient supportable quand le drame ou le malheur touche l'autre.

1. Voir *Les Magistrats sur le divan* (Éd. du Rocher).

Disséquer le fait divers est une nécessité pour le journaliste mais, au cours de mes 3 décennies de chronique, je me suis appliqué à décrypter la justice. Mêler l'information et la pédagogie afin de décoder la justice[2]. Le chroniqueur judiciaire doit prendre le lecteur, le téléspectateur par la main, l'aider à se mettre à la place du juré. Afin qu'il se forge à son tour une intime conviction. Derrière chaque fait divers, chaque procès, se cache un drame. Ils peuvent être aussi le révélateur des dysfonctionnements, des incohérences ou des errements de la justice. C'est le point commun de la vingtaine d'affaires judiciaires que je vous invite à revivre ici.

Entrons ensemble dans les palais de justice. Ici on juge, on condamne, on innocente. Au nom du peuple français. Au fil des pages, je serai votre guide dans les salles d'audience où se dessinera le portait d'une justice souvent défaillante. Sur le banc des prévenus ou dans le box des assises, seront assis des hommes et des femmes dont les casiers judiciaires se sont alourdis. Au fil des couloirs, nous croiserons des robes noires, silhouettes incontournables des tribunaux, qui courent après le temps et après leurs dossiers. Nous jetterons un regard curieux vers le banc des parties civiles pour s'intéresser enfin aux victimes. La souffrance prendra alors le pas sur le droit.

2. « La justice décodée », chronique tenue sur la chaîne *France TV Info* durant 3 ans.

## Partie I

# Le royaume de l'intime conviction

Il suffit d'une inscription sur les listes électorales et d'un tirage au sort. Le hasard ou la chance fait le reste. Futur juré aux assises, vous recevez d'abord votre convocation pour vous rendre au palais de justice de votre département. Ensuite, le premier jour du procès, la main soi-disant innocente du président plonge dans l'urne pour tirer votre nom et vous serez convié à prendre place aux côtés des 3 magistrats. Vous allez oublier assez rapidement que la dureté de votre siège n'est rien en comparaison avec celle de l'affaire évoquée. Très vite, vous allez comprendre que, si vous n'êtes pas le mieux installé, vous êtes sûrement celui qui est le moins à plaindre. La place du témoin, celle de la victime et celle de l'accusé ne sont pas à envier.

Déjà lors de votre entrée dans la salle, vous serez pris de légers frissons. Les assises sont, dans un palais de justice, le lieu le plus impressionnant. Ici l'on y juge les infractions les plus graves, les crimes, qui font encourir les peines les plus lourdes. Certains comparent les assises à un théâtre. En raison du décorum, des effets de manche éventuels des avocats, de la dramaturgie qui s'y joue, parce qu'un procès se gagne ou se perd en 3 actes : la présentation des personnages, l'exposé des faits et le verdict. Pourtant, contrairement au théâtre, rien n'est totalement écrit. Il y a d'abord le dossier et ensuite l'oralité des débats. Il faut savoir improviser. Donner de la voix. Convaincre un public restreint mais exigeant : les jurés. Renverser la machine implacable de l'accusation si l'on est côté défense. Défendre aux mieux les intérêts de la victime si l'on est de l'autre côté de la barre. Être crédible lorsque, procureur, on s'apprête à requérir une peine juste.

Juger, c'est comprendre. C'est se débarrasser de ses préjugés pour ne tenir compte que de ce qui se dit ou se tait devant vous. Refuser de se laisser impressionner par les bruits extérieurs, par les murmures de l'opinion publique, par les certitudes de la presse. N'écouter que son ressenti. Garder la raison. Lutter contre les apparences. Prendre du recul par rapport à l'enquête policière qui ne doit pas être prise pour un blanc-seing. Le fait que la justice soit symbolisée par une balance n'est pas un hasard. Outre qu'elle démontre que l'on doit peser le pour et le contre, elle illustre parfaitement qu'un procès s'apparente à un balancier. Au soir d'une journée d'audience, l'accusé peut apparaître comme le coupable irréfutable, comme, le lendemain soir, le sentiment peut être inverse. Dans le box, l'accusé a forcément une tête de coupable. Seulement, on ne condamne pas sans preuve au nom de l'intime conviction, avec des « si », avec des hypothèses, faisant fi du doute qui doit toujours bénéficier à l'accusé.

Même si vous vous rassurez en vous disant que vous n'êtes pas seul dans cette galère, votre voix, en définitive, compte autant que celle de votre voisin ou que celle du président. Un verdict, avant d'être une décision collective, c'est une décision personnelle.

Les assises sont le domaine de l'intime conviction. Alors que les jurés, juste après avoir été tirés au sort, se lèvent face au public, avant de dire en levant la main « je le jure », le président leur rappelle qu'ils doivent « décider d'après les charges et les moyens de défense, suivant [leur] conscience et [leur] intime conviction[1] ». De même, avant que les jurés partent en délibéré, le magistrat donne lecture de l'instruction suivante : « La loi ne leur fait que cette seule question, qui renferme toute la mesure de leurs devoirs : "Avez-vous une intime conviction[2] ?" »

1. Art 304 du code de procédure pénale
2. Art 353 du code de procédure pénale.

L'instant où la cour d'assises revient dans la salle pour rendre son verdict est d'une rare violence. On scrute le visage des jurés pour y déceler un indice. La victime a la tête plongée dans ses mains. L'accusé a le regard dans le vide. Une fois le mot « condamné » ou « acquitté » prononcé, fusent parfois de la salle des applaudissements ou des cris de révolte – « justice pourrie », « c'est une honte ». La dernière image est souvent celle d'un accusé de dos quittant son box avec, sur les épaules, le poids des années qui lui restent à purger.

Les 3 premières affaires illustrent à merveille cette problématique de l'intime conviction. Le 1er accusé qui se présente à nous s'appelle Omar Raddad. À Nice, les jurés de la cour d'assises l'ont condamné à l'issue d'une instruction et d'un procès controversés. 25 ans plus tard, le mystère demeure. Son nom est à jamais lié à une faute d'orthographe désormais célèbre. Découvrons que, dans cette énigme, la justice ne fut pas non plus exempte d'erreurs.

Quelques mois plus tard, Marie-Élisabeth Cons-Boutboul, avocate radiée du barreau, fut poursuivie pour avoir commandité l'assassinat de son gendre. Que le nom du tireur ne soit pas connu avec certitude par la justice n'arrêtera en rien les jurés de la cour d'assises de Paris pour rendre un verdict de culpabilité.

Enfin, l'intime conviction peut se manifester de différentes façons. Tuer son enfant est le pire des crimes. Mais ce jour-là, le vieil homme qui comparaît dans le box fait pleurer les jurés et vaciller les magistrats. Intime conviction rime alors avec émotion.

Prenons la direction de Nice. Montons les nombreuses marches du palais de justice dans le vieux quartier et pénétrons au rez-de-chaussée dans la salle des assises. Elle est pleine à craquer. La sonnerie retentit. Le président fait son entrée.

« L'audience est ouverte. »

# Coupable, forcément coupable, L'affaire « Omar m'a tuer »

Cela débute comme un roman de Françoise Sagan, se poursuit comme un polar signé Agatha Christie et s'achève avec un procès durant lequel on transforme les jurés en Sherlock Holmes. Comme dans un épisode de *Colombo*, on connaît le coupable dans les premières minutes.

Lui habite au Cannet-Rocheville dans un appartement. Il est né en juillet 62 au Maroc dans les montagnes du Rif. Après son service militaire, il a rejoint son père en France. En 1986, il rencontre celle qui deviendra sa femme, Latifa, Française d'origine kabyle, à Toulon lors du mariage de sa future belle-sœur. Ils ont 2 enfants dont le dernier, Youssef, est né il y a quelques semaines. Jardinier, il ne sait ni lire ni écrire. Sa famille dresse le portrait d'un homme calme, discret, affectueux, non violent. Son nom : Omar Raddad.

Elle réside sur les hauteurs de Val-de-Mougins, chemin Saint-Barthélémy. Un quartier résidentiel composé de superbes villas entourées de verdure. La sienne s'appelle *La Chamade*, inspiré d'un roman de l'auteur de *Bonjour Tristesse*. C'est un mas provençal au crépi légèrement rose, où elle vient régulièrement depuis 5 ans. Elle profite du jardin, de sa piscine. Longtemps, les voisins l'ont appelée la "dame à la Rolls". Mais cette voiture a été remplacée par une Honda Civic blanche. Moins voyante et plus économique. Elle tue le temps en noircissant des mots croisés et en jouant au bridge. Ses amis et proches la dépeignent comme secrète et autoritaire. Née de Renty, elle a eu un fils à l'âge de 19 ans, en 1945, d'un premier mariage. Âgée de 65 ans, elle est veuve du fondateur de l'empire Marchal, célèbre fabrique de phares à tête de chat. Elle s'appelle Ghislaine Marchal.

Elle, elle est la victime. Lui, il est le coupable. Forcément coupable.

Le dimanche 23 juin 1991, M^me^ Marchal appelle à 11 h 45 une amie pour lui confirmer qu'elle sera bien présente le lendemain pour le déjeuner. Elle ne s'éternise pas trop au téléphone car elle est en retard et doit déjà se rendre à un déjeuner organisé par une autre amie, à l'occasion de l'anniversaire de son époux. Vers 14 h, ce couple d'amis l'appelle, s'étonnant de ne pas la voir arriver. M^me^ Marchal ne répond pas.

À 500 m de là, dans une autre résidence, celle de Francine Pascal, Omar Raddad s'occupe du jardin. Comme il le fait régulièrement. Trois fois par semaine chez M^me^ Pascal, et une fois chez M^me^ Marchal. Il s'est absenté entre 12 heures et 13 h 15. N'étant pas parvenue à la joindre, l'amie chez qui M^me^ Marchal devait déjeuner ce dimanche se rend sur place. Elle constate que la grille est fermée. Elle n'insiste pas.

Le lendemain, Omar Raddad est chez lui, au Cannet-Rocheville, avec les siens. Il fête l'Aïd el Kébir. À Mougins, Ghislaine Marchal ne donne toujours pas signe de vie. Elle ne se rend pas plus que la veille au déjeuner auquel elle est invitée ce lundi. Inquiète de ne pouvoir la joindre par téléphone, l'amie se rend chez M^me^ Pascal. Toutes deux préviennent d'abord la société de sécurité qui a posé l'alarme à la villa, et ensuite le médecin traitant de la propriétaire. À l'intérieur de la villa, ils constatent seulement que la porte-fenêtre est ouverte. Aucune présence n'est décelée. « Elle est là mais introuvable, dira plus tard le docteur D., éprouvant un sentiment de malaise face à ce vide. J'ai eu une prémonition. Il y avait une atmosphère bizarroïde. »

Sur le lit, il y a des lunettes et un journal. Sur le secrétaire, un sac et 2 chéquiers. L'homme continue son inspection.

« Je me suis dirigé vers la piscine, craignant qu'elle ne se soit noyée. » Aucun corps ne flotte. M$^{me}$ Marchal est introuvable.

Alertés, les gendarmes effectuent le même tour du propriétaire. Il est 17 heures. Aucune effraction, aucun vol manifeste n'est constaté. Aucune trace de lutte. La villa est vide. Ne reste plus qu'un seul endroit à explorer, le sous-sol. La porte, en bas du petit escalier, est fermée. La clé récupérée dans la villa, les recherches se poursuivent. Après avoir tourné 2 tours dans la serrure, le gendarme Martial Liedtke est confronté à une résistance importante. La porte semble bloquée. Parvenant à l'entrouvrir, il sent, en passant son bras, qu'il touche du grillage et de la mousse. Aidé de son collègue, il parvient à pousser la porte. Ils y découvrent alors un lit de camp de 12 kg, un chevron de bois et une tige métallique assez longue.

Finalement ouverte, la porte donne sur un local assez vaste. La lumière est éteinte. Les enquêteurs constatent qu'il y a du sang sur les interrupteurs. D'ailleurs, il y en a aussi sur les murs et sur le sol. Une vision d'horreur pour les 2 gendarmes qui progressent dans un labyrinthe de la mort. Empruntant un couloir sur la droite, ils découvrent sur la porte de la cave à vin une 1$^{ère}$ inscription. « Omar m'a tuer ». Écrites en lettres de sang. Avec une faute évidente. Lors de leur progression, 6,50 m plus loin, ils découvrent une seconde inscription sur la porte de la chaufferie. Inachevée celle-ci. « Omar m'a t ». Dans la chaufferie repose le corps inerte de la propriétaire. Elle est allongée sur le ventre, jambes écartées, vêtue d'un peignoir aux manches ensanglantées. Ses cheveux sont maculés de sang. Morte, exsangue. Elle baigne dans son sang. Selon les premières constatations, les hématomes à la tête laissent supposer qu'elle a été assommée avec le chevron en bois. Les nombreuses blessures au cou, au thorax, à l'abdomen et à une cuisse, tendent à prouver qu'elle a reçu plusieurs coups de couteau. Signe de la violence du crime commis, le sol est jonché d'objets divers : sa montre, ses chaussures et sa prothèse dentaire.

Revenus dans la rue, les gendarmes interrogent les voisins. « Le prénom Omar vous dit-il quelque chose ? » « Oui, c'est le jardinier », répond du tac au tac M^me^ Pascal, qui ajoute très rapidement ne pas croire à sa culpabilité. L'enquête est presque terminée pour les 2 gendarmes. Ils ne posent même pas les scellés à la porte du sous-sol, ce qui est pourtant le b.a.-ba d'une enquête criminelle. Aucune prise d'empreinte ne sera effectuée dans la maison, ni dans la cave.

La raideur cadavérique intervenant environ douze heures après le décès, les experts légistes déterminent avec difficulté le créneau horaire durant lequel M^me^ Marchal a été tuée. La montre de la victime fonctionne encore au moment de la découverte du corps, donc aucune indication ne peut venir de ce côté-là. Après avoir commis une erreur de date, due à une faute de frappe[1], ils optent pour le dimanche 23 entre 11 h 45, heure de sa dernière conversation téléphonique – donc son dernier signe de vie – et 14 heures. Aucune des blessures n'a été mortelle. Le peignoir semble avoir absorbé le sang de la victime. La victime a agonisé entre 15 minutes et une demi-heure. Un temps suffisant

1. Le docteur Page évoque d'abord un décès le lundi 24 juin, date à laquelle Omar a un alibi solide : il est au Cannet avec sa famille

pour écrire 2 fois une formule désormais célèbre. Une agonie en sous-sol.

Le lendemain, les gendarmes débarquent à Toulon chez la belle-famille du jardinier. Omar Raddad se laisse arrêter sans résistance, sans rébellion. Il ne comprend pas bien ce qui lui arrive. Entendu pendant 2 jours en garde à vue sans l'aide d'un interprète, alors qu'il maîtrise mal le français, il est mis en examen pour homicide volontaire le jeudi 27 juin par la juge Sylvaine Arfinengo. Le soir même, il passe sa première nuit en détention à la prison de Grasse. Il affiche une certaine confiance. Il pense que cela est lié à son permis de séjour en France. Pour lui, tout cela va se terminer bientôt, la justice va reconnaître son erreur et, par conséquent, il va ressortir dans les jours prochains. Erreur, toutes les demandes de mise en liberté déposées par ses 2 avocats, M^es^ Gérard Baudoux et Georges Girard, sont refusées. Ses 2 grèves de la faim, qui nécessiteront son hospitalisation à la prison-hôpital de Fresnes, et à Nice, ne feront pas fléchir la justice.

Omar Raddad a connu M^me^ Marchal par son père qui a précédemment travaillé pour elle. Preuve de la bonne entente entre le jardinier et son employeur, le jeune couple a vécu chez la victime avant la naissance de leur premier enfant. Au juge, il donne très rapidement son emploi du temps le jour du crime. Il est parti de chez M^me^ Pascal vers 12 heures. Il a rejoint son appartement au Cannet-Rocheville en mobylette. À 5 km du lieu du crime. En chemin, il s'est arrêté dans une boulangerie. Arrivé chez lui, à la résidence du Lotus, il déclare avoir croisé dans le hall de son immeuble le gérant d'une supérette voisine. Après avoir déjeuné chez lui, il est reparti vers Mougins en mobylette. À 12 h 51, depuis une cabine téléphonique, à 8 minutes de chez M^me^ Pascal, il a appelé sa belle-mère. Peu après 13 heures, il déclare être revenu chez M^me^ Pascal. Le fils de cette dernière lui a d'ailleurs proposé un sandwich et une glace. Il n'aurait touché qu'au dessert. Devant le juge, il justifie qu'il a préféré travailler le dimanche pour pouvoir fêter l'Aïd El Kébir avec les siens. Il déclare être rentré chez lui à 17 heures. Sans avoir vu, dit-il, M^me^ Marchal. Le lendemain, il a rejoint son épouse qui vit temporairement chez l'une de ses sœurs dans les quartiers nord de Toulon.

Consciencieux, les enquêteurs recoupent les données du suspect. Personne à la boulangerie ne se souvient du passage du jardinier ce jour-là. Pas plus les commerçants que les clients. Le voisin prétendument croisé déclare ne pas avoir vu Omar, tout en reconnaissant être passé à cette heure-là dans le hall. Une locataire, qui dit être restée longtemps sur son balcon, n'a vu ni entrer ni sortir le jardinier. En revanche, France Télécom retrouve bien trace d'un appel téléphonique à 12 h 51 qui n'aurait duré que 2 minutes. Question : ce dernier point confirmé dans l'emploi du temps du suspect l'innocente-t-il du crime ? « Non », répond la justice. Pourtant aucun indice, aucun témoin ne vient, dans un premier temps, accuser le jardinier qui n'a pas plus avoué.

Vu les constatations effectuées sur la scène du crime, les enquêteurs en déduisent que cette dernière a dû être violente. Du sang a giclé sur les murs et sur le sol. Or aucune trace n'est repérée sur les vêtements d'Omar. L'homme qui lui a apporté de la nourriture après 13 h 15 n'a rien constaté d'anormal. Ni dans sa tenue ni dans son comportement. Aucune trace de lutte. Il l'a seulement trouvé fatigué, les traits tirés.

Aucune trace d'herbe qu'aurait pu laisser le jardinier n'est décelée dans le sous-sol de *La Chamade.* Rien sous les ongles de la victime ne permet d'identifier l'agresseur. En février 1992, de nouvelles expertises révèleront sur les vêtements d'Omar des traces de poussière et de fibres de verre, semblables à celles de la cave et de la chaufferie. Quant au corps de M$^{me}$ Marchal, il est incinéré avant que le nouveau juge d'instruction n'ait reçu le rapport d'autopsie. Empêchant ainsi toute contre-expertise. Fâcheux.

La vérité émergera-t-elle de la faute d'orthographe commise par la victime ? Pas sûr. Un meurtre à l'indicatif. Drôle de faute pour une adepte des mots croisés. On scrute ses grilles de jeux, son courrier. Ses amis la disent coutumière de cette erreur de conjugaison. Tout crime a un mobile. « L'argent », répond la justice. Certes, aucun bijou n'a disparu dans la villa, mais Ghislaine Marchal avait retiré une forte somme d'argent à un distributeur, le 19 juin. Or aucun billet n'a été retrouvé dans son portefeuille. Mais comme aucune empreinte n'a été relevée…

Les juges scrutent la personnalité du suspect, afin d'y trouver des éléments à charge. Il fréquente régulièrement les casinos. Plusieurs témoins disent l'avoir vu devant les machines à sous. D'autres vont plus loin en en faisant un client assidu des prostituées. Le jardinier a 2 mois de loyer impayés à son actif. Liliane Receveau, la femme de ménage de la victime, et Francine Pascal, la voisine, décrivent une Ghislaine Marchal « cinglante et agacée quand Omar lui demande des avances sur salaire ». « Oui, j'avais des dettes comme tout le monde », se justifie plus tard l'accusé, face à ceux qui le qualifient de “flambeur”.

Le 18 février 1992, le juge Jean-Pierre Renard, 3$^e$ magistrat chargé de l'affaire, organise une reconstitution. Omar refuse d'y participer. « Normal, disent ses avocats, puisque Omar déclare n'y être pour rien. » Pour ces derniers, la victime a écrit les 2 inscriptions sous la menace, sous la dictée. Le mécanisme pour bloquer la porte avec le lit pliant et le chevron est en fait l'œuvre du criminel, alors qu'il quittait les lieux laissant la victime agoniser. « Une machination pour accuser le jardinier marocain. » S'appuyant sur le rapport des médecins légistes, qui considèrent que l'état de faiblesse de la victime ne l'a pas empêchée de se barricader de l'intérieur, la justice écarte la thèse de la défense.

Le 11 mars 1993, M. Coutton, le 4e juge chargé de l'instruction en moins de 2 ans, clôt son dossier. Le mercredi 7 avril 1993, la cour d'appel d'Aix-en-Provence doit décider du sort d'Omar Raddad. Le père d'Omar est présent. Je le rencontre pour la première fois. Le vieil homme suit de très près toute la procédure concernant le dossier de son fils. Il sait que le réquisitoire définitif est accablant. Des juges d'Aix, il attend un non-lieu, à la limite un complément d'information. Mes Jacques Vergès et Philippe Pétillault, avocats parisiens, sont venus renforcer la défense aux côtés de leurs confrères de Nice et de Cannes. Christian Veilleux, le fils de la victime, est assisté de Me Olivia Cligman, du cabinet de Me Henri Leclerc. L'audience est à huis clos. Pour le procureur adjoint Bernard Farret, qui suit le dossier presque depuis le premier jour, « Omar Raddad n'a pas d'alibi mais il a un mobile ». La défense continue de dénoncer « un dossier plein de faiblesses et d'incertitudes », de soutenir que tout cela n'est qu'une mise en scène et que l'accusation se contente de cette signature posthume. Les avocats plaident le non-lieu et demandent la remise en liberté de leur client.

L'arrêt est rendu une semaine plus tard. Omar Raddad est renvoyé devant les assises des Alpes-Maritimes : 17 petites pages pour tenter de gommer toutes les interrogations que pose cette énigme. Les juges écrivent dans leur arrêt de renvoi :

« Il ne peut être exclu que Raddad ait donné la mort à M$^{me}$ Marchal qui aurait refusé de lui accorder des avances financières. »

Le 24 janvier 1994, Omar Raddad n'est plus seulement une photo qui s'étale dans les journaux depuis le début de l'affaire. Il apparaît à tous ceux qui ont réussi à prendre place dans la salle des assises, au rez-de-chaussée du palais. On le découvre assez grand, mince, une silhouette assez frêle. Il a soigné sa présentation. Il a revêtu une chemise blanche, un costume gris bleu. Il ne porte pas de cravate. L'accusé offre 2 images. Celle d'un homme souriant, détendu, confiant, et celle d'un accusé impatient de clamer et de démontrer son innocence. Il esquisse un mouvement de la tête lorsqu'il aperçoit son père au fond de la salle.

Devant lui, ont pris place ses 2 avocats : M$^{es}$ Vergès et Pétillault. Les 2 autres avocats ont quitté, à contrecœur, les bancs de la défense il y a quelques semaines. Pour incompatibilité d'humeur, en raison d'une divergence de vue énorme sur la stratégie de défense. Le verdict aurait-il été différent si les autres avocats étaient restés ? Pas sûr, tant il semble que les cartes étaient jouées d'avance. Mais ce qui est probable, c'est que le cours des débats aurait pris une autre tournure.

Face à Omar, les parties civiles : le fils de M$^{me}$ Marchal, la sœur et le beau-frère de la victime, l'ancien bâtonnier de Paris, Bernard Bigaut du Grandrut. C'est ce dernier qui a fait appel à M$^{e}$ Henri Leclerc, l'un des meilleurs pénalistes du moment. Sur sa droite, la cour d'assises chargée de le juger : 5 femmes et 7 hommes, dont les 3 magistrats. Au pied de l'estrade où les jurés sont installés, la vitrine des pièces à conviction. Des papiers, une cisaille coupe-haies. Mais aucun poignard, aucun couteau. Car, autre particularité de ce dossier, l'arme du crime n'a jamais été retrouvée. Le procès doit se dérouler sur 8 audiences, ce qui est assez court au regard de la complexité de l'affaire. Rappelons, s'il en est besoin, que cette énigme, digne du jeu *Cluedo*, ne comporte aucun indice scientifique, aucune empreinte, aucun témoin du crime. Seulement 10 lettres de sang. Parions qu'aujourd'hui, la même procédure occuperait au moins 3 semaines.

Dès le 1er jour, nous avons le sentiment que la machine judiciaire est partie avec un objectif, et restée sur la même ligne que lors de l'instruction : condamner un homme qui a été montré du doigt par la victime. Une signature, mais pas forcément une preuve. Plusieurs indices, au fur et à mesure des débats, laissent à penser que le président des assises, Armand Djian, a déjà son intime conviction. Il est le seul des 12 personnes qui composent le jury à connaître le dossier en profondeur. Les 11 autres en ont une connaissance que l'on peut qualifier de médiatique. D'ailleurs, dans un très court préambule, le magistrat déclare : « Ce n'est pas une kermesse médiatico-judiciaire que nous faisons, mais un procès. »

Interrogé dès les premières minutes de l'audience, l'accusé fait comprendre qu'il souhaite s'exprimer dans sa langue maternelle. C'est par l'intermédiaire de la voix d'un interprète que les jurés vont l'entendre. « Je me doute que cela risque de me desservir [...] J'ai vécu une vie heureuse et sans histoire jusqu'à ce que mon nom apparaisse dans une cave en lettres de sang [...] Je n'ai jamais eu de problème avec la justice ou avec la police. Malheureusement, je suis là mais je suis innocent », affirme-t-il en arabe.

Cela a le don d'agacer le président qui doute que l'accusé ne maîtrise pas le français. À la longue, ce problème de langue a forcément créé un fossé entre le box et les jurés qui se sont retrouvés dans un procès sous-titré.

Comme dans presque tous les procès, les premiers instants sont consacrés à la personnalité de l'accusé. Pour y trouver la faille. Le jeu et les femmes sont-ils la clé du mystère ? « Des pratiques qui sont contraires au Coran », s'empresse de préciser le magistrat. « Connaît-il le mot "prostituée" ou plutôt celui de "pute" ? demande le président à l'interprète. N'a-t-il pas une belle-sœur qui habite Marseille ? Là-bas, ce mot est presque dans toutes les phrases. » « Oui, monsieur le président, j'allais de temps en temps au casino, mais ce n'est pas le jeu qui m'entraînait à demander de l'argent. En revanche, je nie avoir eu des relations avec des prostituées. » Là encore, est-ce le vocabulaire et la formulation du jardinier ou celle de l'interprète ?

Entendue à la barre, son épouse dit haut et fort qu'elle croit en l'innocence de son mari. Elle confirme qu'il a effectivement travaillé le dimanche pour fêter, le lendemain, l'Aïd El Kébir en famille. Elle évoque une vie heureuse, sans histoire, avec leurs 2 enfants. Puis elle lâche cette phrase que relève aussi le président :

« Il n'aurait pas fait de mal à un moustique.

— Vous me dites qu'il ne ferait pas de mal à un moustique, mais cela ne l'empêche pas de savoir égorger un mouton.

— Ce n'est pas parce que l'on tue un mouton qu'on tue une personne, réplique l'épouse à la barre.

— Je sais, je suis respectueux de toutes les grandes religions dans la mesure où elles rapprochent les hommes », répond le magistrat qui s'empresse de préciser qu'il a longtemps vécu au Maroc.

Sur les bancs de la presse, cet échange et les remarques du président nous interpellent. Pas loin de nous, Me Leclerc, fervent défenseur des droits de l'homme, tique aussi. Nos regards se tournent vers Me Vergès. Aucune réaction de sa part. Il ne fait pas acter la remarque du président, la défense d'Omar Raddad ne pourra donc pas s'en servir dans ses voies de recours.

Au tour du fils de la victime, Christian Veilleux, de venir témoigner. Il ne veut pas évoquer les faits, dont il n'a pas été témoin. Il parle de sa mère. « Nous avions 19 ans d'écart. Plus qu'une mère, c'était une amie, une confidente. Ma mère avait un profond respect pour les autres. Sa mort fut un drame épouvantable et cela continuera sans doute. » Il dresse le portrait d'une « femme de caractère, pas une mondaine évaporée. Juste mais exigeante avec ses employés. Solitaire, discrète, secrète, menant une vie calme et rangée ». Une amie de la victime va plus loin en précisant « qu'il aurait fallu des sévices très graves pour la forcer à écrire ce qu'elle ne voulait pas ».

Francine Pascal, la voisine et amie, parle de M^me^ Marchal avec affection. Mais à la barre, elle déclare avoir reçu, le soir même de la découverte du corps de la victime, un troublant appel téléphonique. Alors que les circonstances de la mort n'étaient pas encore connues, une voix anonyme lui a dit avant de raccrocher : « Il en a fait de belles votre jardinier avec tout ce sang. » Elle a fait part de cet appel aux gendarmes 6 mois plus tard. Certes très tardivement. Mais sans que cela émeuve qui que ce soit. Pour elle, le meurtrier court toujours.

Ce dossier est un puzzle. Chaque pièce compte. C'est au tour des experts en médecine légale de venir présenter leur rapport. Le fils et la sœur de la victime préfèrent quitter la salle. On connaît déjà tout sur les circonstances du décès de la victime. Sa longue agonie. Le major Georges Censi[2] raconte ce qui s'est passé dans la cave comme s'il en avait été témoin. « Une discussion orageuse s'engage, raconte le gendarme. Le jardinier exige de l'argent. Elle refuse. Elle doit le chasser. C'est à ce moment-là qu'Omar Raddad décide de tuer M^me^ Marchal d'un coup de

2. Capitaine Georges Cenci, *Omar l'a tuée. Vérité et manipulations d'opinions*, L'Harmattan, 2002

chevron. » On s'y croirait mais le gendarme en rajoute. Pour lui, le jardinier a blessé mortellement la victime avec sa cisaille taille-haie. L'ennui, c'est que les experts parlent de blessures commises probablement par un couteau à cran d'arrêt qui manque dans la procédure.

Le mercredi, on distribue aux jurés un plan du sous-sol. Des exemplaires arrivent dans la tribune de presse. Intitulé « croquis d'état des lieux », c'est une reproduction à l'échelle 1/25e. Aucun détail ne manque. Tout est fidèlement retranscrit. Y compris l'emplacement où la prothèse dentaire de la victime a été retrouvée, très loin de son corps. Preuve de la violence des coups. Preuve aussi que Mme Marchal s'est déplacée avant de succomber devant la seconde inscription inachevée. Le lit pliant, le chevron de bois et la barre métallique nous sont présentés comme pièces à conviction le 4e jour. Le débat tant attendu et tant promis par les premiers avocats de la défense n'a pas lieu. L'audience tourne court. Selon toute vraisemblance, pour l'accusation, la porte a probablement été fermée par le meurtrier. Après quoi la victime l'a bloquée avec le lit pliant et le chevron avant d'aller dénoncer son agresseur.

Le lundi de la seconde semaine du procès, 2 jurés se font porter pâles. Ils sont remplacés par des jurés suppléants. Dans l'après-midi, les 2 fameuses portes sont déposées au milieu du prétoire. Un frisson hitchcockien traverse la salle. La cour touche enfin du doigt le mystère de *La Chamade*. Le procès rentre dans une autre dimension. Des appariteurs retirent l'emballage plastique qui protège ces portes. Les inscriptions accusatrices sont encore visibles. Christian Veilleux a une légère grimace de douleur à leur vue. Assez vite, il baisse la tête. Alors que, depuis une semaine, l'accusé fait tout pour se faire oublier, il fait face aux pièces à conviction qui n'ont jamais porté aussi bien leur nom. Son prénom est écrit en rouge sang. Omar reste imperturbable. Le président s'adresse à l'interprète : « Voulez-vous dire à l'accusé de regarder les portes et leurs inscriptions ? » L'accusé répond : « En quoi suis-je concerné ? » Il offre un détachement surprenant face au principal élément qui l'accable.

À la barre, l'expert en graphologie conduit les jurés dans ce huis clos macabre. Il rappelle que M^me^ Marchal les a écrites dans le noir. Il a visiblement examiné les 2 portes à la loupe. Sa démonstration est minutieuse et méthodique. Primo, les 2 inscriptions sont de la main de la victime. Secundo, celle-ci était suffisamment lucide pour savoir ce qu'elle écrivait. Puis il détaille la progression de M^me^ Marchal dans le sous-sol. Devant la première porte, celle de la cave à vin, le scripteur est à genoux. La phrase est complète avec la faute d'orthographe que l'on connaît. Devant la seconde porte, celle de la chaufferie, 6,50 m plus loin, la victime est allongée, à bout de forces. Certaines lettres sont écrites à l'aide de 2 doigts, signe d'une dégradation physiologique. Elle ne peut plus continuer son message et ne peut pas finir d'écrire le mot « tuer ». Entre les 2 portes, les signes d'une agonie sont évidents. Aucun signe de peur ou de mise en scène n'a été décelé. En revanche, dans les 2 cas, l'écriture est spontanée et non guidée. « Jamais un falsificateur n'aurait pu reproduire l'affaiblissement psychologique », précise- t-il haut et fort, avant de rajouter : « Car quand on tient la main de quelqu'un, c'est l'écriture de celui qui guide qu'on retrouve en premier lieu. »

M^e^ Vergès fait distribuer 2 tableaux. Il a reconstitué l'inscription à partir de lettres extraites des mots croisés de la victime. Pour l'avocat, il y a une différence, une divergence sensible. Ce que conteste l'expert, précisant : « C'est pourquoi je parle d'évidence et non de preuve. » Nuance. Un proche de la victime avait tenté de mettre un terme aux débats par cette formule implacable : « Quand on agonise, on ne fait pas la dictée de Pivot. »

À la suspension d'audience, nous nous rapprochons des 2 portes. Nous les examinons à notre tour. Jamais pièces à conviction ne furent aussi imposantes et déterminantes dans une affaire criminelle. Nous constatons que des empreintes digitales semblent être visibles dans les traces de sang. Un point du dossier qui n'a jamais été avancé ou signalé au cours de l'instruction ou depuis le début du procès. Nous alertons M^e^ Vergès qui est resté consciencieusement assis à sa place. Il en prend note. Mais à la reprise de l'audience quelques minutes plus tard, l'avocat d'Omar n'en tient pas compte. Pendant ce procès, il y a 2 Vergès. Celui tel qu'il nous apparaît à l'audience. Ne prônant pas, contrairement à son habitude et à sa réputation, une défense de rupture, autrement dit en accusant l'institution judiciaire avant de défendre son client. Étonnement, il a fait le choix d'une défense endormie, patte de velours, composant avec le magistrat pourtant plutôt à charge dans sa direction des débats. Et puis il y a celui que l'on retrouve aux suspensions d'audience, face aux nombreuses caméras et micros dans la salle des pas perdus. Vergès fumant le cigare, et plaidant hors audience, avant de le faire devant les jurés, ce qu'il dénonce déjà comme une erreur judiciaire.

Après 5 jours de débats, aucun élément déterminant n'a fait jour. Le procès a remis à plat ce que le dossier d'instruction avait mis en avant depuis 2 ans. Ceux qui pensent le jardinier coupable n'ont pas changé d'avis. De même pour ceux qui sont d'un avis contraire.

Place aux avocats et à l'accusation pour aider les jurés à y voir clair. M^es^ Leclerc et Vergès se connaissent. Ils s'estiment mais ce ne sont pas des intimes. Quelques années plus tôt, ils se sont trouvés dans la même configuration au procès du terroriste Georges Ibrahim Abdallah[3]. « Je ne serais pas là si je n'avais pas une certaine certitude. Je plaide sans haine, j'ai bien réfléchi, j'arrive à une évidence, je n'ai pas besoin des experts. Quel besoin a la partie civile de faire condamner un innocent ? » plaide Henri Leclerc. Il demande aux jurés d'entendre le message ultime de Ghislaine Marchal : « "Omar m'a tuer." Nous ne sommes plus dans le mystère, le roman, la fiction. Nous sommes dans la douleur et l'infinie souffrance. "Omar m'a tuer", c'est un ultime message à la famille et à vous, les juges. Il n'y a aucune contestation possible. Elle agonise, elle s'enferme et elle écrit. Toute autre hypothèse est absurde. »

Bernard Farret, l'avocat général, se lève à son tour. Sa voix impose le silence. « Il n'y a jamais eu de mystère Marchal. Jamais eu d'énigme Omar. Il y a suffisamment d'éléments convergents pour désigner le jardinier marocain comme meurtrier de Ghislaine Marchal. Tout nous ramène à Omar. L'inscription d'abord. Là, dit-il aux jurés, vous avez une preuve qui d'habitude n'existe pas. C'est le témoignage vivant de la victime. Ghislaine Marchal n'a pas pu se tromper de bonne foi. Le meurtrier a agi de face. Elle l'a forcément identifié. La faute d'orthographe, c'est la preuve par excellence puisque c'est une erreur que M^me^ Marchal commettait souvent. Elle était suffisamment lucide au moment où elle écrit lesdites phrases pour saisir leur portée. Enfin, le crime de rôdeur ou de machination ne tient pas, conclut le magistrat. D'ailleurs il n'y a ni effraction ni vol, c'est un crime de lâcheté. » Argumentant qu'il n'y a aucune preuve que l'accusé se soit rendu

3. Incarcéré depuis 37 ans en France, ce militant révolutionnaire libanais a été condamné en 1987 à la réclusion criminelle à perpétuité pour complicité d'assassinat de 2 diplomates à Paris.

à son domicile comme il l'avance, et qu'il avait de « pressants besoins d'argent », il requiert entre 17 et 20 ans.

2 février 1994. Dernier jour du procès. Dans une rue adjacente au palais de justice de Nice, un fourgon s'immobilise à la hauteur d'une entrée latérale. Le jardinier marocain fait son apparition lorsque la porte arrière du véhicule s'ouvre. Il n'est nullement impressionné par la quantité impressionnante de photographes et de cameramen qui l'attendent. Avant de descendre du fourgon cellulaire, les mains menottées dans le dos, il scande un sonore « Je suis innocent ». En français. Avant que les policiers ne lui intiment énergiquement de pénétrer dans l'enceinte judiciaire.

Plutôt silencieux et en retrait durant la semaine et demi du procès, M^e^ Vergès plaide en dernier. « On nous a reproché notre passivité. C'était pour faire surgir toutes les contradictions du dossier. Le doute, loin de se dissiper, s'est aggravé. » "Le salaud lumineux[4]" s'en prend aux « romans bricolés de l'accusation bicéphale : avocat général plus parties civiles ». « On s'est transformé en passe-muraille pour reconstituer un huis clos. » Il dénonce à son tour les incohérences et les *a priori* de l'instruction et dénonce « un bricolage judiciaire ». « On ne condamne pas un homme contre qui il n'y a que des insinuations. On n'a privilégié qu'une seule hypothèse. » Pour Vergès, l'enquête a été bâclée, « la comparaison entre la grosseur des doigts de la victime et la largeur des lettres écrites n'a pas été faite », tonne-t-il. « Le corps a été bougé. Il n'est pas devant la seconde inscription. Les bras ne sont pas en position de quelqu'un qui vient d'écrire », accuse-t-il. Pendant de longues minutes, il appelle les jurés à ne pas commettre une erreur judicaire. « La France ne peut pas

4. Titre d'une biographie écrite par Jean-Louis Remilleux (Éd. Michel Lafon).

devenir la *recordman* d'Europe de l'erreur judiciaire. » Il s'en prend violemment aux experts graphologues trop écoutés dans les prétoires. Pendant une heure et demie, l'avocat passe au crible tout ce qu'il a laissé passer durant les débats. « Ayez le courage de dire avec obstination "non". Acquitter ne serait pas une insulte. Ce serait honorer la justice et honorer la France. »

À la fin de la plaidoirie, le père de l'accusé est pris d'un malaise et est évacué. Omar Raddad sanglote, essuie ses larmes. Un changement radical d'attitude de la part de celui qui a, depuis le premier jour, surpris par son attitude impassible. Comme s'il voulait montrer qu'il est totalement étranger à l'affaire. Comme si, selon lui, son innocence reconnue était un combat gagné d'avance, et la plaidoirie de M^e^ Vergès une simple formalité. Pour ses derniers mots avant que les jurés ne partent délibérer, Omar abandonne la langue maternelle. « Je voudrais cette fois-ci parler en français. Ce n'est pas moi qui ai tué. Je n'y suis pour rien. M^me^ Marchal était comme ma mère. » Propos sincères ou calculés ? En tout cas trop tardifs.

Pour les jurés, l'alternative est simple. Soit ils font confiance aux experts graphologues et ils prennent l'inscription au pied de la lettre. Soit ils retiennent le doute qui, en principe, doit profiter à l'accusé. Mais là encore un détail ne manque pas d'importance. Volontairement ou pas, le président a laissé les 2 portes au milieu du prétoire devant les jurés. Elles sont restées en place durant les longues plaidoiries et réquisitions. Les jurés ont eu, durant de longues heures devant eux, un prénom écrit 2 fois en lettres de sang. Et ce à quelques mètres d'un accusé portant le même prénom.

10 lettres pour résoudre une énigme. 10 lettres pour juger un homme. 10 lettres pour donner à l'accusé une définition en 8 lettres. Coupable ou innocent.

7 heures plus tard, les jurés reviennent. Omar Raddad va savoir si, outre son nom, c'est aussi sa condamnation qui est inscrite sur les 2 portes. Aux 3 questions sur la culpabilité, les jurés ont répondu « Oui ». Le jardinier est condamné à 18 ans de réclusion criminelle. La cour d'assises lui accorde les circonstances atténuantes. Un cri violent retentit au fond de la salle. C'est celui de son épouse qui, victime d'une syncope, s'effondre. Avant d'être évacuée par les pompiers, elle a le temps de crier : « Je veux mourir. Je vous déteste. Je vous hais. » Le père d'Omar reste assis. Sonné. Jusqu'au bout, sa famille a cru à un acquittement. Me Vergès s'adresse à la cour : « Le combat ne fait que commencer, le combat contre les pauvres. C'est une honte. Voilà le racisme. Il y a cent ans, on s'est battu pour quelqu'un qui était juif. Aujourd'hui, on se battra pour quelqu'un qui est musulman. » « Maître, vous savez que l'on ne peut pas commenter les décisions de justice », lui rétorque le président Djian. L'avocat ne manquera pas de le faire hors audience. Vergès s'en prend également à son confrère Leclerc, vice-président de la Ligue des droits de l'homme, l'accusant d'avoir tourné le dos à ses idéaux. Les jurés se lèvent au plus vite et quittent la salle dans le tumulte.

De son côté, Omar Raddad accuse le coup. Quelques minutes plus tard, il regagne la prison de Nice. Probablement avec 2 mots qui s'entrechoquent sans sa tête. Celui entendu à l'intérieur de la salle d'audience, « coupable ». Et celui qui lui parvient de la rue, de l'extérieur, « innocent ». Plus de 300 personnes se sont rassemblées devant les grandes marches du palais de justice niçois. Majoritairement, ils ont pris fait et cause pour le nouveau condamné. Coupable. Innocent. C'est le mot « coupable » prononcé par les 12 jurés qui fait foi.

Dans le palais de justice de Nice, c'est l'effervescence. Le fils de la victime quitte la cour d'assises sous surveillance policière. Pour son avocat, Me Leclerc, qui fait une très courte déclaration, « l'ultime message de Ghislaine Marchal a été entendu. Il s'agit de justice et non de vengeance ». Interrogé, il refuse l'idée d'avoir participé à un procès raciste.

Me Vergès se présente à son tour devant la presse. Avec mon confrère de TF1, Jean-Pierre Berthet, nous l'encadrons. Non pas pour le protéger mais parce que nous sommes allés le chercher dans la salle d'audience. Il nous faut préparer nos comptes rendus pour les 20 heures de nos chaînes respectives. Assurément, l'avocat d'Omar Raddad n'improvise pas sa repartie. Elle est déjà rodée. Mais depuis combien de temps l'a-t-il mûrie, tant il la formule comme un coup de poing médiatique ? Un prêt-à-diffuser pour les médias. Ce n'est plus un avocat. C'est un tribun qui harangue la foule toute conquise à sa cause. « Il y a cent ans, on a condamné un officier parce qu'il était juif. Aujourd'hui, on condamne un petit jardinier parce qu'il a le tort d'être marocain. » La foule applaudit. La presse enregistre. Omar Raddad sur le même plan que le capitaine Dreyfus, il fallait oser. D'un côté, un bordereau. De l'autre, une inscription. Mais Vergès n'est pas Zola.

Deux ans et demi plus tôt, Ghislaine Marchal a écrit « Omar m'a tuer ». Ces derniers mots ont été entendus. En quelque sorte ses dernières volontés. Le soir même, un pourvoi en cassation est annoncé et un comité de soutien est créé.

Près de 30 ans après, je suis incapable de dire si Omar est coupable ou innocent. En revanche, comme beaucoup d'observateurs de cette affaire, je peux affirmer que la justice, dès le début de cette affaire, n'a pas instruit à charge et à décharge.

Les gendarmes et les 4 juges d'instruction ont visiblement exploré une seule et unique piste : celle suggérée par l'inscription. Comme la justice a horreur du vide, elle a choisi cette solution de facilité. Nous pourrions presque parier que, sans les lettres de sang, l'enquête serait restée au point mort. Puisque aucun autre indice, ni aucune empreinte, ne menait au jardinier. Ne pas avoir prélevé les empreintes sur la scène de crime et dans la villa de la victime est une faute professionnelle évidente. L'expertise du sac de M$^{me}$ Marchal, par exemple, a été lancé trop tardivement. Mal conservé et manipulé, il ne pouvait plus parler. Les expertises en graphologie ont pesé lourd dans la balance alors que, dans d'autres affaires, de Dreyfus à l'affaire Grégory, elles ont montré leur manque de fiabilité.

Ancien juge d'instruction, le président des assises a monopolisé les débats, enclin à se croire seul maître à bord, comme beaucoup de magistrats à ce poste ont eu tendance à le faire à une époque. Résultat, les jurés furent relégués au rang de figurants et les parties au procès réduites à leur strict rôle d'auxiliaires de justice. Entre d'interminables interrogatoires et de fastidieuses lectures de procès-verbaux, le magistrat a transformé les audiences les plus prometteuses en langoureux monologues. Une omniprésence et une influence dont on peut craindre qu'elles se soient prolongées dans la salle des délibérés, si l'on en croit les confessions de quelques jurés quelques jours plus tard. L'apparition des 2 portes dans la dernière semaine et leur maintien jusqu'au délibéré ont été déterminants dans la décision finale.

Un président à la manœuvre, un avocat général légèrement en retrait, un avocat de la défense en observation, comme un chat qui attend de sortir ses griffes. Nous fûmes plusieurs chroniqueurs judiciaires à nous étonner de la passivité de Me Vergès durant les 8 jours d'audience. Il a pris le parti de frapper fort lors de sa plaidoirie. Trop tard. Le mal était fait. Le président avait marqué des points. Vergès n'a pas combattu, bataillé contre les experts et les gendarmes. Pas relevé les balles qui se sont avérées fatales. Il n'a pas mené le combat que l'on escomptait de lui, que son client était en droit d'attendre. Si les 2 premiers avocats d'Omar étaient restés, si Me Leclerc s'était assis, non pas côté partie civile, mais sur les bancs de la défense, le verdict aurait-il été tout autre ? Impossible à dire. En revanche, un autre procès se serait probablement déroulé sous nos yeux. Et, peut-être, l'affaire n'aurait pas pris par la suite de telles proportions.

Le parti pris d'Omar Raddad de ne pas tenter de parler français durant son procès est également une erreur stratégique. Ce procès est, par essence même, celui de l'intime conviction, mais le verdict lui-même laisse un sentiment de malaise. À quoi correspondent 18 ans pour un meurtre passible de 30 ans de réclusion criminelle ? À quoi correspondent les circonstances atténuantes accordées au condamné ? On ne le saura jamais puisque, à l'époque, les arrêts de cours d'assises ne sont pas motivés. La fourchette de 17 à 20 ans pour les réquisitions n'est pas plus lisible. L'aveu d'une incertitude.

Un bon verdict est celui qui met un point final à une procédure. Ce ne sera pas le cas de celui de Nice. Des décennies plus tard, la polémique n'est pas close.

Le vendredi qui suit la condamnation d'Omar Raddad, le président Djian lit un communiqué à l'ouverture d'un nouveau procès. « Des propos aussi graves que déplacés et inconsidérés ont été proférés récemment sur le seuil de ce palais de justice et ont été diffusés au-delà – et qui ont eu pour objet d'offenser gravement et de tenter de déconsidérer les magistrats et les jurés populaires qui concourent ici, en toute conscience et objectivité et indépendance et dans le plus profond respect des droits de l'homme à l'œuvre difficile mais nécessaire de justice… »

Le même jour, le procureur de la République, Paul-Louis Auméras, envisage des poursuites contre Me Vergès pour des « propos délibérés, j'oserais presque dire prémédités, qui ont un caractère infamant et intolérable ». Me Vergès, qui se réjouit de cette procédure lancée contre lui, encourt 6 mois de prison et 30 000 francs d'amende. Mis en examen, le 24 mars, il est réentendu par le juge d'instruction 2 mois plus tard. Il se présente accompagné de ses 32 défenseurs dont une quinzaine d'avocats africains. L'occasion d'une mémorable photo de famille sur les marches du palais de justice de Nice où, bras tendu, Vergès adresse aux photographes un V de la victoire.

Dans le même temps, 18 avocats pénalistes de renom apportent leur soutien à leur confrère, affirmant que l'accusé a été condamné sans preuve suffisante[5].

Alors qu'au début de la seconde semaine 2 jurés avaient déclaré forfait, d'autres jurés – fait rarissime et interdit par la loi – confient leur malaise à un journaliste de *VSD*. Anonymement, ils témoignent des pressions que les magistrats auraient exercé sur eux. « On se rendait bien compte qu'il y avait une ambiance "anti-Omar" », selon l'un d'eux. Un autre révèle que « deux [jurés] des plus silencieux ont abandonné, prétextant des ennuis de santé. Ça m'a fait mal, parce que je suis sûr qu'ils étaient comme moi, bouleversés, et qu'ils se sont retirés pour ne pas avoir à prendre parti ». La même semaine, *Globe Hebdo* publie l'appel de quarante personnalités réclamant un second procès.

5. Jacques Vergès a bénéficié d'un non-lieu.

En avril, Jean-Marie Rouart publie, en urgence, un plaidoyer pour le jardinier[6]. De son côté, M^e^ Vergès publie à son tour une plaidoirie de rattrapage[7]. L'avocat, décidément plus présent dans cette affaire depuis le verdict, multiplie l'annonce de rebondissements plus médiatiques que judiciaires. Ainsi, dans les mois qui suivent, on évoquera la présence d'une camionnette suspecte garée près de *La Chamade*, un second Omar dans l'entourage de M^me^ Marchal, les confessions d'un détenu disant avoir reçu des aveux d'un camarade de cellule, la piste d'un sosie d'Omar. Tous ces coups de théâtre occuperont une place importante dans les journaux. Avant de faire « pschitt ».

Le 9 mars 1995, la chambre criminelle de la Cour de cassation rejette les sept moyens soulevés par les avocats d'Omar afin d'obtenir un second procès. Ils mettaient en avant la feuille de questions soumises aux jurés. Y apparaissait, dactylographiée, avant que la délibération ne commence, une mention prévue par la loi en cas de condamnation. Comme si l'acquittement était exclu d'avance. « Une anticipation de culpabilité », selon les conseils du jardinier. Un moyen que les juges ont écarté après 3 heures de délibéré. Ils ont suivi les réquisitions de l'avocat général Germain Le Foyer de Costil, qui demande à ses collègues d'oublier « la portée médiatique de cette affaire ». En clair, les juges de Nice n'ont pas commis de faute. Ou plus exactement, les avocats, au moment du procès, n'ont pas suffisamment fait acter certains incidents d'audience.

Omar reste coupable et en détention. Sa condamnation est définitive. Rappelons que la Cour de cassation n'examine que le droit et la régularité de la procédure pendant le procès. Tous

6. *Omar, la construction d'un coupable* (Éd. De Fallois).
7. *Omar m'a tuer* (Éd. Michel Lafon).

les rebondissements intervenus depuis n'ont donc aucune valeur juridique à ses yeux.

Le 23 mai 1996, Jacques Chirac signe le décret de grâce partielle d'Omar Raddad. Il réduit sa peine de 4 ans et 8 mois. Le jardinier n'est pas innocenté mais le chef de l'État lui permet une libération plus rapide. C'est une prérogative du président qui n'a pas à se justifier. Notons simplement qu'elle intervient quelques jours après une visite officielle en France du roi Hassan II du Maroc, qui suit attentivement le dossier depuis son début. Contacté, le président des assises ne fera pas de commentaire, contrairement au ministre de la Justice Michel Vauzelle qui ne cachera pas son étonnement devant cette décision présidentielle.

Le vendredi 4 septembre 1998 à 8 h 05, Omar Raddad, 31 ans, réapparaît devant nous dans la cour de la centrale de Muret (Haute-Garonne). Il n'a pas sensiblement changé. Sa tenue est sportive. Ses affaires sont dans 2 sacs de sport qu'il porte. Me Vergès l'accompagne. Le condamné bénéficie d'une libération conditionnelle, permise par la grâce accordée par Chirac.

« Ces sept années de prison ont été un cauchemar pour moi parce que je n'ai fait que penser à mon innocence. [...] Lundi, je commencerai mon travail et mon combat pour retrouver mon honneur. » 3 jours plus tard, Omar est embauché comme coursier-manutentionnaire dans une entreprise de commercialisation de viande halal à Marseille. Il a effectué 7 ans, 2 mois et 8 jours de détention pour 14 ans de réclusion criminelle.

La cassation ayant été rejetée, il ne reste plus qu'à obtenir la révision du procès. Ce à quoi s'attelle Me Vergès en janvier 1999. Un mémoire de 41 pages pour remettre en cause les premières expertises graphologiques et de médecine légale. Un ADN masculin, qui n'est pas celui du condamné, a été retrouvé sur la porte de la chaufferie. Pour Vergès, c'est une preuve de l'innocence de son client. « Il a accepté de se prêter au prélèvement pour le test comparatif. Il risquait le plus dans cette affaire. » De même, un expert graphologue mandaté par Vergès[8] stipule que « M^me^ Marchal n'est pas l'auteur des inscriptions en question ».

Le 14 mai 2001, accompagné de son avocat, Omar arrive à la commission de révision qui siège dans les locaux de la chambre criminelle de la Cour de cassation à Paris. Cette juridiction est la première étape dans la révision. Elle sert de filtre avant un examen plus approfondi de la requête. De bonne grâce, il répond à nos questions dans le couloir dit "galerie des prisonniers". Il se dit confiant. En revanche, il ne souhaite pas prendre la parole à l'invitation de la présidente Martine Anzani. Le condamné vient de remporter une première victoire. Philippe Kehrig, l'avocat général, demande que le dossier soit transmis à la cour de révision. Il développe dans ses réquisitions que les éléments apportés par la défense représentent une « gravité certaine et un doute indéniable ».

Le 25 juin, la commission transmet le dossier à la cour de révision. Seconde victoire. « La présence d'un ADN masculin est un élément nouveau de nature à faire naître un doute sur la culpabilité du condamné », écrivent les magistrats. C'est un exploit. En 5 ans, 21 dossiers sur 661 ont passé le filtre de la commission. Omar resté à Toulon se dit satisfait. Vergès jubile.

Il faudra attendre presque un an et demi pour que la cour de révision examine la requête. Le 17 octobre 2002, contrairement

8. Rapport du 2 juillet 1998 de Jean-Paul Gauthier, expert judiciaire en écritures.

au précédent avocat général, Laurent Davenas est opposé à un second procès. Dans ce dossier, dit-il, il n'y a « pas d'élément nouveau, pas de doute. Que des charges. J'ai la conviction qu'Omar n'est pas la construction d'un coupable ». Allusion au livre de Jean-Marie Rouart. « Pourquoi vouloir le condamner à tout prix ? Dans cette affaire, on est bardé de suppositions, pas de certitudes », gronde M^e^ Vergès. M^e^ Kiejman, qui a succédé à M^e^ Leclerc, balaye les arguments de la défense d'un revers de manche : « On n'apporte pas d'éléments nouveaux. On s'en prend à l'instruction. Omar est définitivement condamné. Assez de diversion, de poudre aux yeux, d'approximations. » Conscient que c'est sa dernière chance, Omar Raddad prend la parole pendant quinze minutes. En français. « Je peux le jurer, ce n'est pas moi qui ai tué M^me^ Marchal. Je suis prêt à mourir pour la vérité. L'assassin, il a tué M^me^ Marchal mais il m'a tué aussi. Je vous demande mille fois un 2^e^ procès pour toute la France qui vous le demande. Je sais que je peux être condamné à perpétuité, mais c'est moi qui prends le risque. Je ne vous demande pas grand-chose. »

Le 20 novembre, comme s'ils avaient un mauvais pressentiment, ni Omar ni son avocat ne se sont déplacés à Paris. L'un est à Aix. L'autre à Bastia en train de défendre le préfet Bonnet.

9 pages suffisent pour clore le dossier. Les 5 arguments de la défense sont rayés d'un trait de plume. Certes l'ADN masculin est un élément nouveau, mais les nombreuses manipulations des portes empêchent de tirer des conclusions. « Impossible de déterminer à quel moment, antérieur, concomitant ou postérieur au meurtre, ces traces ont été laissées », écrit la cour présidée par Bruno Cotte. Omar reste coupable.

On l'a évoqué précédemment, pendant 3 jours d'audience et durant les suspensions, les portes sont restées au milieu du prétoire. Tout le monde les a approchées. C'était la distraction. Moi-même je les ai probablement touchées. En 1991, année du crime, les enquêteurs faisaient preuve de moins de précautions avec les pièces à conviction. La justice ne prenait pas de gants.

À la fin des années 2000, Omar Raddad a changé d'avocat. En décembre 2009, il tente avec Me Sylvie Noachovitch de plaider sa cause devant des membres du cabinet de Rachida Dati au ministère de la Justice. Afin d'obtenir de nouvelles expertises, une comparaison des ADN trouvés sur les portes avec ceux du Fichier national automatisé des empreintes digitales (FNAEG). L'avocate parle d'une quinzaine de nouvelles traces ADN exploitables.

« Je vais combattre jusqu'à la fin de ma vie », avait déclaré Omar après le rejet de sa demande de révision[8].

L'affaire Omar Raddad est devenue, dès le premier jour, une affaire très médiatisée. Principalement parce qu'en apparence, la victime avait dénoncé son meurtrier en inscrivant par 2 fois son prénom en lettres de sang dans le sous-sol de sa luxueuse demeure sur les hauteurs de Cannes. Ce crime a mis d'emblée en première ligne 2 personnes diamétralement opposées : une riche veuve férue de mots croisés et un jardinier marocain ne sachant ni lire ni écrire. Enfin, si cette affaire n'est pas juridiquement une erreur judiciaire, elle demeure, presque 30 ans après, un mystère auquel la justice n'a pas mis un point final.

8. En juin 2011, Roschdy Zen consacre un film à l'affaire, soutenant l'innocence du condamné.

# UNE COMPLICE SANS ASSASSIN, LE CRIME DE Mme CONS-BOUTBOUL

En ce vendredi 11 mars 1994, nous sommes plusieurs chroniqueurs judiciaires réunis sur le trottoir de l'avenue Georges-Mandel dans le 16e arrondissement de Paris. Nos regards et les caméras sont braqués vers un immeuble cossu de ce quartier bourgeois de la capitale. Une forte présence policière nous interdit de pénétrer au 29 de cette grande artère. Quelques heures plus tôt, nous étions tous réunis dans la grande salle de la cour d'assises. Ce soir-là, le procès se prolonge sur les lieux du crime. Plus précisément sur un palier. Dans cet espace réduit, même dans un immeuble de luxe, vont se succéder, par groupes de 3, les magistrats de la cour habillés en civil, les jurés titulaires et suppléants, les avocats, l'accusée entourée de 2 gendarmes, un médecin et la greffière. Pour préserver les débats de toute publicité, 5 journalistes désignés sont admis, avec obligation de rendre compte à leurs confrères restés sur le trottoir. La cour a également proposé à un passant et à un voisin d'assister à cette audience, à la fois rare et particulière.

Ce transport de justice est décidé par le président de la cour d'assises, Yves Corneloup. Ancien juge d'instruction, il est un habitué des affaires sensibles. Il a instruit de nombreux dossiers d'attentats, à commencer par celui de la rue Marbeuf en avril 1982. En se rendant sur place, le magistrat cherche à répondre à plusieurs questions. L'assassin est-il un familier de la victime ou un tueur à gages ? Y avait-il un risque qu'il soit vu depuis l'ascenseur ? Pourquoi le crime a-t-il eu lieu sur le palier et non au domicile de la victime ? Peu après minuit, après être restée 2 heures sur le palier et dans l'escalier, la cour d'assises quitte les lieux. Comme promis, nos confrères nous font un compte rendu, plus sur l'ambiance surréaliste de ce moment de procédure que sur l'évolution du dossier. On apprendra seulement que l'accusée, 70 ans, non menottée, vêtue d'un loden vert, est restée longtemps assise sur une chaise, proposée aimablement par la concierge, sa sacoche écossaise sur les genoux et un tube de médicaments à la main. Au final, elle n'a eu qu'un seul commentaire : « En rentrant, je me ferai un chocolat chaud. » Quelques minutes après, le fourgon cellulaire ramène Marie-Élisabeth Cons-Boutboul, cette grand-mère gâteau poursuivie pour assassinat, à la maison d'arrêt des femmes à Fleury-Mérogis.

Sur ce palier du 1er étage, 9 ans plus tôt, le 27 décembre 1985, le corps de Jacques Perrot est étendu sur le tapis. Alors qu'il vient de sortir de son appartement du 2e étage, pour aller dîner avec un ami, et qu'il s'apprête à allumer une cigarette, il est abattu de 3 balles de 22 long rifle. Au thorax, au front et à la tempe gauche. Il est mort sur le coup. Il est 20 h 20. Qui a tué Jacques Perrot, avocat au barreau de Paris ? Quel est le mobile ? Pas le vol. Il a toujours son portefeuille sur lui. Tout laisse à penser à une exécution. À un contrat. Aucune douille n'est retrouvée sur le palier et un pneu de la voiture de l'avocat a été crevé à l'aide d'un poinçon. Un assassinat en forme de traquenard. « S'il m'arrive malheur, exigez une autopsie », avait dit l'avocat à ses amis, ajoutant détenir un dossier explosif contre sa belle-mère, Mme Cons-Boutboul, ancienne avocate radiée du barreau de Paris.

Âgé de 39 ans, c'est un avocat parisien réputé et respecté, spécialisé dans le droit civil et commercial. Il est marié à une femme jockey de 12 ans sa cadette, qui a fait les gros titres autant dans la presse hippique que de la presse *people*. Depuis que Darie Boutboul a été la première femme à avoir remporté le tiercé en avril 1994, Philippe Bouvard l'invite régulièrement aux « Grosses têtes ». Le couple Boutboul-Perrot s'est rencontré à Deauville à l'été 1981. Mais après la naissance d'Adrien, un an plus tard, le bonheur est de courte durée. Non seulement 12 ans les séparent mais un fossé se creuse entre les jeunes mariés. La cavalière accuse son mari d'être un coureur de jupons. Lui reproche à son épouse son caractère envahissant, possessif. L'avocat entame une procédure de divorce, se bat pour obtenir la garde alternée de son fils et continue de mener sa carrière prometteuse d'avocat, le plus discrètement possible. Attirée par les *sunlights*, Darie Boutboul se lance également dans la chanson[1].

En janvier 1986, soit 10 jours après l'assassinat du gendre, un reportage de Pierrette Brès sur *France 2* rend publique une affaire de famille digne des feuilletons à l'eau de rose. Devant les caméras, la star des hippodromes retrouve son père, Robert. Des retrouvailles bien orchestrées et médiatisées. Ses parents ne s'entendant plus, ils s'étaient séparés d'un commun accord. Robert, plus âgé de 12 ans[2], tutoyait Marie-Élisabeth qui le vouvoyait. Ambiance. « Tu n'as qu'à dire à Darie que je suis mort. Cela simplifiera tout. » L'épouse prend la phrase au pied de la lettre, trop heureuse de se débarrasser d'un mari volage qui s'est envolé. Elle annonce à Darie que son père est mort dans

1. Je la recevrai dans Aujourd'hui la vie, en 1985, où elle interprétera sa chanson écrite par François Feldman, *Guerrière*.
2. Même écart d'âge qu'entre Jacques Perrot et Darie Boutboul.

un accident d'avion. Séquence Kleenex. Premier mensonge de Marie-Élisabeth Cons-Boutboul que, par une indiscrétion sur un champ de course, Jacques Perrot a appris. Peu de temps après, les 2 hommes s'étaient rencontrés au cabinet de stomatologie du faux disparu, qui, à plus de 70 ans, se portait comme un charme.

Les enquêteurs scrutent les dossiers professionnels de l'avocat. Aurait-il été victime d'un règlement de compte en lien avec une des procédures en cours dans son cabinet ? La porte est refermée assez vite tant les activités de Jacques Perrot semblent irréprochables. Il faut donc chercher dans son entourage familial. Un détail intéresse le juge. Le soir du crime, la victime avait rendez-vous avec sa belle-mère qui s'est décommandée au dernier moment. Prétexte évoqué : son frère vient de faire un infarctus. Encore un mensonge. En fait, ce soir-là, elle dîne avec sa fille, comme prévu depuis longtemps, chez M^e^ Pierre Delphy. Il est l'ami de longue date de M^me^ Cons-Boutboul. Il l'a accueillie comme avocate stagiaire et a toujours été à ses côtés dans les moments difficiles.

Mentir n'est pas un crime. L'accumulation de mensonges, en revanche, peut être un élément à charge. C'est ce qui va perdre Marie-Élisabeth Cons-Boutboul. Mythomane, affabulatrice et donc complice d'assassinat. Quand elle fait son entrée dans le box, le 2 mars 1994, un immense « Ahhhh ! » de satisfaction se fait entendre, tellement, la foule attendait de découvrir cette septuagénaire accusée d'avoir commandité la mort de son gendre. Bienveillant, le président Corneloup a demandé qu'on lui retire les menottes avant qu'elle ne pénètre dans le box. Elle a soigné sa tenue, sa coiffure blond platine. Dans ses mains, elle tient une boîte de médicaments. Elle se dit grande malade cardiaque. Mais faut-il la croire ? Par précaution, ses allers et retours entre le palais et la prison se font en ambulance, et un médecin est à ses côtés pendant le procès.

« Reconnaissez-vous être coupable ? » interroge dès les premières minutes le président Yves Corneloup. « Absolument pas, répond l'accusée de sa voix mielleuse. Je n'ai jamais eu l'idée de supprimer Jacques Perrot. J'ai moi-même élevé seule un enfant. Je sais combien c'est difficile. Je n'étais pas d'accord au départ avec ce mariage, mais j'ai appris à l'estimer [...] Je plaide non coupable. Je suis innocente. » Le président Yves Corneloup n'est pas un brutal. Certes, il n'apprécie guère qu'on le mène en bateau mais il conduit ses audiences avec tact, humanité et finesse. L'air de rien, sous des allures bon enfant, il a le don d'encercler la personne qu'il interroge. La mettre en confiance pour mieux la cerner, la révéler aux yeux des jurés. « Je voudrais que cela soit un dialogue, déclare-t-il à l'adresse de l'accusée. Parce que juger, c'est comprendre. Vous avez rendez-vous avec la vérité, votre vérité. » Fumeur de pipe comme Maigret, le magistrat va toujours au bout de sa logique d'instruction. Il choisit ses mots avec pondération, toujours dans une ambiance sereine. À l'accusée, il lance : « Il pèse sur vous une accusation terrible : celle d'avoir été complice de l'assassinat du père d'Adrien. » Il s'adresse à la grand-mère, en pensant au petit-fils, avant de penser à la veuve. « Je n'ai jamais eu, ni de près ni de loin, l'idée de supprimer Jacques Perrot. » Pourtant à l'instruction comme durant le procès, elle se montre indifférente à la mort de son gendre.

En toute confiance, la bouche un peu pincée, l'accusée se présente comme retraitée et raconte sa vie. Telle qu'elle la voit. Telle qu'elle l'a inventée. Ses mensonges sont un inventaire à la Prévert. Un mari ressuscité, un frère victime d'un malaise cardiaque, un faux fils mort par noyade, et ses 5 cancers sortis tout droit de son imagination. Non sans humour, elle reconnaît : « C'est vrai, parfois je brode un peu. Histoire de m'amuser. » Alors qu'elle a refusé de se prêter aux expertises psychiatriques et psychologiques durant l'instruction, l'accusée se livre un peu plus lors de son procès. « Je crois bien que ma vie personnelle a été un échec. Je me suis plus occupée des autres que de moi-même. » M$^{me}$ Cons-Boutboul voulait devenir musicienne. D'ailleurs, en prison, elle joue de l'harmonium à ses codétenues. Pour faire plaisir à papa, elle a accepté de passer le concours d'entrée pour devenir magistrate, qu'elle a tout fait pour rater. Elle devient avocate en 1949. « On ignore tout de votre activité en tant qu'avocate. Il n'y a aucune archive. On ne vous connaissait pas beaucoup de clients », remarque le président. Après avoir été suspendue pendant 3 ans, elle est radiée du barreau de Paris en 1981, ce dont elle ne s'est jamais vantée. Un mensonge de plus découvert par son gendre, qui s'intéresse à l'origine de la fortune de sa belle-mère, répartie sur plusieurs comptes bancaires suisses. Par quel miracle peut-elle assurer une vie fastueuse à ses proches, une villa louée à Deauville, une nurse suisse pour le petit-fils, alors qu'elle n'est plus avocate ? « Il en savait suffisamment pour inquiéter sa belle-mère », écrivent les magistrats dans leur dossier de mise en accusation. Le gendre a confié quelques jours avant sa mort à des amis qu'il avait désormais un « dossier béton » mais qu'il avait aussi « mis les pieds » dans quelque chose qui le dépassait. Comme dans un film de Hitchcock, Jacques Perrot est devenu l'homme qui en savait trop.

En fait, l'Ordre des avocats de Paris la suspecte d'avoir "escroqué" une congrégation religieuse, les Missions étrangères de Paris, pour un montant avoisinant les 10 millions de francs (soit plus de 1 500 000 €). Pendant 13 ans, alors qu'elle se fait passer pour une avocate internationale inscrite au barreau de

Genève, accréditée à la cour de La Haye – ce qui est encore un mensonge –, elle balade les missionnaires en leur faisant croire qu'elle mène une procédure à leur avantage. Ainsi elle leur fait payer de nombreux frais pour des voyages à Copenhague et à La Haye où elle ne s'est jamais rendue. Tout s'avère "bidon", à base de faux jugements et de faux arrêts qu'elle a confectionnés elle-même. Un mensonge de plus découvert par son gendre. Dans ce dossier religieux, Marie-Élisabeth Cons-Boutboul n'a jamais été poursuivie pénalement. Bizarrement, les Missions étrangères n'ont jamais porté plainte, ne souhaitant pas rendre publique leur naïveté. « Quand on a été pareillement crédule, mené en bateau, on n'est pas fier », concède, penaud, un membre de la congrégation. Quant à Mme Cons-Boutboul, elle récuse ces accusations. « Ils voulaient faire passer des fonds vers le Vatican. Je n'étais qu'une intermédiaire », se justifie l'accusée, poursuivant sans rire à l'intention des jurés : « J'ai voulu devenir avocate pour défendre la veuve et l'orphelin. » L'orphelin est son petit-fils. La vraie veuve, sa fille, est assise face à elle sur le banc des parties civiles.

Au 4e jour du procès, le président donne la parole à Darie Boutboul. On s'attend à ce qu'elle rende hommage à son défunt mari, même s'ils étaient en instance de divorce. Alors qu'on la voudrait en deuil, elle noircit le portrait de son mari. Décontractée, désinvolte, volubile, souriante, la cavalière parle de son mari cavaleur. « Jacques était un charmeur mais il ne pouvait pas être fidèle. Le week-end, je partais avec Adrien pour empêcher Jacques de le voir. » L'audience criminelle vire au divorce posthume. Darie Boutboul s'est constituée partie civile pour soutenir sa mère. Pour plaider en sa faveur les circonstances atténuantes. Drôle de stratégie puisque l'accusée clame son innocence.

Pour entendre dire du bien de la victime, il faut attendre la comparution de Laurent Fabius. L'ancien Premier ministre est un ami d'enfance de Jacques Perrot et fut son témoin de mariage. Les 2 hommes partagent le même penchant pour l'équitation. Face aux jurés, l'homme est ému, la gorge serrée, sèche. « Sa mort est un drame terrible. Il était en même temps discret, pudique et la vitalité même. En novembre 1985, il a pleuré chez nous. C'est toujours pénible de voir un ami pleurer. Il avait peur de ne plus revoir son fils Adrien. » Mais l'avocat n'est jamais allé plus loin dans ses confidences. Jamais il n'a évoqué devant son ami d'enfance les soupçons qu'il nourrissait sur sa belle-mère. Probablement parce que celui-ci avait d'autres préoccupations puisque, à l'époque, il occupait l'Hôtel de Matignon.

À un homme politique de haut rang succèdent une charcutière et un chauffeur de taxi. Avec eux, la cour entre dans les faits proprement dits et font la connaissance du second cadavre du dossier. Le dénommé Bruno Dassac, 52 ans, un représentant en lingerie qui ne faisait pas dans la dentelle. Ce demi-sel proche du clan Zemmour[3] est retrouvé mort dans les eaux salées du port du Havre le 5 mai 1988. Repêché par la police locale, son corps fait apparaître une blessure par balle à la nuque. Trois ans après la mort de Me Perrot, celle de cet homme peut sembler lointaine. Erreur, les enquêteurs savent depuis un moment que le mort du Havre et la belle-mère se connaissent. Suspectée au début de l'enquête, Mme Cons-Boutboul a compris que son téléphone est sur écoute. Alors la charcuterie de Jocelyne B., dont elle ignore que la ligne est également surveillée, lui sert de cabine téléphonique. Les policiers se régalent des échanges entre "Marguerite" et "Robert" entre août 1986 et janvier 1988. La

3. Cinq frères qui ont, dans les années 70, donné du fil à retordre à la brigade criminelle.

cour entendra des extraits des échanges lapidaires entre les 2 correspondants, sans que cela éclaire le dossier d'accusation. « J'étais très naïve. Je ne voyais pas le mal », confie la charcutière à la barre. À défaut de pouvoir interpeller plus tôt “Robert”, les enquêteurs le retrouvent noyé dans un port. L'étau s'est dans le même temps resserré sur la menteuse professionnelle.

Autre témoignage à charge, celui d'Isauro F. Méticuleux, ce chauffeur de taxi inscrit ses courses et certaines confidences sur son carnet de bord. L'accusée a souvent fait appel à lui. Des liens se sont créés. Dans le taxi, ils n'ont pas parlé que de la météo. Mais aussi du gendre. « Elle m'a demandé si je pouvais l'aider, si je connaissais des Portugais qui pourraient lui donner une bonne dérouillée, quitte à le laisser sur le carreau. » Comme un scribe consciencieux, il a noté que, le 14 décembre 1985, il a déposé vers 14 heures, avenue Kléber, Madame Cons-Boutboul qui a rejoint « un homme d'apparence douteuse à qui elle a remis un paquet ». « Il ment. Ce n'est pas un homme à qui on fait des confidences. Il était connu dans le quartier pour être un indicateur de police, comme tous les chauffeurs de taxi », se défend l'accusée. Nous sommes 13 jours avant la mort de Me Perrot. L'avenue Kléber est à proximité de l'avenue Georges-Mandel. Autre élément à charge : 2 versements émis par l'accusée sur le compte suisse de Bruno Dassac d'un montant de 140 000 francs (+ de 21 000 €), quelques jours après l'exécution du gendre.

Marie-Élisabeth Cons-Boutboul a-t-elle tué ou fait tuer Bruno Dassac ? La justice l'a cru un moment, sans en apporter la preuve. Inculpée et incarcérée en juin 1989, elle bénéficie d'un non-lieu en janvier 1993. Seul l'assassinat de son gendre lui est reproché. C'est l'une des faiblesses de ce dossier. On accuse la vieille dame d'avoir commandité la mort de son gendre.

Mais la justice est incapable de dire qui est l'assassin et quelle est l'arme du crime, puisqu'elle n'a pas été retrouvée. Bruno Dassac est un tueur à gage idéal. Mais il n'y a aucune certitude. Autre point d'interrogation de cette énigme : le mobile. A-t-elle fait tuer son gendre parce qu'il voulait récupérer la garde de son fils ou parce que l'avocat allait révéler un autre aspect du passé trouble de sa belle-mère ? La vérité ne viendra jamais de la bouche de la suspecte. Les juges n'ont jamais obtenu d'aveux.

Plusieurs commissaires défilent à la barre sans apporter une démonstration imparable. L'inspecteur divisionnaire Pellegrini a même cette phrase malheureuse en forme d'aveu : « M^me^ Cons-Boutboul est dans le box en grande partie à cause de ses mensonges. » La réponse cinglante de l'avocat de l'accusée ne se fait pas attendre : « Il vaudrait mieux qu'elle soit là à cause des charges qui pèsent sur elle. » Un avocat, M^e^ Bernard Prévost, qui a face à lui 2 parties civiles en conflit ouvert. Il est rare de voir, dans un procès, des membres d'une même famille assis sur le même banc avec des intérêts totalement divergents. La fille de l'accusée a pris le parti de sa mère. « L'accusation contre Marie-Élisabeth Cons-Boutboul, c'est 8 ans d'hypothèses qui n'ont jamais été des preuves », plaide M^e^ Olivier Schnerb qui représente Darie. Yvonne Perrot, la mère de l'avocat tué, et ses autres enfants n'ont aucun doute sur la culpabilité de M^me^ Cons-Boutboul. « Tous les mensonges de l'accusée sont incompréhensibles si elle n'a pas pris part à l'assassinat de son gendre. En cas d'acquittement, le sentiment de la famille sera que le mensonge a encore triomphé », plaide leur avocat M^e^ Henri Leclerc qui, quelques semaines auparavant, était déjà sur les bancs de la partie civile au procès d'Omar Raddad[4].

4. Voir le chapitre « Coupable, forcément coupable, l'affaire "Omar m'a tuer" ».

Une accusée ni avocate ni veuve mais authentique manipulatrice, un inhabituel transport de justice sur le lieu du drame, un crime sans auteur, un assassinat sans pièce à conviction, une partie civile bicéphale qui donne le tournis, ainsi se résume ce procès. La défense, elle aussi, va marquer de son empreinte ce rendez-vous judiciaire. C'est un homme seul qui se lève au moment de sa plaidoirie. Seul contre tous et seul contre sa propre cliente. J'entends encore ses premiers mots. Debout, il se retourne vers le box et s'adresse à l'accusée : « J'ai le sentiment que mon adversaire, c'est vous, Madame. Ils pèsent lourd vos mensonges, vos invraisemblances, vos incohérences, votre fierté, votre absence. Vous ne me facilitez pas la tâche ! » Regardant les jurés, il continue à définir celle qu'il défend. Durant l'instruction, Me Prévost s'est rendu plus de 70 fois à la prison pour la rencontrer. « Le mystère de Mme Cons-Boutboul est le même pour moi que pour vous. » Moment rare où un avocat prend ses distances avec celle qui est assise derrière lui. Revenant au dossier, il s'étonne des réquisitions de l'avocat général, Jacques Mouton, qui réclame une peine entre 16 et 18 ans de réclusion criminelle. « Un réquisitoire bâti, tonne-t-il, sur le postulat : elle en est capable, donc elle est coupable. » En bon praticien des assises, Me Prévost pose la question essentielle à la cour : « Peut-on condamner la complice d'un homme invisible ? »

Après 5 ans de détention, 8 ans d'enquête, 30 000 pages de procédure, 3 semaines de procès, l'audition de près de 80 témoins et 4 heures et demie de délibéré, Marie-Élisabeth Cons-Boutboul est condamnée à 15 ans de réclusion criminelle[5]. Dans

5. À l'audience civile, Mme Cons-Boutboul est condamnée à verser 320 000 francs (+ de 48 000 €) à la famille de Jacques Perrot et un million de francs (+ de 150 000 €) à son fils.

l'immense salle des assises, des applaudissements viennent saluer, d'une manière inattendue et déplacée, ce verdict. Dans le box, l'accusée ne bronche pas. Quelques larmes apparaissent sur un visage défait, celui de son avocat. Darie Boutboul est absente. Seules sont présentes la mère et la sœur de Jacques Perrot. Celle qui reconnaissait avoir une dévotion pour Sainte Rita, la patronne des causes désespérées, rejoint dans la soirée la prison de Fleury-Mérogis.

Que retenir de ce procès surréaliste ? Le verdict n'a pas créé une polémique semblable à celui du jardinier marocain, Omar Raddad, un mois plus tôt. À aucun moment, la présidence du magistrat n'a été mise en cause. Il s'est effacé derrière le dossier, laissant l'accusée s'empêtrer dans ses mensonges, approximations, contradictions. Quelques jours avant l'ouverture du procès, Yves Corneloup ne m'avait pas caché que les suites et les mises en cause des jurés de Nice, dans le procès d'Omar Raddad, le préoccupaient alors qu'il allait être confronté à un dossier basé sur l'intime conviction. Le procès a seulement relancé le débat sur la nécessité de pouvoir faire appel aux assises et de motiver les arrêts. Pour la justice, Marie-Élisabeth Cons-Boutboul est bien la commanditaire de cet assassinat sur un palier. Et si le nom de l'assassin n'est pas officiellement connu, la justice considère que la condamnée, elle, ne l'ignore pas.

Les éléments à charge récoltés durant l'instruction vont donc peser lourd dans la balance. Ses mensonges bien sûr mais aussi les témoignages accablants de la charcutière et du chauffeur de taxi, sans oublier la profonde animosité, hostilité, pour ne pas dire haine, que la belle-mère éprouve à l'égard de son gendre, et son indifférence manifeste à l'annonce de sa mort le soir du crime, vont emporter l'intime conviction des jurés.

On peut donc condamner un accusé pour complicité sans que l'on ait condamné l'assassin ou le meurtrier. On peut condamner celui qui est le bras armé du crime, sans en faire autant pour le tireur. Comme la justice peut condamner pour meurtre ou assassinat, sans que l'on retrouve le cadavre de la victime. Les affaires Seznec et Agnelet en sont une parfaite illustration.

Ce procès, comme celui d'Omar Raddad, est le règne de l'intime conviction. Une notion juridique écrite dans le code de procédure pénale. Un article 353 que la loi impose au président des assises de lire publiquement aux jurés avant qu'ils ne partent en délibéré : « Elle leur prescrit de s'interroger eux-mêmes dans le silence et le recueillement, et de chercher, dans la sincérité de leur conscience, quelle impression ont faite, sur leur raison, les preuves apportées contre l'accusé, et les moyens de sa défense. La loi ne leur fait que cette seule question, qui renferme toute la mesure de leurs devoirs : "Avez-vous une intime conviction ?" »

Jusqu'au bout, l'histoire de la diabolique Cons-Boutboul reste romanesque. En détention, le matricule 23134W dirige le monde qui l'entoure à sa guise. Condamnée à une peine de réclusion criminelle, elle aurait dû rejoindre une centrale pénitentiaire. Elle s'y est opposée. On ne la contredit pas. Elle reste à Fleury-Mérogis, bénéficiant d'une cellule individuelle et jouissant de faire sa promenade seule. De même, elle n'a jamais fait l'objet d'une fouille. Les syndicats de surveillants se sont émus auprès de leur hiérarchie de ces traitements de faveur. Ils n'ont jamais eu de réponse. Comme si la vieille dame continuait de faire la loi, y compris derrière les barreaux. Détenue modèle bien qu'autoritaire, elle organise des conférences, se montre très pieuse, et se fait volontiers assistance sociale ou conseillère juridique pour les autres prisonnières.

Comme c'est alors la procédure, alors que la commission de l'application des peines a donné son feu vert, le ministre de la Justice s'oppose par 2 fois à sa libération conditionnelle. Motif évoqué ? Le manque de projet de réinsertion d'une femme de bientôt 74 ans. Les magistrats détournent l'obstacle en accordant à M$^{me}$ Cons-Boutboul un régime de semi-liberté.

Celle, qui dans une défense suicidaire, avait dit : « Je préfère passer 20 ans en prison plutôt que de dire ce que je sais », est sortie de détention plus de 9 ans après son incarcération. Le 28 décembre 1998, soit 13 ans et un jour après la mort de son gendre, la condamnée quitte en catimini la prison de l'Essonne. Selon son avocat, elle souffre toujours de problèmes cardiaques et oculaires. Pour raisons médicales, le juge décide qu'elle n'ira pas en détention chaque soir mais seulement pointer régulièrement au centre de semi-liberté de la Seine-et-Marne. Libre, âgée de plus de 90 ans, la malade imaginaire vit aujourd'hui chez son soutien de toujours, sa fille Darie. près de Cheverny. Darie y tient une maison d'hôte. Celle qui disait se battre pour connaître l'assassin de son fils n'a jamais déposé de requête en révision. Comme un pied de nez au destin, Adrien, son petit-fils, a suivi les traces de son père. Il est avocat d'affaires.

# Georges M., l'assassin qui fait pleurer la cour d'assises

Écouter mais ne rien montrer. C'est l'obligation des jurés et des magistrats qui composent un jury d'assises. C'est écrit noir sur blanc dans le code de procédure pénale. Art 311 : « Ils ont le devoir de ne pas manifester leur opinion. » Ils peuvent – pour ne pas dire ils doivent – prendre des notes. Ils peuvent poser des questions. Soit directement ou le plus souvent en les soumettant au président. Mais en aucun cas leur intervention ne doit donner un aperçu de leur intime conviction. Autrement dit un jugement avant l'heure. Un incident qui arrive très rarement. Pour ma part, je ne l'ai vu que 3 fois. Pour une question mal formulée. Parce que la cour s'est aperçue qu'un des jurés était malentendant et avait des difficultés à suivre les débats. Enfin parce qu'un autre s'endormait ostensiblement à l'audience. Le juré fautif est alors aussitôt remplacé par un juge suppléant. C'est la procédure.

Il est en revanche difficile de cacher son émotion. Dans un précédent ouvrage[1], un président de cour d'assises expliquait comment il gérait sa propre émotion ainsi que celle de ses assesseurs et jurés. En provoquant une suspension et une pause-café pour que la tension baisse à nouveau.

1. *Les Magistrats sur le divan*, Éd. du Rocher.

Il arrive que l'émotion atteigne tout le monde. Jurés, magistrats, avocats, journalistes, gendarmes, public. Sans que l'accusé n'en ait forcement conscience.

Un vendredi de novembre 1988. Le procès a lieu dans les petites assises au premier étage du palais de justice, sur l'île de la Cité à Paris. Il est prévu pour ne durer que l'après-midi. Les faits sont simples bien qu'il s'agisse d'un assassinat, mais l'accusé reconnaît les faits.

Georges M. fait son entrée dans le box. Il n'a pas le physique d'un assassin, de ceux qui défilent habituellement dans cette salle. L'homme est âgé de 66 ans. Il en fait facilement 10 de plus. Georges a un visage à la Gabin. Il semble être sorti tout droit d'un film de Renoir, Carné ou Duvivier. Les cheveux grisonnants, la peau écarlate. Il porte un costume un peu fatigué. Il baisse la tête, sa voix est difficilement audible. Le président informe la cour que, bien que l'accusé encoure la peine la plus lourde prévue par le code pénal, la perpétuité, Georges M. n'a jamais été placé en détention provisoire. Il s'est donc constitué prisonnier la veille au soir, comme le prévoyait alors la procédure criminelle. Dans un sanglot, il confie à ses juges que sa première nuit à la prison de la Santé s'est bien passée. « On m'a mis avec un jeune très gentil. »

Le casier judiciaire de Georges M. est vierge. C'est la première fois qu'il comparaît devant une cour d'assises. Ce fils de gendarme a passé 35 ans de sa vie chez Renault, à Boulogne-Billancourt, comme ouvrier spécialisé puis comme agent technique. Sa vie s'est déroulée entre l'île Seguin et le petit appartement du 13e arrondissement où il a vécu avec sa femme Louise. Un appartement qu'il occupe toujours. Seul. Louise est décédée. L'un de leurs 5 enfants y a été assassiné. C'est Georges, son père, qui l'a tué. Car la vie de Louise et Georges ne semble avoir été que souffrance. Rien ne leur a été épargné. Ils se sont aimés. Mais leur amour a été entaché par des naissances compliquées. Une succession de drames, comme si le malheur s'acharnait sur ce couple qui ne demandait qu'à vivre sereinement. Un 1er enfant est mort-né, le 2e est décédé 4 jours après sa naissance, le 3e, Gisèle, a été victime de la mort subite du nourrisson. Mais Louise et Georges tiennent absolument à constituer une famille, à avoir un enfant.

Le 28 mai 1950, Alain naît. C'est le bonheur pour ses parents. Un bonheur de courte durée. Leur médecin de famille finit par leur avouer ce que le gynécologue et l'obstétricien n'ont pas eu le courage de dire. Alain est un enfant trisomique. Profond. Le monde s'écroule pour le couple. Mais Louise et Georges se ressaisissent. Le couple passe un pacte. Un premier. Ils se font la promesse de ne pas placer Louis dans un centre spécialisé. « Tant pis, on l'élèvera », décide la mère. Georges part tous les jours à l'usine. Louise reste dans le petit appartement du 13e arrondissement pour s'occuper d'Alain. Ce dernier va donc grandir dans les jupes de sa mère. Durant 35 ans. Alain, devenu adulte, pèse 96 kg, mesure plus d'1,80 m. Il souffre de cécité. Il est totalement dépendant. Malgré la naissance d'un second fils, Michel, Georges décrit un bonheur qui s'est mué en enfer. Alain est un enfant solitaire. Par la force des choses. « Les autres enfants le regardaient comme une bête curieuse, confie son père entre deux sanglots. Nous étions obligés de prendre nos vacances en juin ou en septembre. Pour ne pas déranger. »

Le malheur s'acharne. En 1984, Louise apprend qu'elle est condamnée. Un cancer. Elle n'en a plus que pour quelques mois. Le monde s'écroule une seconde fois. Le couple passe alors un second pacte. Un second serment. « Ne laisse pas le petit derrière toi », lui fait promettre Louise. Georges, au chevet de son épouse, acquiesce. Louise remet des somnifères à son mari. Le message est clair.

L'année suivante, Georges et Alain se retrouvent seuls dans le petit appartement. Michel a quitté le foyer. Le face-à-face entre le père et son fils aîné vire au cauchemar. Alain ne comprend pas pourquoi sa mère ne s'occupe plus de lui. Il rejette son père. Alain ne pouvant rester seul dans l'appartement, il se réfugie le plus souvent dans la loge de la concierge. Dans les jupes de la concierge. « C'était un bébé de 35 ans. Il se roulait par terre », gémit Georges, qui avoue qu'il n'a pas su maîtriser la situation. « Je me suis mis à boire. Deux litres par jour. » À la fin de l'année 1985, Georges tente de renouer un lien avec son fils Alain. Ils partent en vacances dans la Manche. « Trois jours plus tard, nous sommes revenus à Paris. Ce n'était plus possible. »

Georges comprend alors qu'il ne peut plus respecter le premier pacte passé avec son épouse. Il ne peut plus assurer la prise en charge de leur fils handicapé. Sa décision est prise. Georges ferme à clé l'appartement. Alain est à ses côtés. Il descend et confie son fils à la concierge. « J'ai une course à faire », lui dit-il sur le pas de la loge. Il va tenir la seconde promesse faite à sa femme. Georges va s'acheter une carabine. Le modèle le plus simple. C'est pour ne s'en servir qu'une fois. Ou plutôt 2. Il revient à son appartement, dépose l'arme puis redescend pour récupérer son fils chez la concierge. Alain ne veut pas quitter la loge. De mauvaise grâce, il suit son père. Dans l'appartement Georges donne 8 médicaments à son fils. Des somnifères. Ceux que lui avait remis son épouse avant de mourir. Alain s'écroule comme une masse. Ces 96 kg font trembler le plancher. Georges se saisit de son arme et tire par 3 fois sur son fils étendu par terre. Après quoi, il va s'asseoir à sa table pour écrire une lettre.

Il y explique tout. Sa souffrance. Leur souffrance. Leurs promesses. Leurs pactes. Son incapacité à s'occuper de cet enfant si désiré et tant aimé. Ses aveux écrits, Georges reprend sa carabine et la retourne contre lui. Le coup ne part pas. L'arme s'est enrayée. Les premiers coups de feu ont alerté la concierge qui a appelé la police. Cette dernière intervient à temps, empêchant Georges de mettre fin à ses jours. Alors que le corps d'Alain est évacué sur une civière, son père est arrêté.

« Maintenant, faites ce que vous voulez de moi. Mon seul regret, c'est de ne pas être parti avec mon fils. » Georges est incapable de poursuivre son récit. Un lourd silence s'installe. Lourd mais relatif, car il est interrompu par plusieurs reniflements. Jurés, journalistes sont dans l'incapacité de prendre des notes. On a sorti nos mouchoirs. Laissant nos stylos de côté. Des larmes perlent ici et là sur plusieurs visages. Un homme est mort mais l'accusé apparaît comme une victime. Le président lui-même semble avoir du mal à contenir son émotion, cette tension extrême. À tel point que, pour tenter de mettre fin à cette séance de pleurs collectifs, il lance en direction de l'accusé une drôle de prière : « Attendez encore un peu Monsieur M., c'est bientôt fini. » Les plaidoiries, le réquisitoire, le délibéré n'ont pas encore eu lieu mais le président des assises laisse entendre que le verdict sera forcément compréhensif, clément. Toute la salle s'est tournée vers le président, surprise par sa sortie. Mais personne ne cherche à lui en tenir rigueur.

La suite de l'audience ne sera qu'une formalité. À la barre vont défiler de nombreux locataires de l'immeuble. Ce ne sont que louanges et compassion. Aucun témoin à charge. Un voisin remet à la cour une lettre de soutien, signée par 64 signataires. Seul Michel, le fils cadet, fait étonnament preuve de distance.

Sans regarder son père, il laisse tomber comme un couperet : « Je ne sais pas s'il s'en sortira. » Visiblement sans l'aide de son fils.

L'avocat de l'accusé a fait citer comme témoin le professeur Lejeune, chef de service à l'hôpital Necker. Le généticien s'approche de la barre. Les jurés l'écoutent distraitement. Leur intime conviction est déjà faite. « Les trisomiques sont, à l'âge adulte, immatures et juvéniles. Cela ne diminue en rien leurs facultés humaines. Seuls le raisonnement et l'intellect sont atteints. Pour les parents, poursuit le praticien, c'est une charge pesante. À la limite de la patience. »

Il ne faut pas attendre que la foudre vienne de l'accusation. Alors que, dans ce lieu, résonnent habituellement les plus graves accusations, il règne une ambiance de recueillement, de pitié.

L'avocate générale, Dominique Commaret, est presque gênée de prendre la parole. Mais elle va faire preuve de compréhension, de sensibilité, d'humanité. « Il y a une certaine honte d'être heureux à la vue de certains », sont ses premiers mots. La magistrate explique son dilemme. Au nom de la société, elle doit réclamer une condamnation. Un assassinat, un infanticide ne peut pas rester impuni. Cela équivaudrait à un permis de tuer, qui plus est délivré par la justice. Elle ne peut requérir un acquittement. Georges M. est victime, certes, mais d'abord coupable. « La justice peut pardonner mais elle ne peut pas absoudre. Pour respecter la mémoire d'Alain et pour ne pas mettre en péril la vie de milliers d'autres trisomiques, je requiers une peine de prison symbolique. Surtout ne le mettez pas en prison », dit-elle en regardant les jurés avant de s'asseoir.

Après un court délibéré, la cour revient dans la salle. Dans une ambiance apaisée. Les jurés regardent celui qu'ils viennent de condamner avec tendresse. Georges M. est condamné à 2 ans de prison avec sursis. Un verdict agrémenté d'un souhait exprimé par le président : « Les jurés souhaitent que vous viviez désormais, si ce n'est dans la sécurité, au moins dans la tranquillité. »

Le président avait raison. Il fallait être patient. C'était bientôt fini. L'audience n'aura pas duré plus de 4 heures. Georges M. n'aura passé qu'une nuit en détention. Le soir même, il est sorti libre de la prison de la Santé. Libre mais terriblement seul.

Les jurés ne se sont pas retenus de pleurer. Le président et l'avocate générale ont fait ouvertement preuve de compassion. Ce jour-là, la justice a fait preuve d'humanité. Tout le monde a manifesté son opinion avant l'heure. Est-ce pour autant condamnable ?

Partie II

# De surprenants acquittements

L'intime conviction des jurés peut déboucher sur des verdicts pas toujours lisibles. *A contrario*, elle peut aussi engendrer des acquittements inattendus. À la fin des débats, après le réquisitoire et les plaidoiries, les 3 magistrats et les jurés populaires délibèrent ensemble dans une salle prévue à cet effet. Votant à bulletin secret, ils doivent se prononcer sur la culpabilité puis, éventuellement, sur la peine. La décision doit être prise à la majorité et non à l'unanimité. En Belgique comme aux États-Unis, les jurés populaires délibèrent seuls sur la culpabilité ou l'innocence de l'accusé.

En première instance, l'accusé est condamné si au moins 6 sur les 9 personnes constituant le jury répondent « oui » aux questions sur la culpabilité[1]. Si ce seuil n'est pas atteint, la cour d'assises prononce un acquittement. À l'issue du délibéré, les bulletins de vote sont détruits. La délibération doit rester secrète. On ne sait donc jamais combien de jurés, ni lesquels, ont voté la condamnation ou l'innocence. Aucun document ne reste. Sauf depuis 2012, la feuille de motivation rédigée par le président des assises, qui expose les éléments à charge ou à décharge qui ont conduit les jurés dans leur verdict. Le quantum de la peine prononcée doit également être justifié. Cette feuille permet à l'accusé, aux parties civiles mais aussi à la presse et à l'opinion publique, de connaître les raisons pour lesquelles la cour a décidé de condamner ou d'innocenter la personne poursuivie. Lorsqu'il prête serment, le juré s'engage à respecter le secret des délibérés, sous peine de poursuite pénale.

1. En appel, il faut 8 voix sur les 12 votants (9 jurés populaires et 3 magistrats).

En France, la tendance consiste à restreindre la présence des jurés dans les affaires criminelles.

À titre expérimental, les crimes passibles de 10 à 20 ans de réclusion sont, dans certaines juridictions, du ressort du tribunal criminel départemental qui siège sans jurés populaires. Si cette nouvelle disposition devait être généralisée, la justice continuerait à être rendue au nom du peuple français mais sans eux.

La justice condamne des innocents, comme elle acquitte des coupables. Au risque de rendre des verdicts incompréhensibles. Pénétrons dans quelques anomalies judiciaires. À Périgueux, l'acquittement de 2 habitués des assises, que tout accuse, plonge les parents d'une victime dans un profond désarroi. À Paris, un prince de sang, accusé d'un crime de sang, est le premier surpris du sort que lui réservent des jurés. À Reims, nous apprendrons, contre toute attente, que la mort d'un jeune homme peut être condamnée au civil mais pas au pénal.

# Le duo Gentil-Heaulme, les 2 vagabonds de l'horreur

Un duo impossible. Une rencontre improbable.

Dans le box de la cour d'assises de la Dordogne, ce 1er avril 1997, ce sont 2 habitués des prétoires qui font leur entrée. Ce sont presque 2 frères siamois tant ils se ressemblent. Même constitution. Même visage émacié. Même regard. Mêmes mimiques.

Francis Heaulme, 38 ans, surnommé "le routard du crime", est le prototype du tueur en série. Déjà condamné à 20 ans de prison à Quimper et à la perpétuité à Metz, il est alors 11 fois mis en examen dans plusieurs tribunaux de France pour des faits similaires. Un macabre tour de France judiciaire. « J'ai beaucoup d'affaires sur le dos. J'ai Draguignan au mois de mai[1] », reconnaît au premier jour de ce nouveau procès[2] celui qui a un quotient intellectuel de 61.

Didier Gentil, 32 ans, dit "le tatoué", a été condamné à la réclusion criminelle à perpétuité en décembre 1992 pour l'assassinat de la petite Céline Jourdan à La Motte-du-Caire.

1. Affaire du petit Joris, 9 ans, tué en 1989. Francis Heaulme a été condamné à la perpétuité assortie d'une période de sûreté de 22 ans.
2. Sa dernière condamnation concerne le double meurtre de Montigny-lès-Metz. Il a été reconnu coupable de la mort d'Alexandre et Cyril en septembre 1986. Un crime qui a valu à Patrick Dils ses 2 premières condamnations avant son acquittement à Lyon en 2002.

« Nos clients vont être jugés pour le passé et même pour le futur. C'est la marque d'une faiblesse de l'accusation », plaide Me Pierre Gonzalès de Gaspard, l'avocat du premier.

Tous 2 se présentent de la même manière : sans profession ni domicile, célibataires : 2 marginaux, 2 vagabonds de l'horreur dont les itinéraires se croisent en mai 1986 à Périgueux. Sur leur chemin, un jeune appelé du contingent de retour de permission. Dans le gymnase de la ville, le corps de Laurent Bureau, 19 ans, est retrouvé dissimulé sous des tapis de gymnastique. Le visage est tuméfié, méconnaissable, les membres entravés, et son cou porte des races de strangulation. Le jeune homme de 19 ans est nu. Pour les enquêteurs, il a visiblement été torturé.

Ce n'est que 6 ans plus tard que les enquêteurs vont s'intéresser à ces 2 suspects. Didier Gentil était alors, lui aussi, sous les drapeaux au 5ᵉ régiment de Chasseurs. Un camarade de chambrée de la victime. Les gendarmes ont été troublés par les similitudes relevées entre la scène de crime de Périgueux et celle de La Motte-du-Caire. De plus, Gentil est dénoncé par Francis Heaulme qui reconnaît qu'il était sur les lieux ce jour-là. Le "routard du crime" errait dans la ville.

Au premier rang du banc des parties civiles, les parents, la grand-mère et un frère de la victime écoutent, consternés, les 2 accusés dresser leur itinéraire. Leurs vies sont comme calquées l'une sur l'autre. Les mêmes mots pour dépeindre les mêmes galères : les foyers, la rue, les tentatives de suicide. Une même vie d'errance affective, de violence, de beuveries et de fugues.

Heaulme a ses repères : les centres Emmaüs qu'il alterne avec les centres psychiatriques et les établissements pénitentiaires. « J'ai toujours été malheureux », confie Francis Heaulme, surpris que l'on s'intéresse à lui. « Les seuls moments de réconfort, c'était dans les centres d'Emmaüs. J'étais nourri, logé, blanchi », se rappelle-t-il.

Gentil se livre à une auto-psychanalyse. Il résume son parcours à la DDASS, le service militaire et la prison. « Ma vie est banale, murmure-t-il. C'est comme un procès-verbal qui n'en finit pas. Je ne me suis jamais intégré à la société. Je n'ai jamais connu de vie de famille. C'est à l'armée que j'ai appris à faire mon lit, à être propre. »

Preuve de la complexité de ce dossier, lors du procès, on entendra beaucoup plus d'experts psychiatres, pour tenter de cerner la personnalité des accusés, que de témoins. Mais cette relative fraternité ne va pas résister au moment de l'examen des faits. C'est désormais chacun pour soi. Les 2 hommes se rejettent mutuellement la responsabilité du meurtre du jeune Laurent. Sous-entendu : « Le monstre, c'est l'autre. » Pour leurs avocats, ils étaient certes présents au moment des faits, mais « cela n'en fait pas forcément des coupables ». Une défense unanime qui parle d'un 3e homme que la justice a pourtant innocenté.

Au centre du prétoire, dans la vitrine des pièces à conviction, nous distinguons une arme du crime un peu particulière : l'extincteur avec lequel la victime a sauvagement été frappée. À ses côtés, les cordelettes qui lui ont été passées autour du cou et des poignets. Interrogé par Irène Carbonnier, la présidente des assises, Francis Heaulme se lève et raconte mécaniquement la soirée du 8 mai 1986. Sa rencontre dans un parc de la ville avec quelques marginaux, parmi lesquels Didier Gentil. « Gentil a abordé le jeune homme, lui a demandé de l'argent. Comme il a refusé, Gentil l'a frappé. Après, nous sommes allés vers le gymnase. Je lui ai attaché les mains mais c'est Gentil qui l'a tué. » Puis Heaulme s'arrête brutalement. Il a fini de raconter. Il a tout dit en 7 minutes. Sans émotion. En 7 minutes, il vient surtout d'anéantir le travail des avocats de la défense, M^e^ Juramy d'un côté, M^e^ Pierre Gonzales de Gaspard de l'autre. Tous deux prônaient la piste du 3^e^ homme.

Didier Gentil est encore plus concis. Il joue l'amnésique. Il concède seulement qu'il connaissait la victime, un voisin de chambrée à la caserne. Se tournant vers les parents de Laurent, il déclare : « C'est un crime crapuleux. Par respect pour la famille, je voudrais qu'il soit puni. » Sans que l'on comprenne si c'est un aveu ou une prière.

Quant à son co-accusé, il déclare ne pas le connaître. On se souvient que 5 ans plus tôt, devant la cour d'assises de l'Isère, le même homme avait fini par reconnaître avoir été seul à tuer la petite Céline Jourdan, innocentant dans le même temps son co-accusé, Richard Roman, dans l'affaire dite de "La Motte-du-Caire". Prendra-t-il le même cheminement à Périgueux ? C'est la question que nous nous posons sur le banc de la presse. Car l'accusé lâche une phrase étrange à la fin de sa très courte déclaration : « Je veux bien répondre à ce qui semble être la vérité. » Didier Gentil semble tendre la perche. Seulement voilà, nous assistons à quelque chose de déconcertant. La présidente des assises le remercie et lui demande de s'asseoir. Un choix qui a le don de provoquer l'énervement de l'avocat général. Au fil des audiences, nous constatons que la relation entre le représentant de l'accusation et la présidente n'est guère chaleureuse. Ce n'est pas en soi gênant. Sauf qu'ici à Périgueux, cela se sent, cela se voit.

En début d'après-midi, l'audience du 3^e^ jour est consacrée à l'audition d'autres marginaux. À commencer par le 3^e^ homme. Un SDF qui noie son désespoir dans plusieurs litres de vin quotidiens. Un temps suspecté par la justice, incarcéré pendant près d'un an et demi, il a bénéficié d'un non-lieu. Du sang du même groupe de celui de la victime a été retrouvé sur son pantalon. Jean-Louis G. se dirige vers la barre des témoins, la démarche hésitante. Des gendarmes sont allés le cueillir à Collioure (Pyrénées-Orientales). De force. Le témoin ne voulait pas se présenter aux assises. Pour la défense, c'est le témoin clé, si ce n'est le coupable idéal. Les avocats ont donc insisté pour que l'homme comparaisse. Ordre a été donné à la force publique d'aller le chercher *manu militari.* « Je voudrais savoir ce qui se passe à nouveau. Il n'y a aucune preuve contre moi. Je n'ai rien vu », bougonne-t-il, avant de rajouter : « On m'a soupçonné du meurtre. On ne va pas m'embêter avec ça encore. Après tout, foutez-moi en prison. Comme ça, je vais me reposer. » Le vagabond alcoolique titube à la barre. La cour n'en saura pas plus. Il n'est pas resté à la barre plus de 10 minutes. La présidente donne ordre aux gendarmes de ramener le SDF à Collioure. Soit près de 5 heures de route.

À la suspension d'audience, les gendarmes nous confient que le témoin sentait tellement l'alcool qu'ils ont dû effectuer la totalité du voyage les fenêtres du véhicule ouvertes. En fin de journée, nouvelle confidence. Jean-Louis G. n'a jamais été reconduit dans les Pyrénées-Orientales. Les gendarmes n'ont pas respecté la directive de la magistrate. À la sortie de Périgueux, ils se sont arrêtés et se sont "débarrassés" du témoin malodorant.

Un autre SDF, Pierre N., confirme qu'il a vu l'accusé Didier Gentil mettre un coup de tête à la victime. « Avec Heaulme je l'ai relevé, poursuit-il, et pensant que c'était fini, je suis parti. »

La salle est comble quand Claude Laplaud, l'avocat général, débute ses réquisitions : « Le plaisir pervers de deux hommes. La fureur alcoolique de Didier Gentil. Le sadisme assoiffé de sang de Francis Heaulme. » « Leur vie est jalonnée de trop de morts d'innocents », poursuit le magistrat pour qui leur culpabilité ne fait aucun doute. Il requiert 30 ans de réclusion criminelle contre Gentil, « l'instigateur de cette sordide messe noire sur fond d'ivresse ». Entre 20 et 30 ans contre Heaulme, « compte tenu de la maladie génétique dont il est atteint et qui peut atténuer sa responsabilité ».

Après 5 heures de délibéré, la sonnerie retentit, annonçant l'heure du verdict. Les parents de Laurent ont repris leur place au premier rang. Ils sont confiants. Peu avant une heure du matin, la cour et les jurés font leur entrée. Mais, chose jamais vue dans une enceinte judiciaire, plusieurs jurés manifestent ouvertement par des gestes, des regards, leur mauvaise humeur, leur réprobation face au verdict qui va être rendu dans quelques secondes. Certains font preuve d'une nervosité incontrôlée alors qu'ils rejoignent leur place. Dans la salle d'audience, nous sentons que quelque chose d'inattendu va se produire. Il y a eu visiblement un énorme malaise lors des délibérations. La présidente lit la réponse aux questions très rapidement. Coup de théâtre. Le jury a répondu « non » à toutes les questions. Le public ne retient qu'un mot : acquittés.

Sur les visages, c'est l'incompréhension. Tous ceux qui ont suivi ce procès sont stupéfaits, déboussolés. Un silence pesant s'installe dans la salle d'audience avant que ne retentisse un sonore « Une honte ! » Même les avocats de la défense ont du mal à cacher leur surprise face à ce double acquittement qu'ils ont pourtant plaidé. Les 2 accusés, en revanche, ne masquent pas leur joie. Sonnée, écœurée, la famille de Laurent s'effondre : 11 ans après la mort de leur fils, la justice leur dit qu'elle s'est trompée de coupable. Dans le même temps, dans les couloirs du palais, l'ambiance entre les jurés est tendue. On se jette des regards noirs. On cherche surtout à quitter le tribunal de Périgueux le plus rapidement possible.

Comment expliquer aux parents qu'après tant d'années, ce dossier manquait d'une preuve implacable, irréfutable ? Que les aveux et les accusations de Heaulme avaient perdu de leur crédibilité en raison de la personnalité défaillante de leur auteur ? Que les indices et les hasards troublants n'étaient pas suffisants ? Que le doute l'a emporté sur la certitude ?

On ne connaîtra jamais le fin mot de l'histoire de ce verdict. Tout porte à croire que les magistrats ont fait pression sur certains jurés pour que le « non » l'emporte sur le « oui » : 5 au moins des 12 jurés ont donc voté « non coupable ». D'eux-mêmes ou sous pression. L'influence d'un président des assises sur ces jurés n'est pas une fable. Même si les choses ont probablement changé avec le temps, certains magistrats étaient connus dans les palais de justice pour guider la main des jurés dans leur vote.

Le fait que les 2 accusés étaient déjà condamnés pour d'autres crimes a-t-il eu un impact dans cet acquittement ? Autrement dit, comme ce verdict n'avait pas de conséquence sur le parcours carcéral des 2 hommes, cela ne portait pas à conséquence. Sauf pour les parents de Laurent qui, visiblement, ont été les grands oubliés de ce procès. Conséquence, ce verdict a apporté de l'eau au moulin de ceux qui militaient pour 2 réformes dans la procédure pénale.

D'abord la nécessité de faire appel d'un verdict d'assises. Ce qui n'arrivera qu'en 2001.

Ensuite que la décision de la cour d'assises soit motivée. Afin que l'accusé sache pourquoi il a été condamné, et ce sur quoi il doit fonder sa défense en appel. Afin que l'on sache ce qui a amené les membres du jury à forger leur intime conviction. Une nouvelle disposition qui entrera en vigueur en janvier 2012, pour motiver la décision de culpabilité ou d'innocence de l'accusé. Le conseil constitutionnel fera rajouter en 2018, dans un second temps, l'obligation de motiver le quantum de la peine en cas de condamnation.

# Un prince à la Santé pour un procès royal

Birgit Hamer prend place sur le banc des parties civiles dans la grande salle des assises à Paris. Tous les regards se tournent vers elle. D'abord parce que sa tristesse est manifeste, et qu'elle est jeune et belle. Elle a été Miss Allemagne en 1978, et se destinait à devenir actrice ou top model. Les circonstances en ont décidé autrement. Ensuite parce qu'elle tient dans les mains une photo de son frère, Dirk. À ses côtés, son père, qui tient une autre photo. Celle de son épouse, morte de chagrin après le drame qui a touché la famille, il y a bientôt 13 ans. C'est la première image que les nombreux photographes et cameramen captent à l'ouverture de ce procès. Nous sommes le mercredi 13 novembre 1981.

Une presse audio-visuelle qui va très rapidement faire un demi-tour dans le prétoire. À 13 heures précises, la porte qui donne sur le box des accusés s'ouvre. Un homme assez grand, d'une carrure massive, plutôt distingué, fait son entrée, entouré de 2 gendarmes. Il porte un costume sombre, une chemise bleu clair, une cravate noire, et la décoration de l'Ordre de Saints Maurice et Lazare à la boutonnière. Mitraillé par les photographes et caméras, il ne cache absolument pas, bien au contraire, les menottes qui lui entravent les poignets.

Si nous sommes nombreux ce jour-là sur les bancs de la presse, c'est parce que d'une part les faits sont anciens, autrement dit la justice a pris son temps. Mais d'autre part, aussi, en raison de la qualité de celui qui comparaît pour « coups et blessures volontaires ayant entraîné la mort sans intention de la donner ». Un crime passible de 15 ans de réclusion criminelle.

Pour un crime de sang, la cour d'assises de Paris juge un prince de sang. Un descendant royal. Une altesse royale. Victor Emmanuel de Savoie, 53 ans, est le petit-fils du roi Albert Ier de Belgique, et fils d'Umberto II, dernier roi d'Italie qui n'a régné que 3 semaines. Depuis 1947, après l'institution de la République italienne, la famille de Savoie est interdite de séjour dans la péninsule. L'accusé est un prince en exil, sans couronne. Un prince qui n'a pour seul trône que le banc dur d'un box d'accusé. Un fils de roi devant une cour.

Victor Emmanuel de Savoie n'a obtenu du président des assises qu'un seul régime de faveur. Se constituer prisonnier à la prison de la Santé le matin même de l'audience. À l'époque, la loi impose à l'accusé resté libre durant l'instruction de se faire incarcérer la veille au soir[1]. En revanche, le président Maurice Colomb ne s'embarrasse pas avec le protocole, avec les titres, avec les usages dus au rang de celui qui comparaît devant lui. Ce dernier a fait savoir par ses avocats qu'il souhaite être jugé comme un citoyen ordinaire. Pas de "Monseigneur". Simplement du "Monsieur de Savoie". Il faut remonter à Louis XVI pour voir un prince de sang comparaître devant la justice française.

L'homme apparaît inquiet, anxieux, apeuré. « Les assises, c'est hallucinant, ce n'est pas ma place », avait-il confié à une journaliste du *Figaro*.

1. Depuis, la loi a changé. L'accusé qui n'a pas fait l'objet d'une détention provisoire comparaît libre à son procès.

Le *curriculum vitae* entendu par les jurés détonne avec ceux habituellement prononcés dans une telle enceinte judiciaire. Sans accent, Victor Emmanuel retrace son existence. Sa naissance à Naples en février 1937, son exil à l'âge de 9 ans avec sa famille en Suisse, pour échapper à Hitler qui voulait prendre en otage les enfants de la famille royale, puis son départ pour le Portugal après la promulgation de la Constitution de 1947, interdisant aux « descendants mâles l'accès et la résidence en Italie[2] ». Enfin ses études en Suisse et à New York. Du bout des lèvres, il signale qu'il a travaillé dans différentes banques, pour des sociétés construisant des hélicoptères. Le prince se montre discret sur l'éducation qu'il a reçue, concède qu'il fut ami du Shah d'Iran et qu'il est très proche du roi d'Espagne, Juan Carlos, dont il est un cousin. Il se présente comme représentant, vivant tour à tour au Portugal, en Suisse et en France.

Sachant qu'il fait face à des chroniqueurs judiciaires et non mondains, il passe très vite sur son mariage en 1970 à l'âge de 33 ans avec Marina Doria, ancienne championne du monde de ski nautique, et sur le décès de son père en 1983 des suites d'une longue maladie. Une disparition qui fait de lui le chef de la maison royale d'Italie. Et l'héritier présomptif du trône d'Italie.

Avant d'aborder les faits, comme c'est la coutume, la cour se penche sur la personnalité de l'accusé. Une ambiance de salon continue de régner dans le prétoire. Témoin de moralité, la romancière Edmonde Charles-Roux, l'amie qui l'a connu à l'âge de 7 ans, dépeint « un homme bon, sincère. C'est un proscrit. C'est le plus grand malheur que l'on puisse connaître. Il n'y a pas plus dur que l'exil ». Le casier judiciaire habituel des cours d'assises est remplacé ce jour-là par le Gotha mondain.

2. Il a fallu attendre un changement de la constitution italienne en 2002 pour que l'exil de la famille de Savoie prenne fin. Le prince a pu retourner dans son pays natal après 55 ans d'exil.

Quant aux experts psychiatres, ils dressent un portrait en demi-teinte. Les uns parlent d'une « hyperémotivité, d'une immaturité affective, d'un complexe d'infériorité ». Les autres évoquent un accusé qui « craint de ne pas avoir la stature de son héritage historique ». Dans son box, le prince écoute, tête baissée, le visage triste.

Au fil des audiences, l'homme qui est devant nous affiche un ennui distingué. Projetés dans un monde qui n'est pas le leur, les jurés populaires, 7 femmes et 2 hommes, écoutent l'accusé évoquer sans passion les différents lieux de villégiature où il tente de tuer le temps en compagnie de son épouse et d'Emmanuel Philibert, leur unique enfant : Saint-Tropez, Gstaad, l'île de Cavallo où ils se rendent depuis 20 ans. « À l'époque, c'était tranquille et pas du tout l'île des milliardaires. On y vivait tout simplement », explique sa femme. C'est dans ce lieu très prisé de la *jet set*, au large de Bonifacio, à portée de yacht de la Corse et de la Sardaigne, que le drame s'est déroulé. Hasard curieux, le voilier du président de la République italienne avoisine à cette époque celui de Victor Emmanuel de Savoie.

Ce 17 août 1978, à l'issue d'une journée consacrée à la plongée sous-marine, le couple princier et leur fils âgé de 6 ans dînent à l'*Hôtel des Pêcheurs* avec le cinéaste italien Sergio Leone.

Vers 2 heures du matin, en faisant un détour vers le port afin de jeter un œil sur son yacht, l'*Aniram*, le prince découvre que son canot pneumatique Zodiac, laissé sur la plage, est amarré à un autre voilier, le *Coke*, lui-même accouplé avec 2 autres bateaux, le *Master* et le *Mapagia*. Cet incident est déjà intervenu quelques jours auparavant. Passablement agacé, le prince reprend sa jeep avec son épouse afin de récupérer dans leur propriété une carabine automatique de marque américaine, de calibre 30. De retour sur le port, il s'embarque sur un autre canot pneumatique et se rapproche du *Coke* afin de récupérer son bien. Réveillé par la chute d'une bouteille de plongée que le prince a fait malencontreusement tomber, le propriétaire du bateau, un médecin italien, sort de sa cabine. Les 2 hommes échangent quelques "amabilités". Le prince tire 2 coups de feu. Les balles sifflent aux oreilles du médecin sans l'atteindre. « J'ai tiré pour l'effrayer. J'avais peur qu'on me vole mon Zodiac. Le second coup est parti tout seul. J'étais déséquilibré », raconte le prince. À l'issue d'un corps à corps entre les 2 hommes, ceux-ci tombent à l'eau. Le médecin remonte sur son bateau. Le prince rejoint le sien en poussant son canot pneumatique dans lequel il a jeté préalablement sa carabine. Les 2 protagonistes pensent que l'incident est clos. À tort. « Ce n'est qu'une demi-heure après que j'ai su qu'il y avait eu un blessé », précise l'accusé.

Nous sommes en plein été, une nuit de clair de lune. Des silhouettes s'animent un peu partout dans la baie. Mais la *dolce vita* va s'assombrir.

Dirk Hammer a 19 ans. Ce soir-là, il s'est couché très tôt alors que ses amis continuent de faire la fête sur le pont du voilier le *Mapagia*, amarré près du *Coke*. Sur sa couchette, il se tord de douleur. Le jeune Allemand a été touché à l'aine par une balle perdue, alors qu'il dormait. L'hémorragie est importante. Birgit, sa sœur, a entendu l'altercation. « Quelqu'un criait en italien : "Qui a volé mon canot ? Italiens de merde, bande de cons, je vous tuerai tous !" » Elle se rend compte rapidement du drame et appelle les secours. Mais si Cavallo est un lieu de *farniente*, rien n'est prévu à l'époque pour les secours d'urgence. Non seulement la victime perd beaucoup de sang mais les sauveteurs perdent énormément de temps. Dirk est transporté par bateau dans une clinique de Porto-Vecchio en Corse. Puis par avion vers l'hôpital de la Timone à Marseille où 2 amputations s'avèrent nécessaires en raison de la gangrène qui se déclare. Le jeune Allemand est dialysé 72 fois, subit 15 opérations. Il décède le 7 décembre à l'hôpital d'Heildeberg en Allemagne, suite à de multiples complications.

Entendu comme expert à la barre lors du procès, un chirurgien affirme que le jeune homme aurait pu être sauvé s'il avait été transporté plus rapidement en chirurgie vasculaire. « Le coup en lui-même n'était pas mortel. » Un autre parle d'une « blessure de guerre ». Qui croire ?

Le jour même des faits, Victor Emmanuel est placé en garde à vue, avant d'être inculpé, puis placé en détention provisoire à la maison d'arrêt d'Ajaccio. Il reste derrière les barreaux un mois et demi, avant sa remise en liberté et son placement sous contrôle judiciaire. Devant les enquêteurs, bon prince, il reconnaît assez vite sa responsabilité, confessant avoir agi « sous le coup d'un énervement ». Il avoue également être en possession du fusil. Collectionneur d'armes à feu, il possède une salle de tir aménagée dans les sous-sols de sa villa de Genève.

Au cours de son procès, il tente de justifier son goût des armes. « Nous vivions dans la crainte des attentats. Mon grand-père a été assassiné à Monza. Mon père a essuyé des tentatives d'assassinat. Alors que j'avais 6 ans, Hitler a voulu me kidnapper. J'ai dû rester caché en Suisse pendant 2 ans. Nous avons toujours vécu avec cette crainte. Nos noms ont été relevés récemment sur une liste des Brigades rouges[3]. »

Au soir de la première journée d'audience, le prince est incarcéré à la prison de la Santé dans le 14e arrondissement de Paris.

3. Groupe terroriste d'extrême gauche qui a semé la terreur en Italie dans les années 70. Les Brigades rouges sont auteurs, entre autres, de l'assassinat d'Aldo Moro, président du conseil. Son corps a été retrouvé dans le coffre arrière d'une voiture à Rome.

C'est la suite logique de sa prise de corps le matin même. Ses avocats ont plaidé la remise en liberté mais la cour a estimé qu'il « y aurait manifestement trouble à l'ordre public s'il n'y avait pas maintien en détention ». Dans la nuit du 13 au 14 novembre 1991, l'héritier du trône d'Italie passe une nouvelle nuit en prison, après celles passées, plus de 12 ans auparavant, à la maison d'arrêt d'Ajaccio.

Le lendemain matin, surprise et inquiétude sur le banc de la partie civile. L'accusé n'est pas présent à 9 heures à la reprise de l'audience. L'exactitude est pourtant, dit-on, la politesse des rois. Mais cette absence n'est pas de son fait. Une trentaine de gardiens de prison ont installé un piquet de grève devant la grande porte de la Santé, empêchant toute extraction de détenus. Le prince est prisonnier à double titre. Parce que c'est la procédure, mais aussi parce qu'il fait l'objet d'une revendication salariale. Les surveillants de l'établissement pénitentiaire parisien profitent de cette présence royale pour durcir leur mouvement social. Ils protestent contre le manque d'effectifs et leur système de retraite, alors que le budget Justice est en discussion à l'Assemblée nationale. Droit de grève d'un côté contre droit de la défense de l'autre. Il faudra de longs pourparlers entre les avocats de l'accusé et les représentants syndicaux des gardiens de prison, puis l'intervention des CRS, pour que les portes s'ouvrent afin de permettre au prince de comparaître à son procès. Image cocasse d'une compagnie de gendarmerie républicaine au secours de la royauté.

L'audience reprend à 13 heures. En présence de l'accusé, pour aborder cette fois-ci les faits. Mais M^es^ Lombard, Flécheux et Léauté profitent de l'incident du matin pour renouveler leur demande de remise en liberté de leur client. Ils ne souhaitent pas que le prince soit à nouveau « l'otage d'une revendication salariale peut-être justifiée ». Après avoir dit « non » la veille, les 3 magistrats de la cour disent « oui » au 2e jour du procès. Victor Emmanuel de Savoie ne passera pas une seconde nuit en prison. En tout cas pas avant le verdict prévu pour le lundi suivant.

Son épouse, Marina Doria, se dirige à son tour vers la barre. Elle réitère que le couple vivait dans la terreur. Leur jeune fils aurait fait l'objet d'une tentative d'enlèvement 3 mois avant les faits. « C'est moi qui ai dit à mon mari : ne va pas rechercher ton bateau sans ton arme. » À la lecture du dossier, il semble que tout accable le prince même si, désormais, il conteste sa culpabilité. Il reconnaît avoir tiré 2 coups de feu. Mais en l'air ou dans l'eau. De plus, les avocats de la défense insistent sur le fait que 12 des 17 témoins disent avoir entendu cette nuit-là plusieurs détonations. Et contre toute attente, après 12 ans de procédure, les experts en balistique vont à la barre faire preuve d'une prudence surprenante. « Il est impossible d'attribuer le tir à une arme particulière. Rien ne permet d'affirmer que la balle qui a tué Dirk provient de la carabine du prince. » C'est un coup de tonnerre dans la salle d'audience et un coup de poignard ressenti par le père et la sœur de la victime.

« On nous a parlé d'attentats, en fait il a cédé à la colère, à la rage. C'est tout. On pouvait attendre de quelqu'un comme l'accusé un peu plus de contrôle. Cela s'appelle un geste de voyou. » L'avocat général, Jean-Claude Thin, requiert une peine de 5 ans de prison. Sans exclure que la condamnation soit entièrement avec sursis : 5 ans pour une balle perdue.

Après 4 jours de débats, le lundi 18 novembre, Victor Emmanuel est reconnu non coupable et donc acquitté pour la mort du jeune Allemand. Il est seulement condamné à 6 mois de prison avec sursis pour détention et port d'arme de première catégorie. Le délibéré n'a pas duré plus de 2 heures. Une soudaine rapidité pour un dossier qui a tant traîné. Dans la salle d'audience, c'est l'émeute. Des cris de colère se mêlent à des applaudissements. Birgit quitte le palais avec un goût d'amertume. Elle n'accepte pas le verdict et reproche au prince de ne pas avoir manifesté de regrets, même si les derniers mots de l'accusé ont été : « J'aimerais dire que moi, étant père de famille, je comprends la grande souffrance de la famille Hamer. » Pour le père de la victime, son « fils est mort une seconde fois ».

Comparaissant libre depuis le 2e jour de son procès, Victor Emmanuel peut quitter immédiatement le palais de justice. Comme d'autres confrères, je propose à l'un de ses avocats, Me Paul Lombard, que son client nous dise quelques mots afin de faire baisser la pression médiatique. Après plusieurs jours d'audience, il est légitime qu'il puisse s'exprimer face à la presse. « Le prince fera une courte déclaration sur les marches du palais dans la cour de Mai », me confirme son conseil.

C'est un énorme travelling digne d'un grand film qui se déroule pendant de longues minutes depuis la cour d'assises, côté place Dauphine, jusqu'à la cour principale, boulevard du Palais. Dans ce qui se nomme la “galerie des prisonniers”, une meute de journalistes escorte le prince et ses avocats. L'héritier de la couronne italienne fait ami-ami avec le service d'ordre. Il n'y a plus de protocole. La main sur l'épaule d'un gendarme, Victor Emmanuel de Savoie ne semble pas réaliser ce qui lui arrive. L'homme s'était-il fait à l'idée qu'il serait condamné et donc réincarcéré ? Probable.

Arrivés sur les marches du palais, nous encerclons l'acquitté. Me Lombard est à sa gauche. De nombreux gendarmes tentent de contenir la bousculade. Nous tendons micros et caméras pour entendre la déclaration du prince. D'une voix mal assurée, il remercie la cour, les jurés et ses avocats de cette issue à laquelle, encore une fois, il ne semblait pas croire. « Six mois, ce n'est même pas sur le casier judiciaire », jubile le prince.

Après cette courte déclaration, un silence s'installe. Je suis face au prince, à un mètre à peine. J'en profite pour lui poser une question assez logique, me semble-t-il : « En définitive, on ne sait pas qui a tué Dirk Hamer ? » Le regard perdu de Victor Emmanuel de Savoie sera sa seule réponse. Il reste muet. Conscient du trouble de son client, Me Lombard lui assène un violent coup de coude et répond à sa place : « Non, on ne sait pas ! » Mettant ainsi fin à cette courte entrevue avec la presse.

La semaine suivante, les avocats du prince saisiront la Cour européenne des droits de l'homme pour obtenir la levée de son interdiction en Italie.

Si Victor Emmanuel de Savoie a reconnu très vite avoir tiré, il a ensuite varié sa déclaration, avançant qu'il avait tiré certes, mais en l'air et jamais en direction des bateaux. Pour faire peur. De leur côté, les investigations des gendarmes, la nuit du crime, ont été réduites à la portion congrue. Pas de perquisitions des autres voiliers qui ont pu appareiller dans la nuit sans difficulté. Aucune reconstitution n'a été effectuée sur place afin de déterminer le nombre exact de coups de feu tirés : 2 ou 5, comme avancé par certains témoins ? Durant plus d'une décennie, le dossier est passé dans les mains de plusieurs juges pour qui cette affaire n'a jamais été une priorité. Aucun n'a songé à organiser une confrontation entre les témoins. Enfin la carabine du prince, un moment égarée dans les scellés, a fini par retrouver sa place dans les pièces à conviction.

Comme c'est son droit, l'accusé a utilisé tous les recours possibles. Son avocat a sollicité un complément d'information qui a été refusé par les juges. Les expertises et contre-expertises qui se sont succédé ont retardé la procédure.

À cela s'ajoutent les décisions des différentes juridictions. En janvier 1989, la Cour de cassation a dessaisi la cour d'assises d'Ajaccio au profit de celle de Paris. Le dossier a pris son temps dans les labyrinthes judiciaires quand il n'a pas pris la poussière dans les armoires des différents palais de justice ; 12 ans plus tard, les témoignages n'ont plus la même force. Le temps a passé. Les souvenirs sont forcément déformés. Et la question essentielle posée par la famille Hamer – « qui a tué Dirk ? » – reste sans réponse.

Les jurés au nombre de 12 ont considéré à la majorité qu'il n'y avait pas de charges suffisantes pour condamner l'accusé pour ces coups mortels. D'où cet acquittement. Selon les statistiques du ministère de la Justice, 6 % des accusés sont acquittés lors du procès devant la cour d'assises. Un chiffre constant.

Le parquet, qui avait requis une condamnation de 5 ans, n'avait pas en 1991 la possibilité de faire appel de cette décision. Ce fut longtemps une particularité de notre système pénal. Relaxé ou condamné pour un vol de mobylette, un appel était déjà juridiquement possible. C'était en revanche impossible si vous aviez été condamné ou acquitté pour un crime. Le législateur considérait que la décision d'un jury populaire était souveraine. En clair qu'il ne se trompait jamais puisqu'il jugeait au nom du peuple français.

Il a fallu attendre la loi sur la présomption d'innocence d'Élisabeth Guigou pour introduire dans notre droit le double degré de juridiction en matière criminelle. Une réforme qui s'est faite en 2 temps. Dans la loi du 15 juin 2000, entrée en vigueur en janvier 2001, le ministère public n'avait pas la possibilité de faire appel d'un acquittement. Celui-ci devenant définitif. Une inégalité qui a été réparée par la loi du 4 mars 2002 qui a introduit la possibilité, pour le parquet et le parquet général, de faire appel d'un verdict de non-culpabilité. Une nouvelle disposition pénale dont Maurice Agnelet a fait les frais. Poursuivi pour complicité d'assassinat d'Agnès Le Roux, héritière du *Palais de la Méditerranée* à Nice, dont le corps n'a jamais été retrouvé, Maurice Agnelet, avocat radié, est acquitté par la cour d'assises des Alpes-Maritimes en 2006. Le parquet ayant fait appel, Agnelet est condamné à 20 ans de réclusion criminelle par la cour d'assises des Bouches-du-Rhône, après 2 heures de délibéré. Condamnation confirmée à l'issue d'un 3e procès à Rennes.

# La boulangère de Reims, innocente et condamnée à la fois

Acquitté au pénal mais condamné au civil. Cette bizarrerie judiciaire, difficilement compréhensible pour les victimes et les justiciables, est une des particularités dans notre système. On la retrouve aussi, dans une certaine mesure, dans la procédure américaine. On se souvient que, dans le dossier qui opposait l'ancien ministre Dominique Strauss-Kahn[1] à l'employée de l'hôtel *Sofitel* de New York, Nafissatou Diallo, le président du FMI fut acquitté au pénal, le procureur ayant abandonné les poursuites, mais condamné à indemniser la femme de chambre qui l'accusait de viol.

Marie-José est née à Rochefort-sur-Mer. Elle est titulaire du baccalauréat. À 19 ans, elle quitte sa ville natale pour rejoindre son oncle Jacky qui tient une boulangerie à Reims depuis 1983. Âgé de 38 ans, l'homme est veuf et, très vite, les liens familiaux qui les unissent vont se muer en liens affectifs puis amoureux. Le jeune couple a envie d'innover et de réussir. Tous deux décident d'ouvrir leur boulangerie dès minuit le week-end. Un pari audacieux mais réussi. Jacky peut ainsi rembourser plus rapidement ses emprunts bancaires, le chiffre d'affaires double.

1. Voir le chapitre consacré à l'affaire DSK.

Installée dans un quartier dit sensible de Reims, la boulangerie est fréquentée par une clientèle parfois incontrôlable qui se livre à de menus larcins. C'est le revers de cette initiative. Jacky et Marie-José sont confrontés à des vols, des agressions, un climat d'insécurité. Une situation que l'oncle supporte de moins en moins. Il s'adonne à la boisson, devient associal, irritable, irascible, agressif. Dans le quartier, personne n'ignore qu'il a le sang chaud et qu'il est armé. La rumeur veut même que l'arrière-boutique de la boulangerie ait des airs d'armurerie.

Sortant d'une discothèque du quartier, une dizaine de jeunes se dirigent vers le commerce de Jacky. Ils savent qu'à cette heure-là, le commerçant est ouvert. Il est 6 heures du matin en ce dimanche 12 février 1989. Alors que 3 d'entre eux restent dans leur véhicule, 7 autres pénètrent dans le commerce et demandent des croissants. Le boulanger, méfiant et échaudé par plusieurs vols, s'inquiète de savoir s'ils ont de quoi payer. L'un d'eux a beau présenter un billet de 50 francs, Jacky refuse toujours de les servir. Agacés par l'attitude du boulanger, plusieurs des jeunes se servent de croissants et de brioches posés sur les présentoirs. Le ton monte dans la boulangerie. Jacky est bousculé par plusieurs jeunes. Les invectives, les cris, les insultes réveillent Marie-José qui est au premier étage. À moitié endormie, elle se saisit d'une carabine 22 long rifle qui se trouve sous leur lit, descend l'escalier et fait son entrée dans la boutique. Sans avoir vu le début de la séquence, sans dire un mot, sans échanger une seule parole avec son compagnon, Marie-José tire en direction du groupe de jeunes gens. Sans sommation. Sans avoir visé. L'un des jeunes s'effondre sur le pas de la porte de la boulangerie. Une balle l'a touché à la tête. Transporté à l'hôpital, il décède quelques minutes plus tard. Il s'appelle Ali Rafa. Il a 23 ans, maçon de profession.

Arrivée très rapidement, alertée par l'entourage, la police se livre aux premières constatations. Elle entend les autres jeunes, témoins de la scène. Le couple, lui, est placé en garde à vue. Les premiers éléments recueillis par les enquêteurs sont plutôt à charge pour les boulangers. Le vol n'est absolument pas prouvé car, comme ils l'ont fait savoir en présentant un billet de 50 francs, les jeunes avaient de quoi payer leurs croissants. Ali, la victime, tournait le dos à Marie-José. Au moment du tir, le groupe quittait le commerce. Ni lui ni aucun autre jeune ne possédait une arme à feu. Ce qui exclut à première vue la thèse de la légitime défense. En revanche, comme la rumeur le laissait entendre, Jacky est à la tête d'une petite armurerie : 2 carabines, un pistolet à grenaille, un pistolet automatique et de nombreuses munitions. Bien loin du matériel habituel d'un fournil.

Point commun, en revanche, chez nombre des protagonistes, de forts taux d'alcoolémie sont relevés, Jacky emportant la palme avec 1,68 g d'alcool par litre de sang constaté plus de 3 heures après les faits. Seul le test de Marie-José est négatif. Ce qui a peut-être rendu son tir plus précis. Devant les enquêteurs, les 2 boulangers affirment avoir été roués de coups par leurs agresseurs. Affirmations et accusations qui seront démenties par les constatations faites par les experts en médecine légale.

En novembre 1992, Marie-José, âgée de 30 ans, comparaît devant la cour d'assises de la Marne. Même s'il est l'élément déclencheur de l'altercation qui a débouché sur le drame, même si l'arme lui appartenait, Jacky n'est pas considéré comme le complice du crime perpétré par sa compagne. Il est seulement poursuivi pour détention illégale d'armes. Un simple délit.

Remise en liberté au cours de l'instruction, l'accusée comparaît détenue. Elle s'est en effet constituée prisonnière la veille au soir, comme l'exige la loi. L'un de ses avocats est Me Henri-René Garaud, du barreau de Paris. Ce n'est pas un hasard s'il est choisi par Marie-José. L'avocat est le président de l'association Légitime défense. Il est aussi connu pour avoir défendu un garagiste, Lionel Legras. En novembre 1976, l'homme, agacé d'avoir été victime d'une dizaine de vols dans son pavillon près de Troyes, piège un de ses transistors en confectionnant une petite bombe artisanale, à l'aide d'une poudre explosive et d'un détonateur. 2 hommes d'une trentaine d'années s'introduisent chez le garagiste qui a pourtant affiché plusieurs panneaux dissuasifs. Voulant s'assurer que le transistor fonctionne, l'un des 2 cambrioleurs le met en marche, déclenchant la machine infernale. Très grièvement blessé, il décède durant son transport à l'hôpital. Le second perd la vue de son œil gauche.

Le cambrioleur rescapé se constitue partie civile. Jugé une première fois devant le tribunal correctionnel de Troyes, Lionel Legras est condamné à 8 mois de prison avec sursis pour homicides et blessures involontaires. L'affaire aurait pu s'arrêter là. La peine est relativement clémente, et lui évite la prison. Une peine symbolique mais une peine de trop pour l'avocat parisien qui a une idée derrière la tête. Me Garaud obtient que son client soit rejugé par une cour d'assises. Pari risqué car la peine encourue est plus lourde. Son client n'aurait donc pas commis un délit mais un crime. Pari risqué mais calculé. L'avocat espère que les jurés populaires, plus sensibles au principe de "légitime défense" face à l'augmentation des vols, seront plus cléments. Pari risqué, calculé et gagné. En 1982, Lionel Legras est acquitté par la cour d'assises de l'Aube. Il n'est pas coupable. Seulement une victime qui s'est défendue.

Marie-José et ses proches comptent bien que Me Garaud renouvelle son exploit de Troyes à Reims. Mais la légitime défense répond à 3 exigences. D'abord celle de la nécessité de répliquer, que l'on peut résumer par cette formule : « Je n'avais pas le choix, c'était lui ou moi. » L'action de défense doit suivre l'agression. Enfin la réponse doit être proportionnelle à la gravité de l'attaque. On ne répond pas avec une arme à feu à l'encontre de quelqu'un qui ne vous menace que verbalement. De même s'il est en fuite, il n'y a pas de légitime défense. La question se pose en revanche si on pénètre chez vous de nuit, par effraction, violence ou ruse. C'est à l'appréciation des juges et des jurés. Un boucher a été acquitté pour avoir tué un jeune cambrioleur alors que la légitime défense n'avait pas été retenue à l'instruction. En revanche, un buraliste a été condamné à 10 ans. Les jurés ont considéré que le commerçant avait tendu un piège au cambrioleur.

Le procès de la boulangère dure 2 jours dans une salle pleine à craquer. Pleine et divisée en 2. D'un côté, ceux qui soutiennent la famille d'Ali Rafa qui s'est constituée partie civile. Ils dénoncent le crime raciste. De l'autre, les commerçants excédés par les vols qui se multiplient de manière grandissante. Les débats se déroulent dans une atmosphère surchauffée. Il suffit d'un rien pour que l'affrontement entre les 2 clans se fasse en pleine audience. L'accusée tente de se justifier. « J'ai paniqué. Ils renversaient les plateaux, j'avais peur. J'ai tiré au hasard. Je n'aurais jamais tué un homme pour un croissant, raconte Marie-José entre deux pleurs, je ne suis ni raciste ni violente. » Ce que confirment les experts psychiatres qui écartent toute disposition à l'agressivité mais relèvent une peur permanente de l'agression. L'avocat général, au cours de son questionnement, note que la jeune femme a tiré en direction du groupe de jeunes. « Ni vous, ni votre concubin n'étaient menacés. Les jeunes n'étaient pas armés. Pourquoi ne pas avoir tiré en l'air ? »

Le magistrat s'en prend principalement à Jacky : « Pour le médecin expert, vous êtes un alcoolique, et pour les témoins vous n'êtes pas très aimable, notamment avec la clientèle d'origine maghrébine. » En revanche, compte tenu de « l'excellente réputation de l'accusée et des conditions d'insécurité dans lesquelles elle exerce son métier », l'avocat général requiert une peine de 4 ans avec sursis. « Si vous l'acquittez, vous devez savoir, précise le magistrat, que vous accordez un permis de tuer pour tout et n'importe quoi. On dira alors que la vie d'un homme a moins de prix qu'un croissant. »

Le vendredi 14 novembre 1992, en fin de journée, les jurés partent délibérer. Peu après 20 heures, ils reviennent dans la salle d'audience. Ils regardent en direction du box, pas vers les bancs de la partie civile. L'ambiance est lourde. Tout le monde n'a pas pu pénétrer dans la cour d'assises. La salle des pas perdus est largement occupée par les jeunes de la banlieue rémoise qui attendent le verdict. Dans un silence précaire, le président donne lecture des réponses du jury populaire. « À la première question, il a été répondu non. » Les avocats, les chroniqueurs judiciaires ont compris que toutes les autres questions n'ont pas lieu d'être. L'un des journalistes sort en trombe des assises et lâche dans la salle des pas perdus un tonitruant « acquittée » qui déclenche aussitôt des émeutes qui se prolongeront toute la nuit aux abords du palais de justice et dans les rues de Reims. Dans la salle, les insultes pleuvent, fusent de toutes parts : « Justice pourrie », « Justice raciste », « Si Ali avait tué, il aurait pris 10 ans ». Ordre est donné d'évacuer les jurés, les magistrats et les avocats de la défense afin de leur faire quitter le palais au plus vite par une porte dérobée.

Le lendemain, un quotidien parisien marqué à gauche titre : « Le verdict de la honte. » Les heurts vont se prolonger dans

Reims pendant plusieurs jours. Principalement dans le quartier harki où résidait la victime.

L'affaire est devenue politique. « Sais-tu qu'on n'a que vingt-quatre heures au palais pour maudire son juge », fait dire Beaumarchais à l'un de ses personnages du *Barbier de Séville*. Le code pénal est plus précis. Art 434-25 : « Le fait de chercher à jeter le discrédit, publiquement par actes, paroles, écrits ou images de toute nature, sur un acte ou décision juridictionnelle, dans des conditions de nature à porter atteinte à l'autorité de la justice ou à son indépendance, est puni de 6 mois d'emprisonnement et de 7 500 € d'amende. » Une disposition pénale rarement appliquée et, de fait, peu dissuasive.

Dès le lendemain, de nombreuses associations, dont SOS Racisme par la voie de son président Fodé Sylla, des hommes politiques et des personnalités condamnent ce verdict. « Nous allons devoir nous pencher sur les réactions de certains jurys », commente Henri Emmanuelli. Ce dernier, tout comme Danielle Mitterrand, épouse du chef de l'État, reçoivent la famille d'Ali Rafa afin de lui témoigner leur soutien.

À l'époque, il n'est pas encore possible de faire appel d'une condamnation criminelle.

Le mardi 18 novembre, Me François Robinet, l'autre avocat de la défense, et Me Emmanuel Ludot, qui défend les intérêts de la famille d'Ali Rafa, se retrouvent à la cour d'assises de Reims. Car l'affaire n'est pas finie. Seuls les 3 magistrats siègent. Les jurés ont été définitivement libérés après l'audience criminelle. Si le volet pénal est clos, sauf pourvoi en cassation dans l'intérêt de la loi, il subsiste le volet civil. La boulangère n'a pas été reconnue coupable d'avoir tué le jeune homme mais, selon la cour d'assises, elle a eu « un comportement fautif en manipulant de manière inconsidérée une arme à feu chargée ». Bizarrerie judiciaire, on vous dit. Acquittée, Marie-José a été condamnée à indemniser la famille du jeune homme à hauteur de 180 000 francs de l'époque (27 440 €).

La justice n'est plus à un paradoxe près, à une contradiction près. Ali Rafa est bien mort, une balle en pleine tête, mais Marie-Josée n'est pas coupable, seulement responsable d'avoir manipulé d'une manière inconsidérée une arme à feu qu'elle savait chargée.

Seul un pourvoi dans l'intérêt de la loi est possible, aux conséquences judiciaires limitées, symboliques. Il permet d'annuler l'arrêt et, donc, de ne pas lui donner valeur d'exemple pour d'autres cours d'assises. De ne pas faire jurisprudence.

Aux yeux de la justice, les seuls coupables sont les jeunes qui ont pénétré dans la boulangerie. Jugés par le tribunal correctionnel composé d'autres magistrats, ils ont été condamnés à des peines allant de 15 jours à 2 mois de prison pour vols, dégradations et violences légères. Jacky s'est vu infliger une peine d'un mois avec sursis pour détention illégale d'armes.

L'innocence a donc quelquefois un prix ! Pour la justice pénale, l'affaire de la boulangère de Reims se résume à un vulgaire vol de croissants.

Partie III

# Des affaires non élucidées

Comment ne pas ouvrir ce chapitre sans évoquer le dossier "Grégory", incarnation de la catastrophe judiciaire, et qui reste non résolu après 34 ans de procédure ? L'affaire est devenue un cas d'école. Un contre-exemple. Enseignée à l'École nationale de la magistrature, tant elle réunit tout ce qu'il ne faut pas faire. A-t-elle servi pour autant d'électrochoc pour empêcher la justice de récidiver ? Le scandale "Outreau[1]" en 2000 ou l'affaire "Alègre- Baudis[2]" en 2003 tenteraient de prouver le contraire.

L'opinion publique exige de la justice qu'elle trouve le coupable. Les policiers d'abord, les juges ensuite doivent exploiter toutes les pistes, fermer toutes les portes. Ne rien laisser au hasard. Dans le cas contraire, la justice signe son échec.

Les dysfonctionnements de la justice peuvent être engendrés par la lourdeur de l'institution. Mais pour justifier leurs erreurs ou leurs imprécisions, les professionnels n'hésitent pas à rappeler, comme un bouclier à toutes mises en cause, que « la justice est humaine ». Donc faillible.

Une bonne justice est celle qui met un point final à une enquête. Même si elle ne satisfait pas forcément les parties en présence, elle sera au moins parvenue à apporter une réponse à l'énigme. C'est ce que n'ont toujours pas obtenu les parents du petit Grégory. C'est aussi ce qu'attend désespérément Jonathan Oliver, le père de Cécile Vallin. Sa fille a disparu il y a 23 ans. Comment faire face à une justice qui ne peut pas répondre à une question apparemment banale : « Qui a tué mon enfant ? »

1. Voir le chapitre consacré à l'affaire d'Outreau.
2. L'ancien maire de Toulouse a été accusé à tort par des prostituées d'être mêlé à des crimes reprochés au serial-killer Patrice Allègre.

# Le dossier maudit du petit Grégory

Les cheveux sont légèrement grisonnants mais l'homme garde toujours cette allure juvénile, d'adolescent immature qui ne veut pas grandir. Sa silhouette est toujours frêle. La même que lorsqu'il est sorti de l'École nationale de la magistrature aux débuts des années 80. Celle qui a fait qu'il hérite du surnom peu flatteur de "petit juge". Il n'est pas rare que les magistrats soient amenés à témoigner dans un procès sur une affaire qu'ils ont instruite. Parfois pour éclairer la cour. Souvent pour être la cible des avocats de l'accusé. Ce jour-là, Jean-Michel Lambert est attendu à la barre et au tournant. Pour parcourir les nombreux mètres qui séparent la salle des témoins de la salle d'audience, face à la meute de journalistes, le juge est happé par 2 policiers qui le saisissent par les bras. Soulevé, ne touchant presque plus le sol, Jean-Michel Lambert est conduit *manu militari* dans la salle des assises. Tous les regards se tournent vers lui. Il fait l'unanimité. Contre lui et contre son instruction.

Pendant 5 heures, le petit juge reste sur la sellette. Nous sommes le 15 novembre 1993. Le procès a débuté 2 semaines plus tôt. Dans le box, Jean-Marie Villemin est poursuivi pour l'assassinat, le 29 mars 1985, de son cousin germain Bernard Laroche qu'il considère comme coupable de la mort de Grégory, son fils de 4 ans. Les faits sont établis et reconnus. Le procès n'aurait pu durer que quelques jours. Il durera presque 7 semaines. La justice s'est fixé un challenge. Un seul procès pour 2 crimes.

7 semaines pour juger l'assassinat de Bernard Laroche, le 29 mars 1985. 7 semaines pour tenter d'élucider le mystère de la Vologne. 9 ans plus tard, personne n'a réussi à démêler ce sac de nœuds judiciaire. La justice tente un pari : faire éclater la vérité au cours des audiences. Trouver l'auteur de ce crime odieux, l'enlèvement de Grégory retrouvé quelques heures plus tard pieds et mains liés dans les eaux froides de la Vologne. Le président Olivier Ruyssen, en accord avec toutes les parties, a décidé de faire défiler à la barre tous les protagonistes de l'affaire : les experts en graphologie, ceux qui ont tenté d'identifier la voix du "corbeau", les gendarmes qui penchent pour la thèse Laroche, les policiers qui prônent la thèse de l'infanticide, les filles de la Poste qui accusent la mère, Christine Villemin, les filles du car qui mettent en cause Murielle Bolle, les journalistes. Sans oublier les magistrats. Le procureur Jean-Jacques Lecomte, l'oublié et l'inconnu de cette procédure, et le premier juge d'instruction, Jean-Michel Lambert. À la barre, le juge reste sur sa position. En inculpant dans un premier temps Bernard Laroche, il s'est trompé de coupable. « Est-ce que Bernard Laroche pouvait savoir que Grégory serait devant la maison [...] Il y a une invraisemblance de nature à l'innocenter [...] Je n'ai pas forcé la main des experts, des magistrats de Nancy, des témoins pour réunir des charges. » Sous-entendu, la piste prônée par la police est la bonne. À aucun moment, il ne cite le nom de Christine Villemin mais tout le monde a compris !

À la barre, l'homme est confus, décousu, répond souvent : « Je ne me souviens plus. 9 ans après, ce n'est pas évident. [...] Des erreurs, j'en ai commis. Les gendarmes aussi, je ne fuis pas mes responsabilités. [...] Si j'ai un regret dans cette affaire, c'est de ne pas avoir saisi le service régional de la police judiciaire (SRPJ) dès le début. »

Ce jour-là, le corporatisme ne joue pas. Lambert ne peut pas compter sur les magistrats de la cour d'assises pour obtenir une once de solidarité. « Il a accumulé, en quelques jours et dès le moment de l'autopsie, des erreurs d'ordre technique et juridique trop nombreuses pour qu'il me soit possible d'en dresser l'inventaire », tonne Jacques Kohn, l'avocat général. Derrière chaque question du président se cache une sévère mise en cause. Le magistrat énumère les reproches que l'institution formule sur l'instruction du témoin : les questions ambiguës à Christine Villemin, les oublis de l'enquête, les expertises annulées, les scellés disparus, les procès-verbaux antidatés. Face à un témoin qui reste sur ces certitudes, à l'attitude désinvolte, il finit par lâcher : « S'il vous plaît, vous voyez bien la situation dans laquelle nous sommes aujourd'hui. » Comme dans un combat aux arènes, l'estocade est portée par l'accusé. Dans son box, le père de Grégory porte le coup fatal : « C'est vrai, j'ai eu confiance en vous. On a vu le résultat. Vous nous avez jetés en prison. Nous nous sommes bien trompés sur vous. Je vous l'avais pourtant dit : "Si vous ne faites pas votre travail, je le ferai moi-même." »

Jean-Michel Lambert arrive en poste à Épinal le 1er février 1980. Pas très bien noté au concours de sortie de l'ENM, il n'a pas eu trop le choix pour son premier poste. En guise d'accueil, son supérieur hiérarchique à la cour d'appel de Nancy lui dresse un tableau idyllique de sa nouvelle fonction. « Si vous aimez la randonnée, vous vous plairez dans les Vosges. Et puis vous verrez, sur le plan du travail, vous serez bien. C'est un département où il ne se passe rien. » 4 ans plus tard, le jeune juge est saisi d'une affaire qu'il n'est visiblement pas préparé à affronter.

Alors que Christine Villemin écoute « Les Grosses Têtes » sur RTL, juste après le flash de 17 heures, son fils Grégory joue dehors sur un tas de sable. 26 minutes plus tard, un correspondant anonyme appelle l'oncle, Michel Villemin, pour lui dire : « Je me suis vengé. J'ai kidnappé le fils du chef. Je l'ai jeté dans la Vologne. Sa mère est en train de le rechercher mais elle ne le trouvera pas. Ma vengeance est faite. » Le corps inanimé du petit garçon est repêché vers 21 h15 par un sapeur-pompier. La scène se passe à Dorcelles, à 6 km du domicile de ses parents, à Lépanges. Elle a été immortalisée par un photographe d'un journal local. Le corps est emmené dans une cabane de pêcheur. « Grégory semblait dormir », confiera plus tard le capitaine Étienne Sesmat, directeur d'enquête à la gendarmerie. Nous sommes le 16 octobre 1984. L'affaire "Grégory" commence. Elle devient dans le même temps l'affaire "Lambert", tant celui-ci va incarner ce dossier et cette catastrophe judiciaire.

Le lendemain, arrive au domicile des parents une lettre de revendication. L'écriture est chaotique, grossièrement déformée. « J'espère que tu mourras de chagrin le chef. Ce n'est pas ton argent qui pourra te redonner ton fils. Voilà ma vengeance. Pauvre con. » Elle a été postée la veille à 17 h 15 à la Poste du village. Comme lors de l'appel téléphonique reçu par Michel Villemin, le terme "chef" est employé. Il vise Jean-Marie, contremaître dans une usine d'accessoires automobiles de la région. Pour les enquêteurs, la piste du règlement de comptes familial est privilégiée. Depuis 1981, plusieurs membres de la famille ont été victimes d'appels ou de courriers malveillants. Ces derniers ont été conservés à toutes fins utiles et des enregistrements de la voix du (ou des) "corbeau(x)" ont également été faits. Tout le monde pense que cela devrait assurément aider les enquêteurs.

Le 20 octobre, une foule immense assiste aux obsèques du petit garçon. Dans le silence du cimetière de Lépanges, perturbé par les cliquetis des appareils photo et des caméras, ce n'est qu'un cri de douleur. Celui de Christine qui hurle à la mort : « Reviens ! » À quelques mètres des parents de la victime, le couple Laroche est présent. Les gendarmes ne perdent pas une miette de la cérémonie, scrutant chaque regard, chaque comportement, à l'affût du moindre indice.

Tout démontre que les enquêteurs sont face à un *Cluedo* familial. Grégory n'a pas été la victime d'un sadique ou d'un *serial killer*, mais d'une vengeance nourrie par la haine et la jalousie. 2 clans s'affrontent. Les Villemin et les Laroche. Jean-Marie est celui qui a réussi. D'où le surnom de "chef" si souvent employé par le "corbeau". Il est contremaître, alors que son cousin est ouvrier. Jalousie sociale. Tout réussit au couple Villemin, fier de leur enfant Grégory, au visage d'ange, alors que Sébastien, qui a le même âge[1], présente un léger handicap. Tout semble ne profiter qu'à une famille. Mais est-ce un mobile suffisant pour commettre un crime aussi odieux ? C'est en tout cas ce vers quoi penchent les gendarmes et le juge, aidés par les premiers éléments de l'enquête. Une bataille de famille qui fait tache d'huile. La presse se divise en 2 à son tour, des journalistes choisissant leur camp pour tenter de résoudre l'énigme avant la justice, pour noircir des pages entières de quotidiens et de magazines. Une presse qui ne prend pas ses distances, bien au contraire, tiraillée par l'incompatibilité entre 2 notions : le droit, le devoir d'informer et le secret de l'instruction. L'affaire Grégory devient une instruction à presse ouverte. Une guerre qui gagne également les avocats. Les parents de Grégory sont défendus par Me Henri-René Garaud, plutôt conservateur, proche du Centre national des indépendants (CNI) marqué à

1. Les deuxièmes enfants de Christine Villemin et de Marie-Ange Laroche, Julien et Jean-Bernard, naîtront en 1985 à un mois d'intervalle. Jean-Marie sera alors en prison et Bernard décédé.

droite, tandis que le couple Laroche est assisté de Me Paul Prompt, avocat de la CGT, proche du parti communiste français. Me Gérard Welzer, membre du parti socialiste, le rejoindra assez rapidement.

Comme toute affaire criminelle, l'assassinat du petit Grégory doit être résolu dans les premiers jours de l'enquête, sinon il entre dans un labyrinthe sans fin. Aux côtés du jeune et inexpérimenté juge de 32 ans, il y a le procureur Lecomte qui fait profil bas tout au long de cette procédure, et le capitaine Sesmat, 30 ans, dont le travail d'investigation dépend d'un homme à peine plus âgé que lui. Ils doivent travailler main dans la main pour une justice rapide et efficace. Leur travail est devenu aujourd'hui un cas d'école de ce qu'il ne faut pas faire. Alors que le procureur, seul autorisé à s'exprimer devant la presse, se tait, tous deux vont médiatiser leur enquête. Le capitaine Sesmat organise presque quotidiennement des points-presse devant la gendarmerie. Dans le même temps, Lambert ne fuit pas les caméras. Principalement le jour où il inculpe Bernard Laroche. Le 5 novembre, ce dernier est interpellé par plusieurs gendarmes sur son lieu de travail. Par on ne sait quel miracle, la presse est présente en nombre. Le mystère Grégory semble toucher à sa fin. La justice a trouvé le coupable. Bernard Laroche est mis en cause par les graphologues qui voient en lui le "corbeau". Sur la lettre de revendication, les experts ont découvert un foulage[2] qui a la forme de 2 initiales, L et B. À cela s'ajoute le témoignage de sa belle-sœur, Murielle Bolle, 15 ans, qui, devant les gendarmes, a fait une déposition accablante. Le jour de l'enlèvement, elle affirme qu'elle n'était pas dans le car de ramassage scolaire, comme d'habitude. Mais avec lui. Par ses déclarations,

2. Une empreinte laissée par un écrit sur une feuille placée au-dessus de celle analysée.

la jeune fille rousse envoie le mari de sa sœur derrière les barreaux. Des accusations qu'elle renouvelle dans le bureau du juge d'instruction avant de se rétracter 2 jours plus tard devant la justice et devant les médias. « J'ai jamais été avec mon beau-frère. Bernard, il est innocent », déclare-t-elle en pleurs sur le perron de la maison familiale. Malgré les recommandations des gendarmes, le juge n'a rien fait pour protéger son témoin qu'il a renvoyé dans ses foyers après ses accusations.

Parallèlement apparaissent les premières secousses de ce qui deviendra un retentissant ratage judiciaire. L'autopsie du petit Grégory est incomplète. Le juge a demandé aux médecins légistes de ne pas réaliser à outrance leurs analyses. Par souci d'humanité et afin de rendre intact le petit corps à ses parents. Un bon sentiment qui s'avère être une erreur fatale. « Impossible de dire si Grégory a été ou non noyé dans la Vologne », constate Me Joël Lagrange, avocat des grands-parents. L'enfant est-il mort noyé ou a-t-il été endormi avant d'être jeté dans la Vologne, ce qui expliquerait son visage serein ? La question n'a jamais été résolue. Avait-il de l'eau dans les poumons ? Une ampoule d'insuline a été retrouvée près de l'endroit où son corps aurait été jeté. Faut-il en déduire que son assassin a pratiqué une piqûre afin de l'endormir avant de commettre l'irréparable ? Mystère. La justice est incapable de dire dans quelles circonstances le petit garçon est décédé, ce qui constitue pourtant la pièce maîtresse du puzzle. Embêtant pour résoudre une énigme criminelle. Le corps de l'enfant ayant été incinéré à la demande des parents, il est impossible de se rattraper sur ce point essentiel.

Dans le même temps, la première experte en graphologie qui a mis en cause Bernard Laroche n'a pas été saisie dans les règles de l'art. Son rapport est annulé. De même, le juge a confié des investigations à des experts qui ne sont pas habilités par la cour d'appel. Encore une grossière erreur. Au bord de la Vologne, pas loin de l'endroit où le corps de Grégory aurait été jeté dans la rivière, des traces de pneus d'une voiture, des empreintes de pas d'un homme chaussé de bottes en caoutchouc et d'une femme portant des talons sont relevées par les gendarmes. Mais les moulages incomplets rendent l'expertise impossible. 2 mois après le crime, la justice est forcée d'annuler des pièces de procédure pour vice de forme. Ce n'est que le début d'une grande liste. Laroche est en prison, inculpé d'assassinat, mais les soupçons se portent désormais vers Christine. Bien que les gendarmes ne croient à aucun moment à cette hypothèse, faute de mobile flagrant, la rumeur fait son chemin. Les collègues de travail de la mère mettent en doute son emploi du temps du 16 octobre. Les "filles de la Poste", comme on les appelle désormais, disent l'avoir vue devant le bureau postal de Lépanges à l'heure même où la lettre de revendication a été postée. La mère de Grégory a beau dire que les filles se trompent de jour, a beau se défendre devant les journalistes – « C'est mon petit qu'on a tué » –, son mari a beau marteler que « Murielle n'a rien inventé », la thèse séduit et relance la machine médiatique.

Le couple a quitté le pavillon du malheur et s'est réfugié dans l'appartement de la mère de Christine dans une HLM à Bruyères. Le 16 décembre 1984, Christine envoie un courrier au président François Mitterrand. Ils veulent obtenir l'autorisation de se soumettre au sérum de vérité[3] afin de « mettre fin à toutes ces calomnies qui nous torturent ». Paule Dayan, la conseillère justice de l'Élysée, répond que cette question n'est pas de la compétence de la présidence de la République et transmet

3. Cela consiste à injecter par voie intraveineuse des barbituriques dont l'action rapide provoque une désinhibition qui peut déboucher sur des confidences ou des aveux.

le courrier au cabinet de Robert Badinter, le ministre de la Justice. Cette méthode n'étant pas utilisée par la justice française, le gouvernement ne donnera pas suite.

Le 4 février 1985, Bernard Laroche est remis en liberté après 91 jours de détention. Pour les experts qui ont fait refaire des dictées aux membres de la famille, il n'est pas le “corbeau”. 15 jours plus tard, le juge Lambert dessaisit les gendarmes au profit de la police judiciaire de Nancy. Changement d'enquêteurs et changement de suspect. Christine est désormais dans la ligne de mire de la justice. Traquée par la justice et les médias. En mars, le juge lui signifie les résultats des expertises graphologiques qui la désignent comme l'auteur des lettres du “corbeau”. De nouvelles expertises en avril débouchent sur la même conclusion, et écartent à nouveau les soupçons portant sur Laroche. Entretemps, le 29 mars, après une visite rapide à son épouse hospitalisée, à qui il ne dévoile pas ses intentions, et après s'être recueilli sur la tombe de son fils, Jean-Marie se rend chez son cousin Bernard Laroche. Sans autre forme de procès, il se fait justice lui-même en tuant celui qu'il considère depuis le début comme l'auteur du crime. Au même moment, ses collègues élisent Bernard Laroche comme délégué du personnel. Le soir même sa femme – sa veuve – apprend qu'elle est enceinte. Dès le lendemain, les avocats du mort accusent les gendarmes, à commencer par le capitaine Sesmat, d'avoir poussé au crime Jean-Marie Villemin, d'avoir été son “directeur de conscience”. Lors de la reconstitution, Jean-Marie Villemin porte un gilet pare-balle. Avec beaucoup de retard, la justice prend enfin des précautions. Si, pour le père de Grégory, une nouvelle procédure débute, celle contre Bernard Laroche cesse. L'action publique à son encontre est éteinte. Cela n'empêchera pas qu'il devient et reste aujourd'hui un coupable idéal *post-mortem*.

Le 5 juillet 1985, coup de tonnerre. Le juge Lambert, après l'avoir entendue plus d'une quinzaine de fois, inculpe et incarcère Christine Villemin, enceinte de 4 mois. À aucun moment, le juge ne met en avant un quelconque mobile pour expliquer le geste meurtrier de la mère. Il diligente plusieurs expertises psychologiques de sa nouvelle cible, ce qu'il n'a jamais fait pour le premier inculpé. 9 mois après le crime, l'affaire se résume à un premier suspect au cimetière, un père incarcéré pour l'assassinat de son cousin et une mère en prison pour le pire des crimes : avoir tué son enfant. La détention sera de courte durée puisque la cour d'appel la remet en liberté le 16 juillet. Le lendemain, *Libération* publie un texte de Marguerite Duras : « Christine V., sublime, forcément sublime. » La romancière ne connaît pas le dossier, n'a pas cherché à le connaître mais elle a son intime conviction. Elle a rencontré le juge mais pas l'héroïne de son papier. Bafouant sans vergogne la présomption d'innocence. Pour ses 11 jours de détention, ses avocats réclament en février 1994 un million de francs (+ de 152 000 €). Elle obtiendra 410 000 francs (62 500 €), ce qui constituera à l'époque un record d'indemnisation au regard du nombre de jours passés derrière les barreaux.

En 1986, les derniers actes procéduraux du "règne" Lambert concernent les époux Villemin. Ils sont tous les 2 renvoyés aux assises de Nancy pour répondre de leurs crimes. Mais le 17 mars de l'année suivante, la Cour de cassation ordonne un supplément d'information dans le dossier du petit Grégory. Adieu Épinal. Adieu le juge Lambert. Adieu la cour d'appel de Nancy. L'affaire Grégory atterrit à Dijon. Aussitôt saisis, les magistrats dijonnais constatent que 450 pages sur les 3 500 que comporte le dossier sont entachées d'erreurs de procédure. Le juge

Lambert a omis de faire signer les dépositions de plusieurs témoins, ainsi que le procès-verbal de transport sur les lieux, des expertises sur le foulage de la dernière lettre du “corbeau” et celles de la salive sur le timbre. Les mêmes magistrats remettent en liberté Jean-Marie Villemin après 31 mois de détention provisoire. Une décision qui n'a rien d'exceptionnel au regard du comportement du détenu qui reconnaît les faits, et du peu de risque de récidive.

Président de la chambre d'accusation de Dijon, Maurice Simon est chargé, le 25 juin 1987, d'instruire le dossier “Grégory”. On ne tarit pas d'éloges à l'égard de ce magistrat prêt à repousser son départ à la retraite : compétent, serein, discret, efficace, professionnel, constructif. Il se dit déterminé à clore la procédure pour Noël 1989. Auditions, confrontations, enquêtes sur le terrain, expertises, reconstitutions, il ne ménage pas sa peine pour trouver le coupable. Le magistrat, qui est intervenu dans un dossier emblématique[4], redoute de commettre une erreur judiciaire. Convaincu qu'il doit redorer le blason de la justice, il y consacre chaque moment de sa vie à tel point qu'il devient obsédé par l'affaire. La mort du petit garçon le hante. Réputé secret, d'habitude muet face à la meute de journalistes, il commet l'erreur, le faux pas, franchit la ligne jaune en se confiant à la presse alors qu'il instruit le dossier depuis 2 ans et demi. D'abord à Paul Lefèvre sur la Cinq, à qui il dévoile en substance qu'il approche de la vérité mais que, faute de preuve formelle, il ne peut encore clore son instruction mais promet des rebondissements. Une façon de déstabiliser les coupables, d'envoyer

4. L'affaire Jean-Marie Devaux, un commis-boucher de 29 ans accusé à tort en 1969 d'avoir tué la fille de ses employeurs dans la région lyonnaise. Après 3 arrêts de cassation, il a été acquitté par la cour d'assises de Dijon. Ce dossier a donné naissance à l'indemnisation des détentions abusives. J.-M. Devaux a touché 120 000 francs.

un message ferme aux protagonistes afin de les faire craquer. Seconde confidence à Jean-Paul Pradier, journaliste au *Nouveau Détective*. Acceptant de le rencontrer pour lui livrer quelques éléments de l'enquête, il évoque ce qui est à ses yeux l'hypothèse la plus probable. Grégory aurait été noyé après 17 h 30 ce qui innocenterait Christine Villemin. Il pense à plusieurs personnes, hésite entre 3 hypothèses. Bernard Laroche l'aurait enlevé : « De là à en être l'assassin, il y a un pas que je ne peux pas franchir. » Des confessions qui provoquent un tollé. Les avocats de Marie-Ange Laroche se tournent vers la Chancellerie pour demander le dessaisissement du juge Simon. Victime d'une seconde crise cardiaque en janvier 1990, celui-ci est en congé maladie jusqu'en septembre, date à laquelle il est remplacé par le juge Jean Martin, 61 ans, magistrat austère, qui est forcé de repartir à zéro.

Ou presque. Maurice Simon étant devenu amnésique après son accident cardiaque, il ne peut donc rien transmettre de vive voix à son successeur. Tout est dans ses notes et carnets qui seront versés plus tard dans la procédure. Martin entend pour la première fois les parents, le 5 avril 1991, pour une confrontation avec les grands-parents. Comme le juge Simon, Jean-Paul Martin considère que « plusieurs éléments [m']ont poussé à croire que Laroche avait enlevé Grégory ».

Huit mois vont s'écouler entre les réquisitions du procureur général de Dijon et l'arrêt de la chambre d'accusation. Le 3 février 1993, Christine Villemin est lavée de tout soupçon. L'image de la criminelle monstrueuse s'efface pour laisser place à celle d'une mère en pleurs, d'une victime. La justice écarte les 25 charges qui pèsent contre elle. « Un arrêt de réhabilitation totale », selon son avocat M^e^ Garaud. Christine Villemin protégée par son avocat. Traquée par la presse. Malmenée par la justice. Forcément sublime et forcément innocente selon les magistrats. Et personnage malheureux d'un feuilleton judiciaire forcément meurtri : 8 ans après les faits et après 3 juges d'instruction, la justice reconnaît son erreur et concède un aveu d'impuissance à résoudre l'énigme. Tout en relançant la piste Laroche. Ce non-lieu referme le dossier Grégory. Sans nouvel acte de procédure, il sera prescrit en 2003.

Après 27 audiences et l'audition de 123 témoins, Jean-Marie Villemin est condamné, le 16 décembre 1993 à l'issue d'un procès sans vérité, à 5 ans de prison dont un avec sursis pour l'assassinat de Bernard Laroche. Compte tenu de la détention provisoire effectuée, il bénéficie d'une libération conditionnelle le 30 décembre suivant. Condamné au pénal et au civil, il doit payer plus de 1 300 000 francs (198 180 €) à la famille Laroche qui en demandait plus du double. En revanche, sa demande de réhabilitation judiciaire, soutenue par l'avocat général, est rejetée en juillet 2007. « Si le requérant offre des garanties de réadaptation sociale, les faits pour lesquels il a été condamné ont connu un fort retentissement dans l'opinion publique et ont été largement relayés dans les médias. » Conséquence : sa condamnation reste inscrite dans son casier judiciaire. La réhabilitation obtenue, il aurait été impossible d'évoquer la condamnation, sous peine de poursuites.

Dans toute l'affaire Grégory, le procès de Jean-Marie Villemin est certainement le seul moment où il n'y a pas eu de couac, de bévue. Durant ces 7 semaines de procès, durant lesquelles l'accusé est souvent passé au second plan, tout a été remis à plat. Les experts graphologues, les filles de la Poste, la voix du "corbeau", la mise en cause de Christine, les dérapages de la presse, la guéguerre gendarmerie-police, Murielle à jamais murée dans le silence, les soupçons qui perdurent sur Laroche... mais le miracle n'a pas eu lieu. Chacun est rentré chez soi sans avoir la solution.

Les époux Villemin, qui ont définitivement quitté les Vosges pour la région parisienne, ont coupé les ponts avec une partie de leurs familles respectives. Jean-Marie ne parle plus à sa mère, à qui il reproche de ne pas s'être rangée de leur côté au début de l'affaire. En avril 1994, pour assurer la promotion de leur livre[5], ils accordent un long entretien à Jean-Marie Cavada dans « La Marche du Siècle ». En juin, ils sont auditionnés par la commission des lois au Sénat sur la présomption d'innocence. Ils dénoncent le procès public permanent et l'acharnement de certains enquêteurs. Émue, celle qui est restée inculpée durant 8 ans fait part de leur expérience douloureuse, préconise que l'on ne divulgue plus le nom d'une personne en garde à vue, et souhaite des sanctions plus lourdes quand la loi est violée. Malgré ce que l'institution leur a fait subir, ils n'éprouvent aucune rancœur à son égard et gardent toute confiance dans la justice. Présent à cette audition, je noterai la poignée de main symbolique entre le couple blessé par la justice et le garde des Sceaux Pierre Méhaignerie. Ce dernier se prononce favorable à la mise en place de porte-parole des tribunaux, mais les sénateurs ne le suivront pas. Il faudra le scandale "Outreau" pour que cette disposition soit enfin adoptée.

En juillet 1995, la commission d'indemnisation des victimes d'Évry (Essonne) accorde aux époux Villemin 300 000 francs (45 700 €) chacun, ainsi que la prise en charge des frais funéraires.

5. *Le seize octobre*, Éd. Plon.

L'affaire aurait pu s'arrêter là. Mais c'est compter sans l'obstination légitime des parents de connaître la vérité, et la volonté assumée de la justice de laver ses erreurs, de se racheter. Jean-Marie et Christine, qui se sont séparés de Me H. R. Garaud, font appel un moment à Me Arnaud Montebourg qui fait un passage éclair dans le dossier. Avocats historiques de la procédure, M[es] Marie-Christine Chastand-Morand et Thierry Moser demandent en leur nom la réouverture de l'enquête. Les parents comptent sur les progrès de la science pour trouver une trace d'ADN qui identifierait le coupable. Après qu'un collège d'experts s'est prononcé sur la faisabilité des analyses, la justice se plonge dans les scellés conservés dans les sous-sols du palais dijonnais. Le 14 juin 2000, la justice rouvre le dossier et les plaies. « Il serait illogique de renoncer à ce moyen nouveau d'investigation alors que les progrès de la science permettent de l'envisager, et même si cette technique comporte des aléas », déclare le procureur général de Dijon, Jean-Marie Beney, qui, dans le même temps, fait preuve de prudence. La justice, qui n'a pas réussi à faire parler les témoins, essaie de faire parler l'ADN.

C'est d'abord un demi-timbre d'une lettre de revendication reçue par le grand-père de Grégory en 1983. Une réouverture pour voir, dirait un joueur de poker. Si le "corbeau" a utilisé une éponge ou de la colle pour affranchir sa macabre missive, le scripteur restera à jamais inconnu et anonyme. Dans le cas contraire, il faut établir un lien direct entre l'auteur de ce courrier et l'auteur des faits, et ce alors que les experts se sont contredits et que plusieurs "corbeaux" sont apparus dans le dossier. En un mot, le "corbeau" est-il l'assassin ? Une comparaison avec l'ADN de Bernard Laroche est-elle envisageable ? Faut-il le déterrer, comme cela sera fait dans un autre contexte avec Yves Montand ?

Or, on n'instruit pas sur un mort[6]. Autre complication pour les enquêteurs, si tout refus de se livrer à ces analyses peut être interprété comme un aveu, la justice ne peut à l'époque contraindre les personnes à s'y prêter. Espoir déçu, le 18 octobre, le couperet tombe. L'ADN du timbre ne parlera pas. La pièce à conviction a été mal conservée et trop manipulée ; 2e clôture du dossier après ce constat d'impuissance. Une nouvelle tentative a lieu dans les années 2008. D'autres scellés sont concernés. Des vêtements, un anorak et un bonnet, que portait Grégory le jour du crime, les cordelettes avec lesquelles ses pieds et ses mains ont été liés, ainsi que 3 enveloppes. La science se dit cette fois-ci capable de rechercher des micro-ADN. « Aléatoire mais faisable », me dit par téléphone Jean-Marie Beney, qui décide de rouvrir l'enquête pour la seconde fois. De son côté, Me Chastand-Morand, avocate des Villemin, me confie porter tous ses espoirs dans le cœur des nœuds des cordelettes. « Celui ou celle qui a fait les nœuds, y a laissé certainement ses empreintes génétiques. » 2e chance. 2e déconvenue. Plusieurs ADN sont décelés sur les cordelettes mais pas assez fiables pour compromettre un suspect. Certes, 2 ADN – l'un masculin, l'autre féminin – sont relevés sur un timbre et une enveloppe reçue par les grands-parents en juillet 1985, autrement dit après la mort de Bernard Laroche ; 3 autres apparaissent sur l'enveloppe du 16 octobre mais il s'agit d'un « mélange complexe à la limite de la détection, difficilement exploitable », me confie le procureur général Jean-Marie Beney. La lettre de revendication postée le jour du crime n'est plus exploitable « du fait des manipulations et des précédents examens déjà pratiqués ». Sans aucune protection. Idem pour un cheveu retrouvé sur le pantalon du jeune garçon. L'espoir

6. En octobre 2003, la justice refuse d'exhumer le corps de Bernard Laroche.

des parents est balayé après plusieurs mois d'expertises. Le laboratoire lyonnais Biomnis est forcé de faire un constat d'échec. Aucun ADN n'est concluant. Les prélèvements effectués par les gendarmes sur tous les protagonistes du dossier, y compris les acteurs de la procédure, qu'ont acceptés les familles Villemin, Laroche et Bolle, sont restés lettre morte. Science et justice sont victimes des conditions dans lesquelles les pièces à conviction étaient traitées à l'époque. Sans les précautions d'usage que l'on prend aujourd'hui. La justice se tourne vers les appels du "corbeau". « En raison de la mauvaise qualité de l'enregistrement initial », aucune identification n'est possible. Un dossier maudit jusqu'au bout. Malgré ses échecs, la justice continue. Logique. Est-t-il envisageable de dire à Christine et à Jean-Marie Villemin: « On arrête » ? Évidemment non. À cela s'ajoute la volonté, non avouée, une sorte de non-dit de la part des magistrats : « Et si j'étais celui qui trouve la clé de l'énigme ! » Alors, on poursuit la procédure. Une sorte de péché d'orgueil.

Le premier juge ayant hésité entre 2 pistes, les suivants ayant été piégés par les erreurs à répétition de leur prédécesseur, la science ayant échoué à faire parler les pièces à conviction, l'affaire Grégory était partie pour sombrer dans un silence éternel. Mais la nouvelle magistrate chargée de l'instruction, Claire Barbier, souhaite, elle aussi, partir à la retraite en ayant mis un point final à cette énigme du siècle dernier.

Le 14 juin 2017, des journalistes – dont certains n'étaient pas nés le 16 octobre 1984 – prennent la direction des Vosges ou de Dijon. La cellule de la gendarmerie chargée de l'enquête a interpellé 5 personnes : 2 sont entendues en audition libre chez eux, en raison de leur âge et de leur état de santé, ce sont les grands-parents paternels de Grégory ; 3 autres sont placés en garde à vue. Marcel et Jacqueline Jacob, oncle et tante de Jean-Marie, et Ginette Villemin, belle-sœur du couple Villemin, 3 personnes déjà entendues au début de l'enquête, sans avoir été inquiétées. À l'issue de ces auditions, seul le couple Jacob est mis en examen pour enlèvement, séquestration suivie de mort, un crime passible de la réclusion criminelle à perpétuité. La justice, toujours sur la piste familiale, semble revenir au point de départ. Interrogés, les nouveaux suspects gardent le silence et nient leur participation à ce crime. Outre le rebondissement que représente ce nouvel épisode judiciaire, ce sont les premières gardes à vue, mises en examen et incarcérations depuis 1985. Un autre temps. Un autre âge. Une détention provisoire de courte durée puisque la chambre de l'instruction remet en liberté Marcel et Jacqueline, âgés de 72 ans, 4 jours plus tard. Le contrôle judiciaire leur impose dans un premier temps de résider séparément, loin de leur domicile vosgien. En clair, 2 personnes ont interdiction de parler de l'affaire après avoir pu échanger des confidences durant 33 ans sans problème. Devant les enquêteurs, les 2 mis en examen déclarent avoir un alibi pour le soir du crime. Ils assurent ne pas avoir quitté l'usine de filature où ils travaillaient pour une réunion syndicale. Si, en apparence, ce nouvel épisode peut apparaître comme une nouveauté dans la mesure où l'enquête s'est focalisée sur les personnes de Bernard Laroche et de Christine Villemin, les époux Jacob ne sont pas des inconnus dans ce dossier. Leur nom a déjà figuré dans la procédure.

Dans l'arrêt de non-lieu rendu en 1993 à l'encontre de Christine Villemin, les juges abordent les autres pistes, à commencer par la première exploitée dès la mort du petit garçon. « En définitive, à l'issue de l'instruction, il existe contre Bernard Laroche des charges très sérieuses d'avoir enlevé Grégory Villemin le 16 octobre 1984. [...] en l'état il est impossible d'affirmer que Grégory Villemin [...] a été tué par Bernard Laroche, sur lequel d'excellents renseignements ont été recueillis et que ses proches disent incapable d'avoir assassiné un enfant. » Dans un chapitre intitulé « Charges pesant sur d'autres personnes », le couple Jacob est évoqué. Il est constaté que ceux-ci étaient en mauvais termes avec la famille Villemin. « Marcel Jacob, qui avait pris ombrage de la promotion de Jean-Marie Villemin au rang de contremaître, lui avait dit : "Je ne serre pas la main à un chef." » De leur côté, des experts en graphologie ont souligné des « concordances troublantes » entre l'écriture de Jacqueline Jacob et certains écrits du "corbeau". « Marcel Jacob ressemble beaucoup à son neveu Bernard Laroche », écrivent les magistrats, qui soulignent au passage une profonde amitié entre les 2 hommes. Le paragraphe consacré aux époux Jacob s'achève par ces mots : « *A priori*, ils n'étaient pas disponibles à l'heure du crime mais l'éventualité d'une absence momentanée de leur lieu de travail ne saurait être exclue. L'enquête les concernant a été entreprise trop tardivement pour avoir des chances sérieuses d'aboutir à un résultat incontestable. En l'état, il n'existe pas contre eux de présomption suffisante pour justifier de nouvelles investigations et *a fortiori* une inculpation. » 24 ans plus tard, la justice reprend une piste trop vite abandonnée. La faute à qui ?

Officiellement, l'enquête repart après l'utilisation d'un nouveau logiciel utilisé par les enquêteurs, Anacrim. Cet outil miracle relève et souligne les contradictions des dépositions ou des emplois du temps des protagonistes d'un dossier. Une machine infernale qui met en lumière ce que ni le gendarme, ni le policier ni le juge n'a relevé en se plongeant dans les tomes du dossier.

Depuis des mois, les douze enquêteurs de la cellule “Grégory” scrutent les plus de 12 000 pièces, analysent les 400 prélèvements d'ADN effectués, dissèquent les dépositions des plus de 100 témoins interrogés, certains pour la première fois, et épluchent en détail les 2 000 courriels anonymes reçus. Jean-Jacques Bosc, le procureur général près la cour d'appel, a choisi à la fois de ne rien cacher de cette nouvelle étape tout en restant prudent sur les suites de l'instruction sur la mort de Grégory. « Je ne peux pas dire aujourd'hui qui l'a tué [...] Je crois que l'on se rapproche de la vérité [...] Je ne suis pas ici pour dire que j'ai résolu l'affaire. »

À la fin du mois de juin, la fièvre médiatique monte d'un cran. Suite logique de l'interpellation des époux Jacob, c'est au tour de Murielle Bolle d'être interpellée chez elle pour être conduite à la gendarmerie. Juridiquement, celle qui est désormais une grand-mère de 48 ans poursuit une garde à vue entamée il y a 33 ans. La belle-sœur de Bernard Laroche étant entendue pour les mêmes faits qu'en 1984, elle ne peut être placée en garde à vue plus de 48 heures. Les gendarmes de Dijon utilisent donc le quota non purgé par leurs collègues d'Épinal. « Plusieurs personnes ont concouru à la réalisation du crime », déclare Jean-Jacques Bosc, qui concède dans le même temps que « cela sera encore long » avant le point final. Transférée au palais de justice de Dijon, Murielle Bolle ressort du bureau de la juge une heure plus tard. Elle est à son tour mise en examen et incarcérée le 30 juin. Les juges penchent désormais pour un complot familial. « C'est la même soupe que l'on nous sert ! », commente Me Jean-Paul Teissonnière, son avocat depuis le début de l'affaire. De témoin clé, la jeune femme passe à suspecte d'un crime commis il y a plus de 3 décennies. La justice se base sur les confidences, plus que tardives, d'un cousin éloigné qui dit avoir été témoin des conditions dans lesquelles les rétractations de Bolle auraient été faites sous la pression familiale. « Un lynchage » dont se défendra ensuite Marie-Ange Laroche. Confrontés dans le bureau de la juge, Murielle Bolle et son cousin resteront sur leurs positions. Ce n'est qu'en avril 2018 que Murielle Bolle est autorisée à rentrer chez elle après avoir été hébergée dans la Nièvre, pendant plus de 8 mois. Elle aussi a l'interdiction de voir les protagonistes de l'affaire. À commencer par sa sœur, la veuve de Bernard Laroche.

Un nouveau scénario criminel se dessine. Largement inspiré de la première thèse du dossier du juge Lambert qui, subitement, n'y a plus cru. Laroche aurait enlevé le jeune garçon en présence de Murielle et l'aurait ensuite remis au couple Jacob. Bernard Laroche a-t-il ensuite participé au dernier acte meurtrier ou l'a-t-il découvert plus tard ? Mystère. Mais la thèse du complot familial avait été envisagée dès le départ. « Il est possible et même probable qu'ils étaient plusieurs », avaient affirmé les gendarmes dès novembre 1984. Pourquoi cette piste n'a-t-elle pas été exploitée par le juge Lambert ? Nous ne le saurons jamais.

Pendant que la juge continue ses investigations, riche de ces 3 mises en examen et de cette direction de l'enquête affinée, les avocats du couple Jacob et de Murielle Bolle se penchent méticuleusement sur cette nouvelle procédure et découvrent le grain de sable qui va bloquer toute la machine. Le 16 mai 2018, la chambre de l'instruction de la cour d'appel de Dijon, présidée depuis septembre 2017 par Dominique Brault, rend un arrêt de 23 pages qu'un scénariste de film judiciaire-catastrophe n'aurait pas imaginé. Elle annule 5 pièces de procédure déjà sanctionnées dans le passé mais réintroduites par le juge Maurice Simon, ainsi que 3 auditions de témoins pour vice de forme. Embêtant mais pas déterminant. En revanche, elle raye d'un trait de plume les mises en examen des époux Jacob et de Murielle Bolle. Un nouveau couac et un nouveau dysfonctionnement d'ampleur.

Les avocats de la défense ont découvert que la juge Claire Barbier s'était pris les pieds dans le tapis. Depuis que le juge Jean-Michel Lambert puis la cour d'appel de Nancy ont été dessaisis, l'instruction a été confiée à la chambre de l'instruction dijonnaise. Une formation collégiale, présidée successivement par Maurice Simon, Jean-Paul Martin, Claire Barbier et Dominique Brault, qui mènent les investigations au nom de ladite chambre. C'est là qu'intervient la subtilité et l'erreur de la magistrate. Cette dernière a mis seule en examen les 3 personnes suspectées, alors que cette procédure aurait dû être signée par les 3 magistrats de la cour d'appel. Une simple erreur d'administration, d'écriture, qui fait capoter le dossier maudit. S'il y a bien une procédure où il ne faut pas commettre d'erreur, c'est bien celle-ci. Comment peut-on avoir confiance dans la justice lorsque l'on assiste à cet enchaînement de défaillances, de dysfonctionnements ? Le dossier est maudit jusqu'au bout. Maudit depuis le 16 octobre 1984.

Les conseils des époux Laroche et ceux de Murielle Bolle ont remporté une victoire inespérée. Mais ils ne s'en contentent pas. Ils poursuivent leur combat et reprennent une bataille débutée en décembre 1984 : obtenir l'annulation du procès-verbal d'audition en garde à vue de Murielle Bolle. L'affaire est désormais aux mains des plus hautes instances de la République. En novembre 2018, les sages du conseil constitutionnel jugent que la garde à vue de la jeune fille, à la fin de l'année 1984, n'offrait pas les « garanties suffisantes propres à assurer le respect des droits des personnes, notamment lorsqu'elles sont mineures ». Pour une fois, c'est la loi qui est jugée coupable. Pas la justice qui a appliqué la procédure pénale de l'époque. L'ordonnance de 1945 qui régit la justice des mineurs n'était pas assez protectrice. Les parents n'étaient pas prévenus du placement en garde à vue de leur progéniture. Le mineur n'était pas assisté d'un avocat, à aucun moment ne lui était notifié le droit de se taire. Des oublis réparés depuis par le législateur. En janvier 2020, la cour d'appel de Paris, saisie par la Cour de cassation, ne peut qu'annuler la garde à vue de celle qui avait accusé son beau-frère d'avoir enlevé le fils des époux Villemin. Les magistrats qui ont dû faire le tri, sous l'œil vigilant des avocats des 2 familles, ont maintenu, dans la procédure, les déclarations de la jeune fille faites avant la garde à vue et celles faites devant le juge. Avant de se rétracter. Même si l'honneur semble, en apparence, être sauvé, il n'empêche que c'est une pièce maîtresse du dossier qui a été mise à la poubelle. Les avocats et les magistrats n'ont plus le droit de s'en servir. Il n'empêche que cet élément reste dans la tête de tout le monde.

Juridiquement, le juge chargé de l'affaire peut réentendre les époux Jacob et Murielle Bolle. Un placement en garde à vue semble plus problématique, étant donné que le quota d'heures est probablement épuisé. En revanche, une mise en examen est possible. Mais les juges sont face à une impasse, à un mur. Les époux Jacob sont restés muets et Murielle Bolle semble à jamais bloquée, condamnée à s'exprimer comme un disque rayé.

Entre l'annulation des 3 mises en examen de 2017 et de la garde à vue de la belle-sœur de Bernard Laroche, le dossier "Grégory" a basculé dans la rubrique nécrologique. Le 11 juillet 2017, Jean-Michel Lambert est retrouvé mort à son domicile.

À l'âge de 65 ans, il s'est suicidé en s'asphyxiant dans un sac plastique. Comme l'un des protagonistes du roman qu'il s'apprête alors à publier. Dans un courrier adressé à des proches et à un journaliste, il exprime sa souffrance d'être pris, depuis le début de l'affaire, pour une tête de Turc perpétuelle. Concernant les derniers soubresauts de la procédure qui ont principalement visé les époux Jacob, il écrit : « Cet énième rebondissement est infâme. Il repose sur une construction intellectuelle, fondée en partie sur un logiciel [...] la machine à broyer s'est mise en marche pour détruire ou abîmer la vie de plusieurs innocents [...] je proclame une dernière fois que B. L. est innocent. » Cette mort brutale est un coup de tonnerre alors que le dossier ressort des labyrinthes de la justice. Peut-on former le vœu qu'elle serve d'électrochoc, plus pour prôner la retenue et la prudence ? Elle intervient après la publication par la presse des carnets du juge Maurice Simon, peu élogieux à l'égard de son prédécesseur.

À chaque fois que l'on pouvait le rencontrer ou le joindre par téléphone, il y avait toujours 2 temps. D'abord, il répliquait : « Je ne veux pas parler de cette affaire. » Une posture très vite balayée par un besoin de se confier, de se disculper, de se justifier. D'évoquer le poids de ce dossier toujours pas refermé. On sentait que celui-ci le hantait toujours. Affichant toujours un sourire teinté d'une certaine tristesse. Même s'il concédait avoir commis quelques erreurs, principalement en inculpant très rapidement Bernard Laroche, il opposait toujours un silence pesant concernant Christine Villemin.

Dans son autobiographie[7], le juge Lambert évoque le jour où il inculpe la mère de Grégory, le 5 juillet 1985. « Je reconnus

7. *Le Petit Juge*, Éd. Albin Michel, 1987.

la silhouette vêtue de noir qui s'engouffra, solidement encadrée, par la porte d'entrée de la salle des avocats. J'éclatai en sanglots. [...] Elle n'était pas de ces beautés sur qui tout homme est obligé de se retourner dans la rue. Elle n'était pas non plus jolie. Ni mignonne. Mignonnette sans plus. Et pourtant, il émanait d'elle un charme étrange, indescriptible. Elle exerçait une réelle fascination sur ses interlocuteurs. À l'instar de certaines femmes-enfants. » Certains y verront le point d'orgue de la solitude du juge. D'autres, la preuve de sa trop grande fragilité.

Cherchant à tirer les enseignements de cette affaire, Robert Badinter, ministre de la Justice au moment des faits, élabore un projet de loi instaurant la collégialité des juges d'instruction. Voté, le principe ne sera jamais appliqué faute d'effectifs. Il sera remplacé par la co-saisine, un 2e ou 3e juge venant alors renforcer leur collègue. Désormais régulièrement décidée dans des dossiers de terrorisme ou politico-financiers, elle a parfois montré ses limites quand l'ego de l'un prend le pas sur la confraternité.

Après avoir quitté Épinal en 1987, un peu forcé par sa hiérarchie, après s'être accordé une année sabbatique pour écrire son autobiographie, Jean-Michel Lambert est devenu juge de l'expropriation à Bourg-en-Bresse (Ain). « Une voie de garage », disent ses détracteurs. « L'occasion d'écrire », rétorque l'intéressé. Le petit juge se veut romancier. Il finira sa carrière comme vice-président du tribunal d'instance du Mans avant de prendre sa retraite, 3 ans avant de se donner la mort. On a vu, au début de ce chapitre, dans quelles conditions, Jean-Michel Lambert est arrivé à son premier poste dans les Vosges. Comme tous ses collègues, il avait à gérer de front 229 dossiers. Celui de la mort du petit Grégory portait le numéro 180. À Épinal, petite juridiction, il est le seul magistrat instructeur. La suite a démontré que le jeune juge n'avait pas les épaules assez larges pour affronter un tel crime. « Il était trop influençable et trop soucieux de son ego », dira trop tardivement le capitaine Sesmat, qui dénoncera également le « défaut de professionnalisme » du magistrat. Avant le suicide du juge Lambert, M^e^ Gérard Welzer, avocat de Marie-Ange Laroche, m'avait dit : « Cette affaire finira sur un fiasco ou sur un drame. » Cette affaire, aujourd'hui, a fait 3 morts et une 4^e^ victime : la justice.

Que reste-t-il de cette affaire après 35 ans d'errance et de procédures brouillonnes ? Un 1^er^ suspect assassiné, une 2^e^ innocentée après avoir été salie, 3 autres protagonistes soupçonnés mais plus poursuivis. Et des familles déchirées à jamais. Les 2 avocats historiques du dossier, M^es^ Prompt et Garaud – le second ayant à l'époque dit au couple Villemin : « Je vous défendrai comme mes enfants » –, ont disparu. M^e^ François Saint-Pierre est venu renforcer M^es^ Chastand-Morand et Moser aux côtés de Christine et de Jean-Marie. M^e^ Welzer continue d'assurer les intérêts de la veuve de Bernard Laroche. Une nouvelle génération de robes noires est entrée dans le dossier. M^e^ Christophe Ballorin, aux côtés de M^e^ Teissonnière, pour Murielle Bolle. M^e^ Stéphane Giuranna, qui assiste l'un des époux Jacob, a reconnu : « Il y a deux dossiers qui m'ont poussé à devenir avocat : Ranucci[8] et Grégory. » Cette affaire, comme celle d'Outreau[9], sont aujourd'hui enseignées à l'École nationale de la magistrature comme les exemples à ne pas suivre.

Les époux Villemin ont quitté Lépanges. La maison du malheur a été vendue, agrandie et modernisée. Installés dans la

8. Accusé du meurtre de la petite Marie-Dolorès Rambla, âgée de 8 ans, Christian Ranucci, qui a toujours nié les faits, a été condamné à mort en juillet 1976. Sa demande de grâce a été refusée par le président Giscard d'Estaing, et les recours en révision déposés par ses avocats ont été rejetés.
9. Voir le chapitre consacré à l'affaire d'Outreau.

région parisienne, ils vivent dans une grande discrétion et ont reconstruit une famille avec 3 enfants. Julien, né en 1985, puis Émeline et Simon, prénommé ainsi en hommage au second juge du dossier. Âgés de 36, 31 et 23 ans, ils partagent avec leurs parents cette obsession légitime d'avoir une réponse à une question banale : « Qui a tué Grégory ? » Jean-Marie Villemin, retraité, consacre tout son temps libre à cette affaire. Habité par la mort de son fils, il a mis tout ce dossier tentaculaire sur informatique. Il en est la mémoire. Cherchant sans cesse ce qui a bien pu se passer le 16 octobre 1984 entre 17 heures et 21 h 15. Il a fait ce qui n'a pas été fait dès le début : reconstituer minute par minute la scène du crime. Recherchant inlassablement la faille. Tous deux iront jusqu'au bout, afin que leurs 3 enfants sachent la vérité sur un frère qu'ils n'ont pas connu. Grégory aurait aujourd'hui 40 ans.

Confrontés à une incertitude sur l'issue de l'enquête, condamnés à une douleur sans fin, meurtris par le fait que le crime a probablement été perpétré par un proche, par un membre de la famille, Christine et Jean-Marie Villemin ont obtenu de la cour d'appel de Paris, le 28 juin 2004, que l'État soit condamné à les indemniser à hauteur de 35 000 € chacun. Une première tentative, 2 ans plus tôt, avait été vouée à l'échec. Bien que l'avocat général ait reconnu les dysfonctionnements et malfaçons de la procédure, que les avocats des demandeurs aient énuméré les erreurs du premier juge, les magistrats ont rejeté la requête, prétextant que « sauf à considérer que le juge serait assujetti à une obligation de résultat, il n'apparaît pas possible de dire que la justice ne s'est pas donné les moyens de découvrir le coupable de l'assassinat de Grégory ».

De son côté, la veuve de Bernard Laroche a obtenu plus de 20 000 € pour elle et ses 2 enfants, la justice ayant enfin reconnu que les intentions homicides n'avaient pas été prises en compte. Les seuls procès ont donc été celui du père de Grégory et ceux condamnant l'État pour faute lourde.

Ces dernières procédures sont les seules qui sanctionnent l'accumulation des errements et des ratés de l'institution. Me François Saint-Pierre qualifie de « crime judiciaire » les dommages subis par ses clients. Cette affaire pose la question de la responsabilité des magistrats. Aucune poursuite disciplinaire n'a été engagée contre le juge Lambert. Il n'a jamais fait l'objet d'un rappel à l'ordre par sa hiérarchie. La chambre d'accusation de Nancy s'est contentée de sanctionner parfois sa procédure, mais l'a validée lors du renvoi de Christine Villemin devant les assises. Interrogé lors de l'émission « L'Heure de vérité » sur Antenne 2, le 1er avril 1985, le ministre de la Justice Robert Badinter s'est, avant tout, dit excédé par le procès d'intention fait à l'institution et aux juges d'instruction dans son ensemble. La carrière du "petit juge" a simplement été freinée, mais il est resté magistrat, à des postes certes moins en vue mais tout aussi importants pour la justice au quotidien. Comme le répétait aux futurs magistrats Pierre Truche, ancien premier président de la Cour de cassation, récemment décédé, « n'oubliez pas que si le dossier que vous avez entre les mains est un dossier comme un autre, il est important, si ce n'est primordial, pour le justiciable ».

Le dossier d'instruction de l'affaire "Grégory" est aujourd'hui une affaire où les points d'interrogation sont plus nombreux que les certitudes. Ceux qui sont partis à la chasse au "corbeau" sont revenus bredouille. Chaque expertise a été contredite par une autre. Aucun aveu, aucune preuve irréfutable ne sont venus contrebalancer les rumeurs, les ragots, les jalousies, les rancœurs, les appels anonymes et les lettres du "corbeau". Les protagonistes ont choisi de cultiver le secret. Les enquêteurs se sont retrouvés face à un mur de silence qu'ils n'ont pas réussi à fracturer. Les maladresses, les lenteurs et les oublis n'ont engendré qu'interrogations et approximations. Depuis 1987, la justice a certes tout tenté pour réparer les erreurs du passé, et on ne peut le lui reprocher, mais durant les 3 décennies qui viennent de s'écouler, on ne compte plus les contretemps, les ratés, les faux espoirs.

La justice attend désormais que la science pallie les déficiences des hommes. Révélées à la fin de l'année 2020, de nouvelles investigations avaient été diligentées par la juge Claire Barbier avant son départ de Dijon. Il s'agit cette fois-ci d'avoir recours à la stylométrie, une technique rarement employée par la justice française, contrairement à la graphologie. L'entreprise suisse chargée de cette nouvelle expertise devait comparer principalement les lettres du corbeau avec des courriers des différents protagonistes de l'affaire, pour y trouver des similitudes dans la syntaxe, la ponctuation, le langage. À l'heure où nous écrivons ces lignes, les résultats n'ont pas été publiés. Mais quel que soit le résultat, cela ne constituera pas une preuve. Seulement un indice. D'autre part, 9 profils d'ADN sont aujourd'hui dans les mains des enquêteurs[10], les époux Villemin demandent au magistrat instructeur de nouvelles investigations afin de terminer si certains de ces profils permettent d'identifier quelqu'un avec une marge d'erreur relative.

Durant des années, journalistes et enquêteurs ont formé une caravane. Dans son délire, la presse mène parallèlement son instruction, réinterrogeant les témoins, réalisant ses propres reconstitutions sur l'emploi du temps des protagonistes, se faisant

10. Ils ont été retrouvés sur les vêtements de l'enfant, sur les cordelettes, sur une seringue retrouvée près de l'endroit où Grégory aurait été jeté dans la Vologne, sur 2 lettres du "corbeau" et sur l'enveloppe de la lettre de revendication.

l'écho des soubresauts de la procédure. Les familles Villemin, Laroche et Bolle vivent dans une impossible intimité. Tout a été dit, vu, entendu, enregistré et photographié, quitte à piétiner des vies privées et à bafouer la présomption d'innocence. Aucun rapport d'expertise, aucune audition ne garde le sceau du secret. L'affaire ne quitte pas la "Une", preuve tangible d'un échec de la justice. Les photos se vendent à prix d'or. Parfois avec l'accord des protagonistes. Une presse qui se substitue à la justice. Une presse témoin et actrice d'un feuilleton sans fin. Un "corbeau" et d'innombrables vautours ont tournoyé au-dessus de la Vologne, une petite rivière jusqu'alors inconnue qui a entraîné les protagonistes dans ses propres tourbillons.

Quel sera le nouveau rebondissement ? Depuis plus de 36 ans, le mutisme règne dans ce dossier alors que la piste familiale est une certitude. Ce n'est pas un crime de rôdeur. Souhaitant laver l'honneur de la famille, un enfant ou un petit-enfant poussera-t-il un de ses aïeux à faire des aveux ou des confidences sur son lit de mort ? Outre le fait d'être un énorme gâchis, l'affaire "Grégory" est un dossier malade que l'on tente désormais de sauver de la prescription. Une famille attend de connaître la vérité sur la mort de son enfant. Une autre famille se sait condamnée au soupçon perpétuel. L'enquête continue, mais peut-on encore y croire ?

À moins qu'un jour, la justice dise : « Stop ! On arrête les frais. »

# « Recherche désespérément le meurtrier de ma fille »

« Elle est née ici. C'est sa maison. Ce sera toujours sa maison. » Jonathan Oliver m'accueille chez lui en Normandie. Nous sommes le 13 mai 2015[1]. Médiatiser son affaire est une façon pour lui de faire pression sur la justice et de tenter de résoudre une énigme qui n'a que trop duré : la disparition de sa fille Cécile Vallin. Il y a 18 ans. Elle en avait 17.

Sur une étagère trône une photo de Cécile. Plus loin, sa signature est gravée dans un morceau de bois. L'absente est plus que présente. Elle est omniprésente. « Elle est présente mais pas de façon morbide », se justifie-t-il avec son léger accent anglais.

Sans que je le lui demande, ses pas nous conduisent vers la chambre de l'adolescente. C'est toujours la même sensation un peu dérangeante. Rien n'a bougé. Pas même ses jouets d'enfant rassemblés dans un panier. Comme si l'enfant allait rentrer le soir après un long voyage et reprendre la vie sans trop d'explications. « Ce n'est pas un culte. Ni un musée, ni un mausolée. C'est toujours sa chambre. Je ne change pas le décor. C'est un lieu de vie. »

1. Sa longue interview sera diffusée dans le 20 heures sur *France 2*, le 21 mai 2015, à l'occasion de la Journée internationale des enfants disparus qui a lieu le 25 mai, depuis 1983, à l'initiative du président des États-Unis.

Assis face à moi, il remonte le temps. 18 ans en arrière. Tout est frais dans sa mémoire. Il n'a rien oublié de la journée du 8 juin 1997 et de toutes celles qui ont suivi.

Cécile vit chez sa mère, Maryse Vallin, et son beau-père. Ses parents se sont séparés en 1986, alors qu'elle allait avoir 7 ans. Lui est resté dans le Calvados. Son ex-épouse s'est installée dans les Alpes. En ce premier week-end de juin, Cécile est toute seule dans l'appartement. Sa mère et son beau-père sont partis à un baptême. Le samedi soir, la jeune fille a organisé à l'improviste une petite fête avec des copains. Personne n'a remarqué dans le comportement de leur hôte un quelconque changement. Le dimanche, veille du bac, elle s'applique à réviser quelques-unes de ses fiches. C'est la promesse qu'elle vient de faire à son père qui vient de l'appeler. « Justement, je vais m'y mettre. » Ce sont les dernières paroles qu'il entendra de sa fille. « Ce message, je l'ai en mémoire. Je me souviens de tous les mots. » Cécile a ensuite appelé sa sœur. Elle lui a juste laissé un message sur son répondeur. Aucune inquiétude n'est perceptible dans sa voix.

En fin d'après-midi, la jeune fille décide de s'aérer. Cécile est très sportive. Elle envisage de devenir professeur de gymnastique. La marche ne lui fait pas peur. L'adolescente part se promener le long de la nationale à Saint-Jean-de-Maurienne (Savoie) en direction de Chambéry. À la hauteur d'une station-service, à la sortie du village, elle est vue par plusieurs personnes. Elle est en tenue légère. À cette heure-là, il fait encore beau. À 18 h 30, elle disparaît. Le soir, sa mère, constatant son absence, donne l'alerte. Le lundi, Cécile n'est pas présente au lycée pour passer ses épreuves du baccalauréat.

« Elle a disparu dans un nuage de fumée », lâche celui qui est bientôt sexagénaire. Une formule qu'il a pris l'habitude d'utiliser dans ses interviews.

« Pendant un moment, cela m'a fait du bien de me dire que cela pouvait être une fugue. Mais j'ai très rapidement imaginé le pire. » Céline est partie de chez elle sans sac, sans valise, seulement avec une carte bancaire et une carte téléphonique dont elle ne se servira pas. L'adolescente est connue pour être une bonne élève au lycée Paul Héroult. Elle ambitionne d'entrer en faculté à Grenoble, et est décrite comme une fille joyeuse, sans problème. Compte tenu de son âge, les gendarmes penchent pour un départ volontaire de la jeune fille. Résultat, aucune investigation n'est menée pendant 3 jours. Un temps perdu dont la justice va pâtir tout au long de l'enquête.

Après avoir pris l'affaire à la légère, la justice met les moyens. Appel à témoins. Hélicoptère survolant la zone de la disparition. Gendarmes et appelés du contingent participent à des battues, avec des chiens. Barrage routier. Un numéro de téléphone spécial est dédié à cette affaire. Audition d'automobilistes passant régulièrement sur cette nationale. Recherches dans les plans d'eau et les rivières par des hommes-grenouilles. Tee-shirt à l'effigie de Cécile. En vain. Aucun indice, aucun corps. Cécile reste introuvable. La frontière franco-italienne est à quelques kilomètres de Saint-Jean-de-Maurienne. Le kidnappeur est peut-être passé de l'autre côté des Alpes.

« Pour moi, la disparition d'un enfant, c'était le cauchemar des autres. Mais c'est devenu le mien. Nous ne sommes pas préparés à quelque chose d'aussi infernal. Je pense à un homme et une voiture. Je ne sais pas ce qui s'est passé. J'ai besoin de le savoir mais je ne spécule pas. » Pendant que le père engage un détective privé, la mère fait appel à des radiesthésistes. Dans le même temps, la photo de Cécile rejoint les visages des nombreux autres enfants disparus sur les affichettes de l'Aide aux Parents d'Enfants Victimes (APEV). Une photo qui va côtoyer en 2003 celle d'Estelle Mouzin, disparue à l'âge de 9 ans, sur le chemin du retour de l'école à Guermantes (Seine-et-Marne)[2]. Dans le dossier de la disparition de Cécile, la piste Fourniret sera également exploitée. Sans aboutir. « Je pense qu'elle a été victime du pire des crimes. Je n'écarte pas le pire. Je sais qu'il peut arriver. Il faut appréhender le prédateur. » Les autres pistes de *serial killers* ne donneront pas plus de résultats.

Cécile a disparu d'un lieu proche d'un chantier, celui de la construction de l'autoroute A 43. En 2008, Me Caty Richard, avocate du père, obtient du juge qu'il mène des investigations. Le mardi 27 mai, des membres de l'Institut de recherche criminelle de la Gendarmerie nationale (IRCGN) se rendent sur place. Munis d'un géoradar, ils sondent le sol et les piliers du pont de l'autoroute. Ce robot peut déceler un objet ou un corps à 3 m de profondeur. Présent sur place, Henri-Michel Perret, le procureur de la République d'Albertville, rappelle qu'à l'époque des faits, une telle technicité n'était pas à la disposition des enquêteurs. « Dans ce type de disparition, on ne peut pas négliger quoi que ce soit. » Les gendarmes restent sur les lieux durant 3 jours. Le géoradar n'émet aucun son. Aucune forme ne s'est matérialisée sur l'écran de contrôle. Aucune fouille ne sera ordonnée par le juge d'instruction. Cécile reste introuvable. C'est seulement une piste de plus qui se referme.

« Il y a une cicatrice qui ne se refermera pas tant que je ne saurai pas. Ce n'est pas l'ordre naturel des choses que son enfant disparaisse. Faire le deuil quand on ne sait pas, c'est impossible. » Sur son ordinateur portable, Jonathan Oliver me montre la totalité du dossier d'instruction qu'il a mis en mémoire. Plus de

2. Après des années d'errance dans différents cabinets de juges d'instruction qui se sont succédé dans ce dossier, l'affaire avance en mars 2020 après les accusations de Monique Olivier et les aveux tardifs de Michel Fourniret.

1 300 données. Quand je le rencontre, il n'a aucune nouvelle du juge chargé de l'instruction depuis 3 ans. Il sait seulement que, n'avançant plus dans cette affaire, le magistrat veut clore prochainement la procédure. Mettre un point final à l'enquête. Abandonnant tout espoir d'élucider le mystère de la disparition de sa fille. « Fermer le dossier serait une énorme injustice. Cela serait un moment angoissant. On remet le dossier dans un placard. Il ne faut pas fermer le dossier Cécile. C'est la supplique d'un père. » C'est le combat d'un père pour que l'on n'enterre pas l'affaire. Un père confronté à une justice dans l'incapacité d'apporter une réponse simple. « Qu'est devenue ma fille ? » Jonathan Oliver se raccroche à un espoir. « On n'a rien trouvé. Tant mieux dans un sens. »

Preuve d'amour supplémentaire, il s'est fait tatouer le prénom de sa fille sur l'un de ses poignets. « Je lui parle tous les jours mais elle ne domine pas mon existence. Je ne l'attends pas. Je ne suis pas devant la boîte aux lettres ou derrière mon téléphone. Je lui parle en anglais, je lui dis des mots d'amour. Que je l'aime et que je n'ai pas pu lui dire. » Quand je lui demande comment il la visualise aujourd'hui, il me répond : « L'image que j'ai d'elle, c'est à 17 ans. »

Chaque année, ce sont près de 50 000 enfants dont on signale la disparition. Dans la grosse majorité des cas, il s'agit de fugues, pour 1% des enlèvements perpétrés par un des 2 parents. Plus de 1 000 disparitions sont jugées inquiétantes. En 2006, la France s'est inspitée de la version américaine et canadienne du dispositif Amber sous le nom d'Alerte Enlèvement. Il consiste à diffuser à l'échelle nationale, par médias interposés, des informations précises sur la disparition d'un mineur. La décision d'utiliser cette alerte est prise par le procureur de la République de la juridiction compétente. Parmi les critères de déclenchement, figure l'obligation qu'il s'agit d'un enlèvement avéré et non d'une disparition inquiétante. Une nuance bien difficile à cerner dans les premières heures du fait divers. En tout cas, s'il avait existé en 1997, le plan Alerte Enlèvement n'aurait pas pu être déclenché dans le cas de Cécile. Depuis juillet 2006, il fut utilisé à plus de 24 reprises. Une seule fois, il fut un échec. En février 2020, l'enfant a été retrouvé mort. Tué par sa mère[3].

Trois ans après notre rencontre, le dossier d'instruction de Cécile Vallin est toujours au point mort. Le 25 mai 2020, à l'occasion de la journée mondiale des enfants disparus, l'Office central de la répression des violences aux personnes (OCRVP) a relancé un appel à témoins.

Née le 28 octobre 1979, Cécile aurait aujourd'hui 41 ans.

3. Le corps de la petite Vanille, âgée d'un an, a été retrouvé dans une benne à vêtements 2 jours après son prétendu enlèvement. L'enquête a démontré que la mère, qui devait raccompagner sa fille à un foyer d'accueil, l'avait tuée avant que ne soit déclenchée l'Alerte Enlèvement.

# Partie IV

# Une justice en accusation

Que celui qui n'a jamais voulu instruire le procès de la justice jette la première pierre. Elle a tous les défauts. Lente, compliquée, chère et souvent injuste, sa place est sur le banc des accusés. Coupable de broyer des vies humaines alors qu'elle doit soulager les consciences. Parfois par la faute des hommes qui la servent. Souvent en raison de la lourdeur de l'institution. Faut-il s'en étonner ? La justice, symbolisée par la déesse grecque Thémis, est représentée parfois les yeux bandés. Signe d'impartialité ou preuve de son aveuglement ?

La France est régulièrement condamnée par les instances européennes pour faute lourde, pour ne pas avoir statué dans des délais raisonnables.

Les affaires illustrant les dysfonctionnements de la justice sont légion. Nous en avons sélectionné quelques-unes. L'itinéraire pénal de Rida Daalouche, accusé à tort de meurtre, symbolise à la perfection les réticences des magistrats à reconnaître leurs fautes, les erreurs judiciaires.

L'affaire "Tarnac", du nom de ce groupuscule prétendument terroriste accusé de s'en être pris à des lignes TGV, reste une illustration parfaite d'une justice qui déraille. Regrettable quand il s'agit d'un dossier qui devait être le fer de lance, l'emblème de la justice antiterroriste.

Le procès de l'ancien ministre Maurice Papon, poursuivi pour crime contre l'humanité, s'est tenu plus de 50 ans après les faits. La justice, avec la bénédiction des politiques, a égaré les dossiers dans les labyrinthes de la procédure. Déjà décriée lors de la période de l'Épuration après la guerre, la justice a été incapable de redorer son blason alors qu'il s'agissait de juger les crimes de Vichy.

Enfin pour avoir provoqué à Vilnius la mort de Marie Trintignant, Bertrand Cantat aurait-il été jugé différemment à Paris ? Alors que cette affaire est devenue le symbole de la lutte contre les violences faites aux femmes, la libération conditionnelle du chanteur a valu à la justice une sévère mise en cause.

Mais un chapitre consacré aux affaires qui ont défrayé défavorablement la chronique se doit de débuter par ce qui reste le scandale judiciaire par excellence : le dossier “Outreau”.

# OUTREAU, LE PROCÈS DE LA JUSTICE

La grande chambre de la Cour de cassation est l'un des endroits les plus majestueux du vieux palais de justice de Paris. L'impressionnante peinture qui constitue le décor central du plafond est à la gloire de la justice et un hommage à la Loi. Tout ici n'est que dorures. Dans cette salle, se tiennent les assemblées plénières et les audiences solennelles en présence du président de la République ou du Premier ministre. L'atmosphère est feutrée, aseptisée. Loin du bruit de la ville. Loin de la noirceur du dossier sur laquelle la justice se penche ce jour-là.

Nous sommes le 2 février 2009. Vincent Lamanda, le premier président de la Cour de cassation, personnage austère par excellence, fait son entrée avec les 10 membres, principalement des magistrats, de la formation disciplinaire du Conseil supérieur de la magistrature (CSM). L'homme, qu'ils ont en face d'eux, incarne la catastrophe judiciaire de l'affaire dite d'Outreau. Inconnu 9 ans plus tôt, Fabrice Burgaud doit répondre de nombreux griefs alors qu'il en était le magistrat instructeur à Boulogne-sur-Mer.

Arrivé escorté par une nuée de photographes et de cameramen, Fabrice Burgaud a conservé son visage juvénile. Habillé d'un cos-tume sombre, de circonstance, il a le teint blême, les traits tendus, plutôt mal à l'aise. Il est assisté de 2 avocats, Mes Patrick Maisonneuve et Jean-Yves Dupeux, et d'un magistrat qui le soutient depuis le début, Jean-Yves Monfort[1]. L'épouse de l'ancien juge d'instruction, également magistrat, a pris place quelques mètres derrière lui.

Âgé de 37 ans, Fabrice Burgaud est, depuis 2002, substitut au parquet de Paris. Affecté dans un premier temps au traitement de la délinquance, puis à la section antiterroriste, il est chargé de l'exécution des peines. Il est bien noté par son supérieur hiérarchique, Jean-Claude Marin, qui envisage de le promouvoir. Ses collègues le dépeignent « appliqué, travailleur » mais « froid, peu communicatif ».

Fabrice Burgaud n'est pas le premier magistrat à comparaître devant cette juridiction disciplinaire. Mais cette audience, qui est un procès qui ne veut pas dire son nom, présente un caractère tout particulier. Le nom du magistrat est accolé à jamais à des qualificatifs peu glorieux : désastre, catastrophe, cataclysme, naufrage, fiasco, chaos, faillite totale, engrenage infernal.

Tout commence 8 ans plus tôt.

C'est une simple dépêche de l'*AFP* qui déclenche la furie médiatique de ce qui deviendra un “Tchernobyl judiciaire”. Titrée « Démantèlement d'un réseau de pédophilie à Boulogne-sur-Mer », la dépêche arrive dans les rédactions le jeudi 15 novembre 2001 à 18 h 46. Alors que les journaux de la presse écrite sont en plein bouclage et qu'il reste un peu plus d'une heure avant les JT de 20 heures, l'information signale qu'une « quinzaine d'adultes sont suspectés de viols ou d'agressions sexuelles sur des enfants ». Selon la source judiciaire, alors que 10 personnes, dont les parents des victimes, ont déjà été mises

1. Président du TGI de Versailles, l'homme avait fait sensation en déclarant lors d'une audience solennelle : « Nous sommes tous des juges Burgaud. »

en examen, 6 autres adultes « directement mis en cause par 6 enfants » sont en garde à vue.

Cinq minutes plus tard, une 2e dépêche apporte des précisions. L'information judiciaire remonte à plus de 8 mois. Elle a été déclenchée après des signalements en décembre 2000 des services sociaux concernant des suspicions d'abus sexuels sur des enfants d'une famille d'Outreau. Selon l'enquête, les parents d'enfants victimes auraient permis à d'autres "bénéficiaires", en échange d'argent, d'abuser de leurs enfants. Selon la même source, figurent parmi les personnes interpellées : un huissier de justice, son épouse, un prêtre-ouvrier et un chauffeur de taxi. Aucun nom n'est cité. Immédiatement, ces mises en cause reçoivent le qualificatif de notables, un cliché journalistique.

Le lendemain, le procureur de la République de Boulogne-sur-Mer, Gérald Lesigne, annonce que ce ne sont pas moins de 15 personnes qui sont placées en détention provisoire. Une seule, Karine Duchochois, a été laissée en liberté.

L'information judiciaire pour viols, agressions sexuelles, corruption de mineurs et proxénétisme a été ouverte en février 2001. À Boulogne, il y a 3 juges d'instruction, tout juste sortis de l'École nationale de la magistrature depuis moins d'un an. Le président du tribunal de grande instance, Gérald Lafon de Lageneste, a confié ce dossier au dernier arrivé. Classé 91e sur 161 de sa promotion à l'ENM, Fabrice Burgaud, âgé de 28 ans, a rejoint son premier poste en septembre 2000. Cette affaire d'inceste, apparemment banale au départ, prend une autre tournure au fur et à mesure des auditions des enfants. L'un des couples mis en examen, Myriam Badaoui et Thierry Delay, habitant la Tour du Renard dans un quartier défavorisé sur les hauteurs d'Outreau, accuse 7 autres personnes, dont une boulangère ambulante. Face à une procédure qui s'épaissit, le juge Burgaud reste seul à la gérer. À aucun moment, son supérieur hiérarchique ne lui a imposé la présence d'un autre magistrat à ses côtés.

Début 2002, l'affaire revient à la une de l'actualité. Un des accusés prétend avoir été témoin du meurtre d'une fillette par Thierry Delay. Non seulement les fouilles, à grand renfort de pelleteuses, ne donnent rien mais le jeune homme reconnaîtra avoir inventé de toutes pièces ce rebondissement. Tout cela intervient alors qu'un autre fait divers bouleverse l'opinion publique de l'autre côté de la frontière, les crimes perpétrés par Marc Dutroux[2] à Marcinelle près de Charleroi (Belgique). Outreau, victime du syndrome Dutroux.

En juillet 2003, le dossier est clos par le juge d'instruction. Non pas Fabrice Burgaud, qui a quitté un an plus tôt Boulogne pour Paris, mais par son successeur, Cyril Lacombe. Ce jeune magistrat de 32 ans, qui vient tout juste d'arriver au tribunal, ne remet en cause à aucun moment le travail de son collègue. Quant au document de 145 pages, qui saisit la cour d'assises du Pas-de-Calais, il provoque la nausée à sa lecture.

A Saint-Omer, le 4 mai 2004, jour de l'ouverture du procès[3], l'équation semble simple : 17 accusés[4], âgés de 24 à 67 ans, dont 6 femmes, ont à répondre de crimes commis sur 18 enfants : 2 encourent la perpétuité et les autres, 20 ans de réclusion criminelle. Outreau rime avec réseau.

2. En 2004, Marc Dutroux a été condamné à la réclusion criminelle à perpétuité pour l'enlèvement, la séquestration et l'assassinat de plusieurs jeunes filles. Son épouse, Michèle Martin, a été condamnée à 30 ans de réclusion.
3. Le procès de Marc Dutroux s'est ouvert le 1er mars à Arlon (Belgique) pour s'achever fin juin.
4. Le 18e mis en examen, François Mourmand, s'est suicidé en prison.

Le coup de tonnerre intervient le mardi 18 mai. Nous sommes en fin de journée en ce 11e jour d'audience. Il est bientôt 19 heures. Une assistance sociale est à la barre. Myriam Badaoui, 37 ans, souhaite prendre la parole. Un micro lui est tendu afin que les personnes situées dans la salle vidéo l'entendent. La veille, l'un de ses fils a maintenu ses accusations sur l'ensemble des adultes poursuivis. « Monsieur le président, je ne sais pas comment vont le prendre Messieurs et Mesdames les jurés, les parties civiles ou autres. Ce n'est pas évident de dire que les enfants sont des menteurs. [...] Je suis une malade, une menteuse, j'ai menti sur tout ! » Puis elle se tourne vers la plupart de ses co-accusés déclarant pour chacun « tu n'as rien fait », avant de s'effondrer en larmes sur la table qui est devant elle. En quelques mots, elle vient de mettre hors de cause 13 personnes. « Ce serait bien que ces gens retrouvent une vie normale » est sa conclusion. Aurélie Grenon, une autre accusée, voisine du couple Delay-Badaoui, se lève et se rétracte à son tour : « J'ai accusé ces gens parce que j'ai entendu Myriam les citer. »

Les visages sont blêmes, décomposés. Un silence incrédule s'installe, seulement interrompu par un océan de pleurs, de larmes. La foudre vient de s'abattre sur le palais de justice. Contre toute attente, le président Jean-Claude Monnier suspend l'audience jusqu'au lendemain, comme s'il ne voulait pas se laisser influencer par les rétractations fracassantes de l'accusatrice n°1[5]. La salle se vide. Une ambiance de chaos règne dans le grand escalier qui conduit les protagonistes des assises à la sortie. Dans la cour du tribunal, les accusés qui comparaissent libres, sont effondrés. Faute d'avoir pu s'exprimer devant la cour,

5. Myriam Badaoui qui, au cours du procès, souffle le chaud et le froid. Le 24 mai, elle accuse à nouveau ses co-accusés : « Mes enfants n'ont pas menti », pour finir, le 22 juin par demander pardon à ceux qu'elle avait mis en cause.

ils acceptent de le faire, à visage découvert, devant les journalistes. Accusés des crimes les plus abjects, confrontés à une justice sourde à leurs cris d'innocence, ils affrontent le regard des journalistes et de l'opinion publique. Ils sortent du silence et de l'anonymat. Au bord de l'évanouissement, Alain Marécaux, l'huissier de justice, est littéralement soutenu par son avocat, Me Hubert Delarue : « On a volé mes enfants. Ils ont tué ma mère. J'ai dû vendre mon étude, vendre ma maison, je n'ai plus rien. » « Je ne comprends toujours pas ce qui m'est arrivé », dit la boulangère Roselyne Godard. Tous évoquent face aux journalistes, une vie gâchée : « Nous sommes présumés innocents. Nous sommes traités comme des coupables. On nous a maintenus en prison parce que l'on niait les accusations », déclare un troisième.

Le lendemain, une seule des accusés, toujours en détention, est remise en liberté. Il faudra attendre une semaine pour que 7 autres soient libérés, contre l'avis du procureur. « Cela ne doit pas être vécu comme un pré-jugement », leur rappelle le président des assises.

Lorsque le juge Fabrice Burgaud comparaît comme témoin le 9 juin à 9 heures, tout le monde a conscience que le dossier a changé de physionomie. L'homme arrive au palais escorté par des policiers du RAID[6], accompagné de la secrétaire générale du parquet de Paris. Pour sa première apparition publique, alors que les accusés sont à quelques mètres de lui, le jeune magistrat se présente comme un « technicien du droit », appliquant les règles de l'instruction telle qu'il les a apprises à l'École nationale de la magistrature. Il apparait hautain, froid, pétri de certitudes,

6. Suite à la réception de lettres d'insultes et de menaces, le juge fait l'objet d'une protection policière.

s'exprimant mécaniquement, ne concédant rien. « J'ai toujours la même attitude. Je pose des questions et j'écoute les réponses. » Restant à la barre 7 heures d'affilée, il certifie avoir instruit à charge et à décharge, déclare avoir pris toutes les précautions et souligne la difficulté de faire la part des choses dans les accusations des enfants.

Le 24 juin, les regards se tournent vers l'avocat général qui doit prendre ses réquisitions. Une majorité des accusés ont été innocentés par l'accusée principale. La cour d'assises en a remis en liberté un nombre non négligeable. Celui qui se lève pour prendre la parole connaît le dossier mieux que personne. Il le suit depuis le premier jour. C'est le procureur de la République de Boulogne-sur-Mer, Gérald Lesigne. La justice aurait pu prendre le parti de confier l'accusation à un nouveau magistrat qui aurait porté un œil neuf sur le dossier. Elle ne l'a pas fait. Gérald Lesigne n'a pas d'autre choix que de tenter de sauver sa procédure et de rendre hommage au juge Burgaud. En conséquence, il requiert 7 acquittements et 10 condamnations, allant de 18 ans de réclusion criminelle à 18 mois avec sursis. La justice a cru en la parole de Myriam Badaoui quand elle a mis en cause ses 13 co-accusés mais pas quand elle les innocente.

À l'issue de 9 semaines de procès, les 12 jurés doivent démêler le vrai du faux. La justice leur demande de réparer l'irréparable. Après avoir répondu à 1 551 questions, au cours d'un délibéré qui dure 11 heures, la cour d'assises rend son verdict vers 2 heures du matin, dans la nuit du 1er au 2 juillet 2004. Le président ne s'appesantit pas. La décision est rendue à la va-vite. Sans un mot de regret ou d'excuse. Les réquisitions de l'avocat général ont été suivies : 7 des 17 accusés sont acquittés. Parmi eux, le chauffeur de taxi, la boulangère, et la femme de l'huissier. Ce sont 7 miraculés des assises. Ils ont été accusés à tort. Incarcérés à tort. En revanche, 3 accusés, qui comparaissaient libres, retournent en prison. Quant à Thierry Delay et Myriam Badaoui, ils sont respectivement condamnés à 20 et 15 ans de réclusion criminelle.

Il a fallu 3 ans pour qu'une partie de la vérité éclate. Plus d'un tiers du dossier est rayé d'un trait de plume. Entretemps, il y a eu la prison, un torrent de vies brisées. Enfin s'amorce le début d'un aveu que la justice s'est trompée. Pourquoi ne pas l'avoir fait plus tôt ? Probablement parce que Myriam Badaoui ne s'était pas rétractée ? Que se serait-il passé si ces rétractations n'avaient pas eu lieu ?

Ce soulagement, qu'offre l'issue de ce premier procès, ne masque pas que ce verdict est incompréhensible, illisible. S'il est l'illustration flagrante que ce dossier reposait sur des accusations sans preuve, personne ne parvient à expliquer pourquoi 6 des accusés n'ont pas été acquittés. Logiquement, ces derniers font appel. Myriam Badaoui et Thierry Delay, ainsi que le couple Grenon-Delplanque, leurs voisins, acceptent leurs condamnations.

Le verdict de Saint-Omer est vécu, à juste titre, comme une condamnation de la justice. Non seulement il ébranle le monde judiciaire mais il continue d'entacher la confiance des Français à l'égard de l'institution. L'image stéréotypée des notables a disparu pour laisser la place à des gens simples. L'opinion publique, en découvrant les visages des acquittés, s'identifie à ces rescapés de l'affaire "Outreau". Les secousses de ce séisme atteignent le plus haut sommet de l'État. Dans la matinée du 2 juillet 2004, Dominique Perben, garde des Sceaux, fait une déclaration publique depuis la salle de réception de la Chancellerie. « Je dis toute ma compassion et tous mes regrets car cela ne doit pas se reproduire ». Il confie à un haut magistrat la présidence d'un groupe de travail afin d'étudier des pistes de réforme sur l'instruction, la détention provisoire et l'évaluation de la parole de l'enfant[7].

Interrogé à l'occasion de son interview rituelle du 14 juillet, Jacques Chirac déclare « que des gens aient été incarcérés pendant un grand nombre de mois pour être finalement reconnus non coupables, c'est inadmissible et au niveau des droits de l'homme, c'est profondément choquant. C'est la destruction même d'êtres humains. On leur doit une réhabilitation, y compris matérielle, importante. La justice, si elle fait des erreurs, doit payer elle-même et cher ».

Le 27 septembre 2004, nous sommes témoins d'une image impensable quelques mois plus tôt. En les recevant place Vendôme, Dominique Perben offre aux 7 acquittés une réhabilitation nationale, officielle, publique. Au cours de cette audience un peu particulière qui va durer une heure dans les salons dorés de la chancellerie, tous veulent dire « combien la machine judiciaire les a broyés ». L'affaire "Outreau" est devenue l'affaire Burgaud.

Le procès de Saint-Omer est le symbole d'une justice inachevée. Le procès en appel s'ouvre à Paris le 3 novembre 2005. Il a été reporté de 6 mois pour permettre un supplément d'information. La cour a souhaité évacuer la question d'une possible homonymie entre l'un des accusés, Daniel Legrand fils, et un dénommé « Dany dit le grand » habitant également Outreau. Plus personne ne veut prendre le risque d'un nouveau séisme.

---

7. Présidé par Jean-Olivier Viout, procureur général près la Cour d'appel de Lyon, ce groupe rendra son rapport en février 2005, avec 59 préconisations dont très peu seront suivies d'effets.

Dans le grand vestibule d'Harlay au palais de justice de l'île de la Cité, les retrouvailles ont lieu entre ceux qui sont blanchis et ceux qui espèrent l'être. On s'embrasse, on s'épaule, on sourit. Les acquittés d'Outreau déclarent à la presse qu'ils ne pourront tourner la page que lorsque leurs compagnons d'infortune les auront rejoints dans un verdict d'acquittement

À huis clos, plusieurs enfants sont entendus par la cour. Certains restent enfermés dans leur mensonge et continuent d'accuser. C'est le cas d'une jeune fille qui déclare avoir été violée alors qu'une expertise médicale stipule qu'elle est toujours vierge ; 2 autres, en revanche, reconnaissent avoir menti et retirent leurs accusations vis-à-vis de Dominique Weil, le prêtre-ouvrier. « J'ai dit ce que tout le monde disait à l'école », déclare un des mineurs[8]. Le lendemain, ce sont les experts qui sont, comme à Saint-Omer, disqualifiés pour avoir souligné la cohérence des propos des enfants. Mis à mal à l'audience pour avoir hissé haut et fort l'importance et la crédibilité de ses expertises, l'un d'entre eux, Jean-Luc Viaux, fait devant la presse une déclaration catastrophique : « Quand on paie des experts aux tarifs d'une femme de ménage, on a des expertises de femme de ménage[9]. » Le procès devient celui des experts et des assistantes maternelles qui ont donné les premiers signalements.

Myriam Badaoui, qui purge sa peine à la prison des femmes de Rennes, est entendue en qualité de témoin. Condamnée, elle ne prête pas serment. Tout le monde la regarde et s'interroge. Est-ce l'accusatrice ou la rédemptrice qui se présente ? D'une petite voix, timide, mal assurée, elle s'adresse aux 6 accusés en

8. Ces rétractations de quelques enfants ne doivent pas faire oublier que des mineurs ont été abusés par leurs parents, le couple Delay-Badaoui et le couple Grenon-Delplanque.
9. Pascal Clément, ministre de la Justice, demandera sa radiation de la liste des experts auprès de la cour d'appel. Sans l'obtenir.

les regardant. « Je voudrais leur demander pardon. J'ai menti, j'ai détruit leur vie, j'espère qu'ils vont retrouver leur dignité. [...] On n'était que 4 dans l'affaire. [...] Je veux bien assumer mes responsabilités mais il faut que le juge assume aussi. C'est facile de tout me mettre sur le dos, il m'a soufflé le nom d'un accusé. » Son ex-mari, Thierry Delay, 41 ans, assure qu'il a écrit au juge depuis sa cellule pour lui dire « que tout cela était faux ». Tous deux plaident l'innocence de ceux qu'ils accusaient violemment 5 ans plus tôt.

Le procès en appel s'accélère. La déposition des acquittés et accusés n'excède pas la demi-heure. Les audiences se muent en thérapie de groupe. Plus aucun magistrat ne pose des questions sur les faits, comme si leur religion était faite. Dans la grande salle des assises parisienne, règne une colère retenue, une souffrance à fleur de peau. Chacun vide son cœur, évoque une blessure indélébile. « Je n'étais plus rien, qu'un numéro, un monstre. On ne peut pas expliquer la détresse » explique l'un des accusés. Les jurés sont confrontés à un tsunami de désastres, de vies brisées, broyées, saccagées.

Dans ce dossier déjà tombé en lambeaux à Saint-Omer, l'accusation à Paris porte l'estocade. Avec des sanglots dans la voix, Yves Jannier, l'avocat général, réclame 6 fois de suite l'acquittement. À aucun moment, le magistrat ne cite le nom de Burgaud, mais il est sur toutes les lèvres. Alors que les jurés quittent la salle d'audience, les journalistes sont invités à rester. Bien que le verdict ne soit pas encore rendu, Yves Bot, le procureur général près la Cour d'appel de Paris, organise une conférence de presse dans la salle des assises. Les avocats de la défense assistent médusés à ce moment totalement irréel. Les conseils des parties civiles préfèrent sortir. Debout, en civil, les mains jointes, le regard parfois tourné vers le plafond, le haut magistrat présente ses regrets au nom de l'institution. « Ce n'est pas la justice pour laquelle je m'étais engagé. » Un verdict avant l'heure qui a le don d'agacer la présidente des assises, Odile Mondineu-Hederer, qui rappelle, au moment du délibéré, que la cour va juger en toute indépendance.

Le lendemain, les avocats des 6 accusés renoncent à plaider, considérant que la messe est dite. Chronique d'un acquittement général annoncé. Aux 61 questions, il est répondu « non ». En conséquence, les 6 accusés sont acquittés. Le délibéré a été volontairement long, 7 heures et demie. Il faut montrer que la décision n'a pas été prise à la légère, mais qu'il s'agit bel et bien d'un acquittement franc et massif. Les jurés quittent définitivement la salle des assises sous les applaudissements du public, comme un remerciement poli et respectueux. Une apothéose glorieuse de la justice, un feu d'artifice. Les accusés sont officiellement des victimes de la justice, de la parole de l'enfant, d'une instruction à charge. Le dossier de ce prétendu réseau se résume à une simple affaire d'inceste qui aurait dû rester confidentielle. Entourés de leurs avocats, les 6 nouveaux acquittés posent pour une photo de famille sur les marches du vestibule d'Harlay dans le palais. Une femme tient dans les mains une photo de son frère, François Mourmand, mort en détention. Unis dans leur calvaire. Unis dans l'innocence.

Une joie teintée d'un sentiment de peur. 5 ans auparavant, l'appel n'existait pas. Sans ce second procès, Dominique Weil, par exemple, serait un prêtre pédophile coupable de viol, condamné à 7 ans de prison. Il est désormais un homme libre, blanchi, réhabilité mais meurtri. Idem pour les autres acquittés de Paris ; 13 acquittements sur 17 accusés, c'est un triste record qui fait froid dans le dos. Par leur détention provisoire, les acquittés représentent plus de 20 ans de prison. Pour rien. Sonne désormais l'heure des indemnisations[10], des éventuelles sanctions disciplinaires. Il n'est jamais trop tard pour que la justice plaide coupable. Le 5 décembre 2005, Jacques Chirac renouvelle « au nom de la France » ses regrets et ses excuses pour « ce désastre judiciaire sans précédent ». Quelques jours plus tard, après avoir été reçu pendant une heure et demie, les 13 acquittés d'Outreau posent sur le perron de l'hôtel de Matignon aux côtés du Premier ministre et du garde des Sceaux. Dominique de Villepin, qui évoque une « erreur inqualifiable », exige à son tour que le nouveau garde des Sceaux, Pascal Clément, lui fasse des propositions de réforme.

Au début de l'année 2006, l'affaire "Outreau" prend une dimension politique. L'Assemblée nationale se saisit du dossier. Une commission d'enquête parlementaire[11] de 30 membres s'engage à disséquer les boîtes noires du crash "Outreau". Les auditions des acquittés et de Fabrice Burgaud sont retransmises en direct sur toutes les chaînes de télévision[12]. Une première. Un choc. Chaque téléspectateur se transforme en juré d'un procès médiatique et cathartique. Sans surprise, face aux députés, les acquittés concentrent leurs critiques sur le juge dont ils dénoncent la raideur et la froideur. « Il avait le droit de vie et de mort sur nous », dit l'un d'entre eux.

10. Le montant exact des indemnisations n'a jamais été révélé. Il a pris en compte le préjudice matériel (les conséquences financières) mais aussi le préjudice moral (les répercussions pour l'accusé et son entourage de la mise en détention et du retrait de la garde des enfants) ainsi que l'étendue de la mise en cause publique.

11. Cette commission « chargée de rechercher les causes des dysfonctionnements de la justice dans l'affaire dite d'Outreau et de formuler des propositions pour éviter leur renouvellement » avait André Vallini (PS) comme président et Philippe Houillon (UMP) comme rapporteur.

12. Paradoxe, alors qu'en France les procès ne sont pas filmés, ces auditions le seront avec un cahier des charges très strict. Seuls les parlementaires et la personne auditionnée sont filmés. Aucun plan de coupe n'est autorisé.

Fabrice Burgaud est le 64e à être auditionné[13]. Contrairement à d'autres magistrats, il n'a pas souhaité être entendu à huis-clos. Alors que dans les sous-sols de l'Assemblée nationale, il pénètre dans la salle Lamartine, il se trouve confronté à un mur de photographes et de cameramen qui le mitraillent. Quelques-uns des acquittés ont obtenu d'assister à cette audience un peu particulière. Assis à quelques mètres derrière « leur juge », ils se sont engagés à être silencieux, comme le seront les 2 avocats du magistrat, Mes Maisonneuve et Dupeux, qui ont obligation d'être taisants. L'un d'entre eux sera rappelé à l'ordre pour avoir tenté de souffler des réponses à son client en difficulté.

En ce 8 février 2006, l'ex-juge va rester sous le tir croisé des parlementaires pendant 9 heures. Alors que lors du procès de Saint-Omer, sa prestation avait été suivie par les seules personnes présentes dans la salle, cette fois-ci, ce ne sont pas moins de 5 millions de téléspectateurs sur les 2 principales chaînes de télévision[14], qui découvrent un gamin fragile, immature, psycho-rigide. Plus près de l'étudiant que du magistrat chevronné, il passe une grande partie de ce grand oral, les bras croisés comme un bon élève, encadré par ses 2 avocats transformés en rempart. Alors que le juge d'instruction est habituellement celui qui pose des questions, Fabrice Burgaud a du mal à formuler ses réponses. Nous avons le sentiment d'être face à un magistrat qui a fait ses classes avec le dossier "Outreau". Comme tous ceux qui comparaissent devant cette commission, l'ex-juge prête serment de dire la vérité[15]. À demi-mot, il reconnaît son inexpérience, regrettant,

13. La commission a entendu tous les magistrats de la chaîne judiciaire intervenus dans la procédure.
14. Avec David Pujadas nous avions réuni, sur le plateau de l'édition spéciale sur France 2, Robert Badinter, l'avocat Me Henri Leclerc et le magistrat Laurent Davenas.
15. En cas de faux témoignage, la commission est en droit de demander la saisine du parquet pour des poursuites pénales. Ce fut le cas dans l'affaire Benalla, concernant entre autres, les déclarations sous serment d'Alexis Kohler, le secrétaire général de l'Élysée sous la présidence d'Emmanuel Macron. L'affaire a été classée sans suite.

avec retard, d'avoir travaillé seul. « Aujourd'hui, je ne travaillerais plus de la même façon, j'aborderais le dossier différemment. [...] Ai-je commis des erreurs d'appréciation ? Peut-être. Quel juge n'en commet pas ? Personne ne m'a dit que je faisais fausse route. » Un aveu qui fait bondir les acquittés présents dans la salle. Mais contrairement aux plus hautes autorités de l'État, Fabrice Burgaud ne présente pas ses excuses. « Cela serait une solution de facilité pour moi. Je suis mis en position d'accusé alors que j'estime avoir rempli ma mission honnêtement, loyalement et conformément à la loi[16]. »

Le lendemain, l'audition du procureur de la République, Gérald Lesigne, passe presque inaperçue. Le magistrat avoue s'être laissé envahir par le mythe de la pédophilie : « Un ensemble d'éléments venait corroborer les déclarations des enfants. » La convergence d'analyse entre les 2 hommes apparaît au grand jour.

Après 5 mois de travaux, et après avoir auditionné plus de 200 personnes, la commission d'enquête parlementaire rend public son rapport de 614 pages. Elle souligne principalement les « failles d'une instruction univoque » d'un juge « hermétique aux signaux d'alerte ». Elle note que les organes de contrôle que constituent les chambres de l'accusation n'ont pas joué leur rôle.

Parmi les 80 préconisations des députés, quelques-unes seront reprises dans les projets de loi du gouvernement : l'enregistrement des gardes à vue et des auditions dans les dossiers criminels, la présence de l'avocat et l'accès au dossier dès la première heure de la garde à vue, la limitation de la durée de la détention provisoire. La commission milite pour la collégialité de l'instruction. Votée par le parlement en 2007, elle n'a jamais été

16. Interview de Fabrice Burgaud à *L'Express* du 18 janvier 2006.

appliquée. En revanche, dans les dossiers sensibles, plusieurs juges sont fréquemment co-saisis, à l'image de ce qui se pratiquait dans les dossiers terroristes. Enfin des pôles d'instruction départementaux ont été mis en place[17].

Après avoir comparu devant les parlementaires, Fabrice Burgaud doit à nouveau répondre de son instruction devant ses pairs. Devant le Conseil supérieur de la magistrature, il encourt une sanction qui va de la réprimande à la révocation. Cette audience disciplinaire a failli ne pas avoir lieu. En juin 2002, Christian Raysseguier, à la tête de l'Inspection générale des Services judiciaires (IGSJ)[18], rend ses conclusions. Tout en égratignant le juge Burgaud, il conclut : « Il apparaît en réalité que, quelles qu'aient pu en être les conséquences, ses choix ou ses omissions ont procédé avant tout de son inexpérience et d'une certaine maladresse. » En conclusion, l'IGSJ écarte toutes « fautes pouvant recevoir une qualification disciplinaire dès lors qu'elle n'a pas « été guidée par une volonté délibérée de porter atteinte aux droits de la défense, ou accomplie dans des conditions faisant apparaître des négligences graves ou répétées, incompatibles avec leurs devoirs de magistrats ». Malgré ce « ni responsable, ni coupable » de l'inspection, Pascal Clément, garde des Sceaux, passe outre et saisit le Conseil supérieur de la magistrature.

La Chancellerie fait porter au seul Fabrice Burgaud tout le fardeau Outreau. « Il a dégradé l'image de la Justice ». En revanche, de nombreux magistrats et policiers viennent témoigner en sa faveur, insistant sur la fragilité de la parole des enfants. « Fabrice Burgaud ne nous a pas trompés. Ce dossier a été examiné en profondeur par les membres de la chambre de

17. Depuis la loi du 25 juillet 2008, les justiciables peuvent saisir le CSM pour se plaindre du comportement d'un magistrat. Les nombreuses plaintes n'auraient débouché sur aucune poursuite.
18. Cette "Police des polices" de la justice est devenue l'IGJ en 2016.

l'instruction de Douai[19]. Si on considère qu'il y a une erreur, alors il aurait fallu renvoyer l'ensemble des protagonistes devant vous », proclame Sabine Mariette, l'une des magistrates qui a eu à se pencher en appel sur cette procédure. Comble de l'ironie, l'audience se tient dans la salle où, le 9 janvier précédent, le président Nicolas Sarkozy a annoncé, à la surprise générale, son intention de supprimer le juge d'instruction du paysage judiciaire[20]. Après l'affaire du petit Grégory[21], après celle dite de Bruay-en-Artois dans les années 1970[22], le juge d'instruction est dans le collimateur des politiques. Coupable de tous les maux de la justice. Considéré comme l'homme le plus puissant de la justice, selon Napoléon, il est l'homme à abattre[23].

Invité à défendre son instruction, l'ancien juge réitère une défense déjà développée devant les députés. « Je n'ai commis aucune faute disciplinaire, ni de près, ni de loin. Je n'ai failli d'aucune sorte à mon serment de magistrat » déclare-t-il en précisant « qu'il n'a pas la prétention d'avoir mené une instruction parfaite ». Dominique Lottin, directrice des services judiciaires au ministère, requiert l'exclusion temporaire d'un an, ce qui correspond à la 6e sanction sur une échelle de 9. « Cette infamie

19. Ce sont plus de 60 magistrats qui ont eu le dossier dans les mains, tant à Boulogne-sur-Mer qu'à la cour d'appel de Douai.
20. Plusieurs fois envisagée par différents ministres de la Justice, cette disparition du juge d'instruction n'a jamais été effective.
21. En 1985, Robert Badinter, ministre de la Justice, fait voter une loi instaurant la collégialité de l'instruction. La réforme est abandonnée par son successeur. En 1987, Albin Chalandon préconise que la mise en détention soit décidée par un autre juge. Il faudra attendre la loi Guigou en 2000 pour la création du juge de la liberté et de la détention (JLD).
22. Le juge Henri Pascal avait inculpé et incarcéré un notaire, Pierre Leroy, et sa maîtresse Monique Béghin-Mayeur, du meurtre de la jeune Brigitte Dewèvre, la fille d'un ouvrier de la mine. Après le dessaisissement du juge Pascal, son successeur rendra un non-lieu aux inculpés. Un mineur qui a passé des aveux, sera finalement acquitté au bénéfice du doute.
23. Les juges d'instruction sont aujourd'hui moins de 570 en France et sont chargés d'à peine 3 % des affaires criminelles : 2 chiffres constamment en baisse.

n'a que trop duré, je vous demande de me rendre mon honneur. Je vous demande de me rendre justice. » Dans ses derniers mots, le ton de Fabrice Burgaud est aimable mais ferme. Il veut être blanchi, réhabilité.

La décision est rendue le 24 avril 2006, après 3 mois de délibération. Entre les membres du Conseil supérieur de la magistrature, les débats ont été houleux, tendus et vifs. Le CSM remarque que l'ancien juge « n'a jamais suscité d'observations de ces supérieurs, pas disposé de moyens humains et matériels suffisants ». En revanche, il note un manque de rigueur caractérisée de nature à nuire au bon déroulement de l'information et un manquement aux devoirs du juge d'instruction, et qu'il a enregistré les dépositions des enfants sans les analyser ». En conséquence, Fabrice Burgaud est sanctionné d'une réprimande avec inscription à son dossier[24]. Sanction qui est la plus basse pré-vue par la loi[25]. Autrement dit un coup de règle sur les doigts[26] qui apparaît totalement décalé par rapport à l'étendue de la catastrophe judiciaire.

Si pour Me Patrick Maisonneuve, l'un de ses avocats, il s'agit « d'une décision politique pour plaire à l'opinion publique », pour les acquittés d'Outreau, même si aucune sanction ne peut gommer le traumatisme vécu, c'est une mauvaise réponse à un authentique problème. Pour la boulangère Roselyne Godard, c'est le « corporatisme des magistrats qui s'auto-protège ». Pour Dominique Weil, « la sanction ne va pas très loin[27] ». Me Éric

24. Après l'avoir annoncé, Fabrice Burgaud a renoncé à intenter un recours devant le Conseil d'État.
25. Fabrice Burgaud est aujourd'hui magistrat référendaire à la Cour de cassation, la plus haute juridiction française.
26. Le procureur Gérald Lesigne s'est vu infligé une mutation. Il a fait valoir ses droits à la retraite après un dernier poste de substitut général à la cour d'appel de Caen.
27. En moyenne, une demi-douzaine de magistrats sont sanctionnés chaque année. Principalement pour des problèmes de comportement et non pour la qualité de leur travail ou pour des décisions juridictionnelles, qui peuvent être remises en cause par les voies de recours.

Dupond-Moretti, l'un des avocats des acquittés, a régulièrement dénoncé le corporatisme protecteur de la magistrature : « C'est la justice qui juge la justice. » Devenu garde des Sceaux, il s'est engagé à corriger le tir. À suivre.

Cette sanction *a minima* aurait dû être l'épilogue de l'affaire. Il n'en fut rien. La justice continue à se prendre les pieds dans le tapis. Un des membres de la commission de discipline du CSM a omis de révéler qu'il est intervenu dans le dossier "Outreau" à l'époque où lui-même était magistrat à la Cour d'appel de Douai. Fâcheux que personne ne se soit inquiété au préalable de ce malheureux hasard.

En mai 2015, 10 ans après son acquittement à Paris, Daniel Legrand fils[28] est contraint de prendre le chemin de la cour d'assises d'Ille-et-Vilaine. C'est son 3e procès dans cette affaire. Le jeune homme, qui est dépressif et sous traitement médical, reconnu inapte à travailler, est victime d'une absurdité juridique. On ne sait s'il faut parler de bavure, d'oubli, de mauvaise admi-nistration judiciaire. Acquitté pour les faits de viols et d'agressions sur mineurs de moins de 15 ans en réunion alors qu'il était majeur, Daniel Legrand fils doit répondre à Rennes des mêmes faits quand il était mineur. Il encourt 20 ans de réclusion criminelle[29].

« Le problème de ce procès, c'est qu'il a lieu », déclare le président des assises, Philippe Dary, à l'ouverture de ce 3e procès, authentique ovni judiciaire. La justice est prise à son propre piège. Ce dossier poussiéreux, non seulement n'a pas été joint à celui de Saint-Omer, mais il a été oublié dans les labyrinthes

28. Son père Daniel Legrand, également poursuivi dans le dossier, avait été acquitté en 2004 lors du premier procès à Saint-Omer.
29. Condamné à un an de prison à Saint-Omer, il a effectué 30 mois de détention.

de la procédure. Le 5 juin 2015, en début d'après-midi, Daniel Legrand fils est à nouveau acquitté sous les applaudissements de son comité de soutien. Dans le même temps, un petit groupe de militants l'insulte et le traite de violeur. C'est le côté sombre et malsain de l'affaire "Outreau". Malgré la déferlante d'acquittement, certains, à commencer par des avocats des parties civiles ou des experts, font courir le venin du soupçon en mettant en doute l'innocence des acquittés[30]. Se livrant ainsi, selon l'expression de plusieurs avocats de la défense, à un « révisionnisme judiciaire ».

Au sens juridique du terme, l'affaire "Outreau" n'est pas une erreur judiciaire. Certains, par provocation ou aveuglement, n'hésitent pas à avancer que la justice a bien fonctionné puisque des accusés ont été acquittés à l'issue de 2 procès. Erreur judiciaire ? Non. Fiasco ? Sans aucun doute. Peut-on se satisfaire d'une instruction qui s'avère être un mille-feuilles d'erreurs ? Un accusé a été incarcéré pour avoir violé un enfant qui n'existait pas. Un autre a été mis en examen sans que soit précisée, dans le dossier, une période durant laquelle les faits auraient été commis. Un dernier, ouvrier modèle, a été qualifié, à tort, de chef d'un réseau pédophile international, propriétaire de plusieurs sex-shops aux Pays-Bas. Enfin, l'album de photos présenté aux enfants ne comportait que des mises en cause de la procédure[31]. À aucun moment, le magistrat ne les a mis face à leurs contradictions, n'a multiplié les confrontations.

Le juge Burgaud est le maillon le plus visible de la faillite judiciaire. « Le bouc émissaire », diront certains. Ce dossier est passé dans les mains de nombreux magistrats. Les soupapes de

30. Plusieurs à Rennes ont plaidé la culpabilité de Daniel Legrand fils et réclamé sa condamnation.
31. Comme lors d'une séance d'identification, appelé "tapissage", les policiers ou les juges présentent un suspect au milieu d'autres individus étrangers à la procédure.

sécurité n'ont pas fonctionné. Aucune remise en cause de son instruction n'est intervenue. Les juges d'appel[32] ont majoritairement validé les décisions de Fabrice Burgaud. Si ce dernier est responsable des mises en examen, les incarcérations ont été décidées par un autre magistrat, le juge de la liberté et de la détention (JLD). Il y a en France, une culture du procès, de ce moment parfois magique où tout est remis à plat, publiquement, au grand jour. Le silence des magistrats a contribué à la propagation de contre-vérités. Totalement oubliés dans la mise en cause de la chaîne pénale, les policiers ont fait preuve, dès les gardes à vue, de méthodes de déstabilisation. Chantage à la libération, religion de l'aveu, pression morale et psychologique. Ils ont conforté le juge dans ses certitudes de démanteler un réseau.

Un homme courtois, de bonne éducation, mais totalement dépourvu de la faculté d'émettre des sentiments. C'est le souvenir que je garde de nos quelques rencontres. Fidèle à l'image publique qu'il donnait, il y avait toujours, de la part du juge Burgaud, la volonté d'afficher une assurance tranquille vis-à-vis de son instruction. Tant sur la forme que sur le fond.

Devant la commission d'enquête parlementaire, des magistrats ont dénoncé la pression médiatique à laquelle ils n'ont pas su résister. « Vous contrariez le travail de la justice », lança le député Georges Fenech[33] aux journalistes. Étonnant de la part de magistrats qui revendiquent leur indépendance mais se reconnaissent influençables.

"Outreau" a démontré le risque de confier une pareille affaire criminelle à un juge non expérimenté. Une carrière de magistrat

32. La chambre de l'instruction, précédemment appelée "chambre d'accusation", valide en grande majorité le travail des premiers juges.
33. Lui-même ancien juge d'instruction.

peut-elle débuter par la fonction de juge d'instruction ? Un excellent technicien de la procédure pénale est-il forcément un bon praticien ? Au lendemain de l'affaire, l'ENM dit en avoir tiré les enseignements. L'étude de leur profil psychologique est désormais un élément pris en compte lors du concours de sortie. Les aînés rappellent aux futurs magistrats que cette profession nécessite de l'humilité et une capacité à douter.

En matière de pédophilie, la parole de l'enfant était sacralisée, considérée comme parole d'évangile. Le scandale a mis en lumière les failles de l'expertise psychologique. Les aveux des adultes ajoutés aux certitudes des experts ont favorisé l'emballement de la machine judiciaire. Les experts ont pris, au pied de la lettre, les propos parfois délirants de jeunes mineurs. Désormais, le mot « crédibilité » est rayé du vocabulaire des experts. Mais la réforme d'envergure de l'après Outreau reste inachevée. L'émotion et la compassion ont laissé la place à l'oubli.

Comme pour la justice, aucun filtre n'a fonctionné dans la presse[34]. Comme dans l'affaire "Grégory", le dossier "Outreau" est un dérapage collectif. Manque de recul et de précaution ont prévalu[34]. Vis-à-vis de ces victimes d'un rouleau compresseur judiciaire, les journalistes ont tenté de se racheter en rendant publique leurs innocences. La presse leur a donné la parole, rappelant sans cesse leur statut d'acquittés. Une réhabilitation médiatique. C'était le moins que l'on puisse faire.

34. Entendu, comme d'autres journalistes, le 118e, le 15 mars 2006, j'ai déclaré au nom de *France 2* : « Nous nous sommes efforcés de concilier notre souci d'informer et le respect de la présomption d'innocence. Comme nos confrères, nous avons commis des inexactitudes, des maladresses, des fautes et des erreurs. Il n'est pas question de les nier ou de les minimiser. [...] Nous n'avons jamais révélé les noms des accusés sauf lorsque certains d'entre eux ont accepté de témoigner face caméra. Jusqu'à présent, leurs images étaient floutées. »
35. La presse n'est pas assujettie au secret de l'instruction. En revanche, nous pouvons être poursuivis pour recel de l'instruction. Autrement dit la publication d'une pièce de procédure.

# Innocenté mais condamné à ne pas être indemnisé : le cas Rida Daalouche

Le 29 mai 1991, Marseille est en fête. L'OM rencontre l'Étoile rouge de Belgrade pour la finale de la Coupe d'Europe. Le match a lieu en Italie, mais le cœur de presque tous les Marseillais vibre pour leur équipe. Pourtant, dans un bar de Marseille, une rixe éclate entre 2 hommes. Le sport n'a rien à voir. C'est un règlement de comptes entre petits trafiquants de drogue. Un jeune revendeur de stupéfiants, Abdelali G., 26 ans, est tué, victime des nombreux coups de tessons qui lui ont été portés par un autre jeune homme qui a réussi à prendre la fuite.

Quelque temps plus tard, un jeune toxicomane est arrêté. Il a été dénoncé. Placé en garde à vue, il donne un faux alibi. Il s'appelle Rida Daalouche. Jugé en 2 jours par la cour d'assises des Bouches-du-Rhône, ce Tunisien de 35 ans est condamné à 14 ans de réclusion criminelle en avril 1994.

Convaincus de son innocence, les membres de sa famille continuent à mener leur enquête, principalement en se plongeant dans les documents privés du condamné. Chose qui n'avait pas été faite lors de l'instruction. Me Monneret, l'avocat du condamné, hallucine lorsque la sœur de Rida Daalouche lui apporte un certificat d'hospitalisation qu'elle a découvert. À l'époque des faits, le condamné était en cure de désintoxication dans un établissement psychiatrique marseillais. Rida Daalouche avait donc un alibi, inconnu des premiers jurés d'Aix. Un élément nouveau qui lui permet d'intenter une requête en révision.

Il est rare que la justice reconnaisse ses erreurs. Le nombre d'erreurs judiciaires officiellement admises par l'institution ne dépasse pas la dizaine depuis 1945. Avant que l'appel en matière criminelle ne soit possible, il n'y avait que le pourvoi en cassation et la requête en révision pour essayer d'obtenir un nouveau procès. Avant 1989, pour rouvrir un dossier jugé, il fallait apporter la preuve d'un élément nouveau inconnu des premiers juges. Après 1989, la justice s'est assouplie. En apparence. Il faut désormais un fait de nature à générer un doute. Mais les dossiers très médiatisés des affaires Seznec, Mis et Thiennot, Dominici, de la "Josacine empoisonnée", d'Omar Raddad et de Dany Leprince ont chaque fois été voués à l'échec.

Dans l'affaire de Rida Daalouche, c'est l'alibi du condamné qui est à l'origine du doute qui habite les magistrats chargés de se pencher sur la requête en révision. Pourtant, ces derniers ont un doute sur le doute. « Il n'est pas exclu, écrivent les juges, que l'accusé ait eu le temps de rejoindre le lieu du crime. » Deux pas en avant. Un pas en arrière. Dans un premier temps, la justice ordonne la remise en liberté de Rida Daalouche puis annule sa condamnation. Dans un second temps, celui-ci est rejugé par une autre cour d'assises, celle de l'Hérault. La Cour de révision demande aux jurés de Montpellier de dire si ceux d'Aix se sont trompés. Seulement, le second procès arrive en mai 1999, 8 ans après les faits. Les souvenirs des témoins sont brumeux.

Pas question de jurer que le jeune Tunisien était bien hospitalisé au moment où le crime a été commis dans le bar, même si celui-ci est assez éloigné de l'endroit où l'accusé était susceptible d'être hospitalisé. Résultat, l'avocat général abandonne l'accusation. Le doute profite à l'accusé. Rida Daalouche est acquitté. Après avoir demandé et obtenu la révision du procès, Me Monneret encourage son client à intenter une procédure afin d'être indemnisé de la détention provisoire effectuée. Plus de 5 ans et 3 mois pour rien.

Rida Daalouche est aujourd'hui rentré dans l'histoire judiciaire contre son gré. Car il reste la victime d'une erreur judiciaire, qui n'a jamais été indemnisée par une justice qui s'est pourtant trompée. Le jeune Tunisien a touché zéro euro de dommages et intérêts. Raison invoquée par les magistrats de la commission nationale d'indemnisation : il a induit la justice en erreur en ne fournissant pas son alibi dès le début de l'enquête. On l'a vu, la révision des condamnations pénales n'est pas la pratique la plus courante de la justice. L'indemnisation des détentions abusives est un autre combat impossible du justiciable injustement incarcéré. Le calcul de celle-ci se fait au regard du nombre de jours passés derrière les barreaux mais surtout au regard du préjudice matériel et moral subi par l'acquitté.

Il est donc très hasardeux de se livrer à une comparaison entre différents dossiers d'indemnisation. 2 des affaires que j'ai eu à couvrir pour Antenne 2 ont fait figure, un moment, de sommes record dans ce domaine.

Jean Chouraqui, acquitté dans le dossier dit de “la guerre des cliniques” à Marseille, a obtenu 600 000 francs (plus de 91 000 €) en avril 1997. Propriétaire de plusieurs cliniques privées, il a effectué plus de 2 ans et 4 mois de détention provisoire alors qu'on l'accusait d'avoir commandité la mort d'un collègue, Léonce Mout, dans le but de récupérer ses cliniques marseillaises.

En décembre 2000, c'est à un ancien administrateur judiciaire de Nanterre de crever le plafond des indemnisations. Jean-Pierre Adam m'avait raconté ces 12 ans d'une vie broyée par la justice. « Je ne pense qu'à ça. » Une carrière irréprochable jusqu'en décembre 1994. Tout s'écroule suite à une plainte de son associée et du concubin de cette dernière[1]. Selon eux, M<sup>e</sup> Adam aurait sollicité des pots-de-vin et corrompu un confrère. Le juge d'instruction le met en examen pour corruption active et passive, escroquerie, faux et usage de faux. Incarcéré, il est obligé de vendre son étude. « 40 ans de vie professionnelle anéantis en un instant. » 5 mois et 25 jours plus tard, il est remis en liberté, sous contrôle judiciaire. La justice lui interdit d'exercer à nouveau. Une mort professionnelle.

En 1997, Jean-Pierre Adam est condamné à 2 ans et demi de prison dont 15 mois avec sursis, 200 000 francs (30 400 €) d'amende et à verser 1,4 million de francs (plus de 210 000 €) de dommages et intérêts à un industriel suisse. Une lourde condamnation que la cour d'appel de Versailles réduit à un an et 3 mois fermes l'année suivante, avant que, le 30 juin 1999, la Cour de cassation annule la condamnation, constatant que les faits sont prescrits. Un an et demi avant que Jean-Pierre Adam ne prenne sa retraite.

5 ans après l'avoir cloué au pilori, la justice le blanchit. Entretemps, il a tout perdu. La justice a tenté de se racheter en lui allouant la somme, record à l'époque, d'1,5 million de francs, près de 230 000 €. L'homme a fait appel aux plus grands ténors du barreau : Henri Leclerc, Philippe Lemaire, Jean-Marc Varaut, Jean-Yves le Borgne... Avec eux, il a lancé, au cours de ces années

1. La plainte était une machination dont le but principal était de récupérer l'étude et la clientèle de M<sup>e</sup> Adam. Si l'ancienne collaboratrice a été relaxée, son concubin, inspecteur général des finances, a été condamné à 10 mois de prison avec sursis.

de combat, une centaine de procédures pour prouver son innocence, puis pour obtenir réparation.

Quand je le rencontre, l'homme en a encore gros sur le cœur. Depuis 6 ans, il se bat pour que la justice aille plus loin dans la reconnaissance de ses erreurs. En vain. « Les juges sont inattaquables », me dit-il. En 2004, il est débouté d'une plainte contre l'État pour faute lourde. On lui rétorquera qu'il a été blanchi et indemnisé. « Les décisions rendues, tant par le tribunal correctionnel de Nanterre que la cour d'appel de Versailles, démontrent qu'il a été procédé à un examen approfondi et impartial du dossier », écrivent les juges du tribunal de grande instance de Paris, saisis de la plainte. Circulez, y'a rien à voir !

On l'a compris, la justice reconnaît du bout des lèvres avoir commis une erreur judiciaire. Juridiquement, on ne peut attribuer ce terme qu'aux affaires qui ont fait l'objet d'un acquittement après une révision. Une dizaine depuis la Libération. Un dossier qui se solde par un acquittement au premier ou au second procès après des années d'une instruction à charge n'est pas considéré par la justice comme une erreur judiciaire.

Erreur judiciaire ou pas, le principe de l'indemnisation de la détention abusive reste valable. On indemnise la détention, pas la garde à vue. Les juges tiennent compte du préjudice matériel et moral. Cela peut aller de 40 à 300 € par jour. Ainsi Patrick Dils, acquitté en appel par la cour d'assises de Lyon en 2002, après un 3e procès, a été indemnisé à hauteur d'un million d'euros pour les 15 années de détention. Loïc Sécher, accusé de viols et agressions sexuelles par Émilie, alors âgée de 14 ans, qui s'est ensuite rétractée, a été acquitté en juin 2011, et a obtenu 800 000 € de dédommagement. Pour 2 655 jours de prison. Il avait été condamné à 16 ans de réclusion criminelle.

Comme évoqué précédemment, le montant des indemnités versées aux acquittés d'Outreau n'a jamais été révélé, les victimes de ce séisme judiciaire ayant dû signer une clause de confidentialité. On sait seulement que l'une des acquittées a été indemnisée alors qu'elle n'avait pas été incarcérée durant l'instruction. Le fait que le juge l'avait séparée de sa fille en lui retirant la garde avait été pris en compte. À juste titre. Désormais c'est la cour d'appel qui statue sur cette question. La commission nationale d'indemnisation de la détention provisoire n'intervenant qu'en cas de recours du demandeur ou du parquet.

# L'AFFAIRE "TARNAC" OU QUAND LA JUSTICE DÉRAILLE

Ils sont 8 assis sur le banc des prévenus. En ce 13 mars 2018, le procès s'ouvre enfin après 10 ans de procédure. La salle des criées – où ont eu lieu des procès aussi retentissants que celui des "Écoutes de l'Élysée", des marchés publics d'Île-de-France, de la catastrophe écologique de l'*Erika*, de Jérôme Cahuzac... – a été réquisitionnée pour ce procès qui sera, selon M^e^ Jérémy Assous, l'avocat du principal prévenu, celui de la Justice. Dans quelques semaines, le tribunal de grande instance de Paris doit quitter les lieux pour rejoindre le nouveau tribunal dans le quartier des Batignolles. La justice parisienne tourne une page en même temps qu'elle veut se débarrasser de cette affaire-sparadrap. Les prévenus ont entre 32 et 44 ans mais ils présentent tous un visage d'adolescent. La salle d'audience en demi-cercle s'apparente à un amphithéâtre. À une différence près que, pendant les 3 semaines d'audience, ce sont les prévenus et leurs avocats qui vont faire la leçon aux magistrats. Les 5 hommes et les 3 jeunes femmes affichent une décontraction assez rare. Le sourire est collectif. Légèrement goguenard. Tous les 8 sont irrévérencieux mais affreusement banals. Ostensiblement, la plupart d'entre eux regardent les bancs de la presse. Sans complaisance. Ils nous dévisagent, nous narguent, nous jugent. Alors que le tribunal n'a pas encore fait son entrée, l'un d'eux nous prend en photo. Son tableau de chasse du jour. Leur affaire alimente la chronique depuis une décennie. Ils considèrent avoir été condamnés médiatiquement. Nous sommes dans leur point de mire. Les autres places de la salle des criées sont occupées par une quarantaine de leurs soutiens. Nombreux sont ceux qui n'ont pas pu pénétrer. Nous les entendons scander dans la salle des pas perdus : « Laissez-nous entrer ! Laissez-les sortir ! » Lunettes rondes, le regard incisif, Julien Coupat, gérant d'une SCI, n'a rien d'un terroriste en herbe. Issu d'une famille aisée, il s'est lancé successivement dans des études de commerce puis de sciences sociales, avant d'ouvrir une communauté rurale au centre de la France. Il est fiché par les renseignements généraux en 1998, mais son casier judiciaire est vierge. Une semaine avant le procès, il a accordé une interview à « Envoyé Spécial » sur *France 2*, durant laquelle il a déclaré : « Il fallait que cette procédure, qui avait commencé en fanfare, finisse par un procès. Ça ne pouvait pas donner un non-lieu. C'est une question d'honneur de l'institution. »

Dans la matinée du 8 novembre 2008, un TGV reliant Paris à Strasbourg subit un léger dommage à la hauteur de Coulombs-en-Valois (Seine-et-Marne). Des agents se rendent sur place et constatent, en fin de matinée, la présence d'une pièce usinée, sorte de crochet métallique en U, sur un caténaire. La SNCF parle d'un acte de vandalisme ayant entraîné des dégâts pour la compagnie ferroviaire mais sans risque pour les passagers des trains à grande vitesse, un déraillement étant jugé incertain. Selon toute probabilité, l'engin a été déposé entre le passage du dernier train la veille et celui du premier train le lendemain. Soit entre 22 h 03 et 5 h 12. L'affaire est confiée dans un premier temps au parquet de Meaux, territorialement compétent.

Des incidents de même nature ont eu lieu le même jour, à peu près aux mêmes horaires, sur les communes de Rully et de Montagne-Sainte-Félicité (Oise) sur la ligne TGV reliant la capitale à Lille, et près de Pasilly (Yonne) sur la ligne Lyon-Paris. Même crochet artisanal, même dégradation des caténaires. Des dommages qui ont entraîné des retards conséquents dans la circulation de plus de 150 trains. Les parquets de Senlis et d'Auxerre sont à leur tour saisis de ces faits. De leur côté, la SNCF et le Réseau ferré de France (RFF) portent plainte auprès du procureur de la République de Paris. Des rapprochements sont alors faits avec des dégradations similaires constatées le 26 octobre précédent sur la ligne à grande vitesse (LGV) dans le sens Strasbourg-Paris. À chaque fois, le crochet en U a été posé dans la nuit. Un quotidien allemand, *Berliner Zeitung*, reçoit 2 jours plus tard une lettre de revendication postée à Hanovre (Allemagne). Les auteurs y évoquent les actes commis sur les lignes ferroviaires françaises mais aussi germaniques. Ils protestent contre la circulation d'un train parti de La Hague dans le Cotentin vers l'Allemagne, rempli de déchets radioactifs.

La section antiterroriste du parquet de Paris, qui a déjà un couple dans le collimateur, se saisit de ces différentes dégradations. Depuis 6 mois, la sous-direction antiterroriste de la direction centrale de la Police judiciaire (SDAT) a en ligne de mire Julien Coupat et Yildune Levy, qui appartiennent à la mouvance "anarcho-autonome", mouvance politique de tendance libertaire. Le signalement provient de la direction centrale du Renseignement intérieur (DCRI) qui évoque un groupe « entretenant des relations conspiratrices à l'étranger et projetant de commettre des actions violentes dans le but de troubler l'ordre public ». Le service de renseignement français a lui-même été averti par le FBI qui a repéré le couple lors d'une manifestation antimilitariste à New York, et pour avoir franchi illégalement la frontière américano-canadienne. Sous surveillance policière depuis avril 2008, ils auraient été vus près d'un pont ferré à proximité de Dhuisy (Seine-et-Marne) dans la nuit du 7 au 8 novembre. Soit lors de l'un des sabotages.

Le 11 novembre, plusieurs interpellations et perquisitions sont menées à Rouen, à Limoges, dans la région parisienne, dans la Meuse et à Tarnac (Corrèze). Plusieurs de ces jeunes proches de l'ultragauche animent un café-épicerie. Tarnac devient célèbre malgré elle et est désormais attachée à une affaire judiciaire retentissante. Les 330 habitants de ce petit village au nord du département voient débarquer une armada de policiers cagoulés et de journalistes alertés par leurs sources. Les arrestations sont médiatisées. La justice vient de démanteler un réseau terroriste en plein centre de la France : 10 personnes sont placées en garde à vue, parmi lesquelles Julien Coupat, déjà entendu dans le cadre d'une enquête préliminaire ouverte en avril dernier. Montrant une hostilité manifeste et un mépris flagrant à l'égard des enquêteurs, il refuse de répondre aux questions, de signer le procès-verbal et de se soumettre au prélèvement ADN, à celui des empreintes digitales et à la prise de photographies anthropomorphiques, passage obligé dans une telle procédure. Par précaution, le jeune homme prend bien soin de ne laisser aucune empreinte sur tous les objets qu'il est amené à toucher au cours de sa garde à vue de 96 heures, soit 4 jours, puisque nous sommes désormais dans un dossier que les juges qualifient de terrorisme. 10 sont mis en examen par le juge Thierry Fragoli, co-saisi du dossier avec Yves Jannier[1], ancien procureur, et

1. Avocat général du procès en appel d'Outreau.

Edmond Bruneau, Julien Coupat en tête. À 34 ans, il est visé des chefs de direction ou organisation d'une association de malfaiteurs en vue de la préparation d'actes de terrorisme, dégradation de matériel et refus de se soumettre à un prélèvement biologique. Si ses 9 compères sont poursuivis pour des délits, c'est en revanche un crime qui lui est reproché. Si l'instruction va à son terme, le procès aura lieu devant une cour d'assises spéciale, uniquement composée de magistrats professionnels. Celui qui est à la tête de cette « cellule invisible qui avait pour objet la lutte armée », selon l'expression du procureur de Paris, Jean-Claude Marin, encourt 20 ans de réclusion criminelle ; 5 des mis en examen sont incarcérés le soir même. Les 4 autres sont placés sous contrôle judiciaire. Ils ont interdiction de se rencontrer, de sortir du territoire, et sont assignés à résidence.

Dès le mois de novembre 2008, les avocats s'insurgent de la qualification "terroriste", répètent à l'envi que les éléments à charge sont inexistants et qu'il s'agit d'un dossier monté de toutes pièces par la section antiterroriste du parquet. Le dossier "Tarnac" est désormais autant un casse-tête juridique qu'une affaire politique. Michèle Alliot-Marie, ministre de l'Intérieur, se précipite pour se féliciter de ce coup de filet dans les milieux de l'ultragauche, un « ennemi intérieur » alors que, selon elle, se profilent les « risques de résurgence violente de l'extrême gauche radicale [...] Ces gens ont voulu s'attaquer à la SNCF car c'est un symbole de l'État ». Ces terroristes présumés sont remis en liberté dans les 6 mois qui suivent leurs arrestations, 3 en décembre. La compagne de Coupat est libérée en janvier tandis que le "cerveau" sort le 28 mai de la prison de la Santé par la porte opposée à l'entrée principale. Par 4 fois, utilisant la procédure du référé-liberté, le parquet a bloqué les précédentes sorties décidées par les juges. Pour échapper aux caméras et photographes, le jeune homme a pris place dans le coffre du break Peugeot de sa mère. Il doit pointer une fois par semaine dans un commissariat, demeurer dans la région parisienne, remettre ses papiers d'identité au juge, s'abstenir de voir les autres mis en examen et les témoins. Enfin, il doit verser une caution de 16 000 €. Si les mises en examen restent toujours effectives, la libération sous contrôle judiciaire des 5 accusés sonne comme une faiblesse de l'instruction. Rare, pour ne pas dire exceptionnel, que des personnes poursuivies pour actes terroristes bénéficient d'une levée d'écrou en début de procédure.

André Vallini, monsieur Justice du parti socialiste, ancien président de la commission d'enquête parlementaire sur le séisme judiciaire d'Outreau, prend fait et cause pour la défense, considérant que « la justice, et le pouvoir qui a tenté de l'instrumentaliser, s'acheminent ensemble vers un fiasco politicojudiciaire ». Le député Arnaud Montebourg, avocat de formation, demande la démission du ministre de l'Intérieur. Quant à l'ancienne magistrate reconvertie chez les Verts, Eva Joly, elle met en cause son ancien collègue. De son côté, François Fillon, Premier ministre, assure que « la procédure a été respectée. [...] Il y aura un procès, on saura à ce moment-là la vérité ».

Le 25 novembre 2009, dans les locaux de l'Assemblée nationale, les avocats de la défense organisent une conférence de presse. André Vallini, député socialiste, et Noël Mamère, député des Verts, sont à leurs côtés. Tous mettent en cause l'instruction à charge. « On est au-delà de la déloyauté, on est dans le soupçon de la falsification, de la fabrication de preuves », déclare Me William Bourdon. Pour la défense, un agriculteur, entendu sous le statut de témoin « sous X[2] », a subi des pressions des policiers pour faire une déclaration à charge contre le principal accusé. Selon ce dernier, étiqueté dans la procédure T42, « Coupat n'a jamais caché qu'il faisait peu de cas de la vie humaine et qu'il avait pour objectif final le renversement de l'État ». Réentendu, il contestera avoir tenu ces propos et les juges considéreront le témoin peu fiable et peu crédible. 20 jours plus tard, les contrôles judiciaires sont considérablement allégés. Seule l'interdiction de se rencontrer est maintenue. Une obligation que les mis en cause se promettent de ne pas respecter, décidant de rejoindre, pour la plupart, leur village d'attache de Tarnac. À aucun moment, la justice ne cherche à reprocher aux mis en cause ce non-respect du contrôle judiciaire. 2 ans après les interpellations, la cour d'appel de Paris valide l'enquête des juges antiterroristes. Non seulement elle ne prend pas en compte les arguments de la défense mais elle rejette l'ensemble des demandes des avocats. À commencer par une reconstitution sur les lieux où le couple aurait été vu la veille d'un sabotage.

Au printemps 2012, le juge Fragoli demande à passer la main. Ses 2 collègues sont déjà partis pour d'autres postes. Le magistrat est mis en cause par les avocats des accusés qui envisagent de lancer contre lui une requête en récusation. L'enquête, qui était partie à grande vitesse, avance désormais à l'allure d'un omnibus. Au début du mois d'août 2015, les nouveaux juges, Jeanne Duye et Christophe Tessier, signent leur ordonnance de renvoi. Non seulement ils accordent un non-lieu à 2 des 10 mis en examen, abandonnent 4 sabotages sur 5, ne considèrent plus Julien Coupat à la tête d'une association de

2. Le témoignage sous X peut être autorisé par un juge de la liberté et de la détention (JLD), si le témoin encourt un danger manifeste.

malfaiteurs, mais surtout ils requalifient les faits d'une manière spectaculaire. Ils abandonnent la qualification terroriste, considérant qu'il « convient de considérer qu'au-delà du préjudice évident occasionné, du trouble manifeste apporté à l'ordre public et du désagrément causé aux usagers, ces actions ne sauraient être considérées, malgré la rhétorique guerrière employée, comme étant des actions ayant à un moment ou à un autre, intimidé ou terrorisé [...] tout ou partie de la population ». Le parquet de Paris puis le parquet général actionnent tous les recours possibles pour faire rétablir la qualification terroriste. Devant la Cour de cassation, le parquet général, qui, contrairement aux autres parquets, ne dépend pas hiérarchiquement du ministère de la Justice, se démarque de ses collègues. « Dès lors, requiert le magistrat, sauf à faire basculer dans le terrorisme un très grand nombre d'actions violentes commises par des activistes se réclamant de la mouvance anarcho-autonome ou anarcho-situationiste, il ne nous paraît pas possible d'affirmer que l'existence de l'entreprise terroriste serait caractérisée uniquement par l'adhésion proclamée à une littérature révolutionnaire ». Le magistrat fait référence à un ouvrage signé par le Comité invisible intitulé *L'Insurrection qui vient*[3] que les enquêteurs s'obstinent à attribuer à Julien Coupat. Au début de l'année 2017, les hauts magistrats tranchent. On ne parle plus d'actes terroristes mais d'associations de malfaiteurs et de dégradation ou détérioration d'un bien appartenant à la SNCF et au réseau ferré de France. Ce n'est plus un crime mais un délit. Le procès aura donc lieu devant le tribunal correctionnel de Paris. Un dossier parmi tant d'autres. La peine encourue par Coupat et 3 autres prévenus est divisée par 4. Autrement dit 5 ans. Sabotage ne rime pas avec terrorisme. Accessoirement,

3. Paru en 2007, aux Éditions La Fabrique.

ce ne sont pas des bombes qui auraient été utilisées mais des barres métalliques sur des caténaires.

Dès le premier jour du procès, les prévenus obtiennent un transport sur les lieux. Les avocats veulent démontrer par A + B que les éléments détaillés dans un procès-verbal de surveillance D104, effectué dans la nuit précédant le sabotage près de Dhuisy, sont falsifiés. Les représentants du parquet, Olivier Christen et Nicolas Renucci, ne s'opposent pas à cette demande. Dès l'ouverture, le tribunal fait un geste d'apaisement vis-à-vis des prévenus. Dans la majorité des cas, les magistrats attendent que les débats aient bien progressé avant de se prononcer sur une telle requête. En revanche, l'appel des témoins se mue en appel des absents. Michèle Alliot-Marie, Jean-Claude Marin, François Molins, son successeur au parquet de Paris, et le préfet de police Michel Delpuech ont fait savoir que leur emploi du temps ne leur permettait pas de répondre favorablement à la demande de la défense. Quant à l'ancien directeur des renseignements intérieurs, Bernard Squarcini, et au président de la SNCF, Guillaume Pépy, ils font les morts. Courage, fuyons ! À chaque fois, les prévenus et leur fan-club se gaussent d'un grand « Oh ! » d'étonnement face à cette fuite collective. Devant cette brochette de témoins défaillants, le tribunal se contente de le noter sans aller jusqu'à les contraindre à venir à la barre. Quant aux policiers chargés de l'enquête, ils acceptent de témoigner, à condition d'être entendus anonymement en visio-conférence, derrière un rideau et avec la voix déformée. Désormais en poste en Polynésie, à plus de 15 000 km, le juge Fragnoli envoie une lettre-plaidoyer pour défendre son instruction et saluer le travail des policiers de la section antiterroriste. « Ceux qui refusent de venir aujourd'hui sont ceux qui se précipitaient pour se féliciter des interpellations », constate ironiquement M^e^ Jérémy Assous, qui défend la majorité des membres du groupe "Tarnac". Pendant que le tribunal règle les questions habituelles de procédure, les 8 prévenus discutent entre eux, rigolent. La présidente, Corinne Goetzmann, est forcée de rappeler à l'ordre Julien Coupat qui mange une barre aux céréales en pleine audience. « Est-il indispensable que vous preniez votre goûter à l'audience ? » Dans les jours qui suivent, la magistrate est amenée à rappeler à l'ordre prévenus et avocats tant l'audience vire parfois à la cour de récréation, où priment plus la dérision et l'arrogance que le débat contradictoire. « Le tribunal perd pied [...] La défense prend la main sur la présentation du dossier et ne laisse pas le temps de présenter les éléments. On ne va pas pouvoir aller au bout dans ces conditions », est son constat d'impuissance à la fin de la première semaine. Les prévenus, dans leur logique de faire le procès de la justice antiterroriste, d'être dans l'opposition systématique vis-à-vis des institutions, ne réalisent pas que le tribunal peut déjuger les précédents magistrats. Conséquence, sans être coachés par leurs conseils, ils affichent leur rejet pour l'institution judiciaire et ceux qui l'incarnent.

Preuve en est, le transport de justice effectué dans la nuit du 23 au 24 mars 2018. Un événement rare, exceptionnel, tant en cour d'assises[4] qu'en correctionnelle. Dans l'après-midi, le tribunal quitte le palais de justice de l'île de la Cité à Paris pour rejoindre la Seine-et-Marne. Les magistrats, les avocats, les prévenus ont pris place dans un bus escorté par des gendarmes. Plusieurs voitures suivent le convoi. Les médias sont pour la plupart déjà sur place. Il s'agit de refaire le parcours qu'auraient emprunté Julien Coupat et sa compagne, Yildune Lévy, dans la nuit du 7 au 8 novembre 2008. L'accusation se base sur le

4. Voir le chapitre consacré à l'affaire Cons-Boutboul.

procès-verbal coté D 104 retraçant la filature du couple par des policiers antiterroristes la nuit précédant un sabotage de la ligne TGV Paris-Strasbourg. Les 5 policiers en question sont présents. Cagoulés. Le tribunal a demandé que soient amenés sur les lieux une Mercedes semblable à celle du principal prévenu, ainsi que des tubes en PVC de 2 m qui auraient été utilisés pour poser les crochets en U sur les caténaires. Le tribunal se livre à une pseudo-reconstitution. Les tubes entrent-ils dans le véhicule ? Que pouvaient voir ou qu'auraient dû voir les policiers depuis leur planque avec une caméra thermique en pleine nuit ? Le contesté procès-verbal de surveillance de 7 pages D104 est, au fond, assez sommaire. Il est question de lieu, de Mercedes, de silhouette. Mais jamais de faits précis. À aucun moment les policiers n'ont vu un individu saboter la ligne TGV, jeter les tuyaux en PVC dans la Marne. Étonnant alors qu'ils soient supposés avoir été 17 en faction cette nuit-là. Aucun flagrant délit n'a pu être constaté. En outre, aucune téléphonie ne vient corroborer la présence du couple dans les parages. Pour la défense, ce PV est un faux qui a été confectionné après la découverte du sabotage de 8 novembre. Julien et Yildune, aujourd'hui séparés, reconnaissent seulement avoir été dans le secteur ce soir-là. D'avoir dîné dans une pizzeria à Trilport (Seine-et-Marne), puis d'avoir stoppé le véhicule sur la RD 23, à proximité de la voie ferrée, dans le but d'avoir un peu d'intimité avant de regagner Paris au petit matin. Troublant mais pas concluant. À 22 h 15, le tribunal lève le camp. Chacun reste sur ses positions, jugeant le transport de justice enrichissant pour sa propre démonstration.

Une enquête, même dans le domaine du terrorisme, se doit d'être irréprochable. Dans ce dossier, l'accusation s'est appuyée principalement sur la cote D 104 dont nous avons déjà souligné l'énorme fragilité quant à sa crédibilité. Mettre en avant une pièce est de bonne guerre. Mais ne pas tenir compte d'une autre qui remet en cause l'instruction est plus problématique. Cherchant où et quand Yildune Lévy avait pu acheter du matériel de bricolage pour le sabotage, les enquêteurs ont épluché ses relevés bancaires. Sans y trouver aucune preuve. C'est après 3 ans d'enquête que la défense a découvert un autre relevé de banque qui remet en cause l'emploi du temps du couple Coupat-Lévy dans la nuit du 7 au 8 novembre 2008. À 2 h 44 du matin, la jeune femme a retiré 40 € d'un distributeur dans le quartier Pigalle à Paris, afin de s'acheter des cigarettes. Un élément qui contredit le PV 104 pour qui le couple est alors proche du lieu de sabotage. Où personne ne les a vus.

Comme dans tout procès, les 3 juges qui composent le tribunal ne sont jamais intervenus au cours de l'instruction. Seul le président connaît le dossier pour l'avoir étudié dans sa totalité dans les semaines qui précèdent. Il en est autrement pour ceux qui représentent l'accusation. Dans certains cas, ils peuvent découvrir cette procédure lorsque cette affaire est audiencée. Parfois, le procureur présent au procès est celui qui suit le dossier depuis le début. C'est le cas d'Olivier Christen, l'un des 2 représentants de l'accusation. Le parquet de Paris ayant toujours soutenu la véracité des mises en cause et la qualification "terroriste" des actes reprochés aux principaux prévenus, Olivier Christen incarne l'ennemi, la "bête noire" du "groupe de Tarnac". Aux abords de la salle d'audience, les membres du comité de soutien portent sur le visage des masques à son effigie. Une mise en cause de l'institut mais aussi personnelle d'un magistrat que l'avocat principal de la défense, en outre, attaque nommément durant les débats. Du jamais vu qui illustre à merveille la colère et le peu de considération que les prévenus nourrissent contre les magistrats.

Ce qui devait être le signe d'un symbole fort de la lutte antiterroriste débouche sur des réquisitions de peines symboliques, dignes d'un vulgaire procès de droit commun. De 1000 € d'amende à 6 mois ferme. 4 ans dont 3 ans et demi assortis du sursis sont réclamés contre Julien Coupat. Nous sommes loin des 20 ans de réclusion criminelle prescrits 10 ans plus tôt et des 5 ans encourus au début du procès. 2 ans dont 22 mois avec sursis et 1 000 € d'amende sont requis contre son ex-compagne. Des peines qui couvrent les détentions provisoires. Non seulement le parquet ne demande pas le retour en prison des principaux prévenus, mais les magistrats concèdent que le dossier a fait "pschitt". « Il n'est pas exemplaire, disons-le. Mais il n'est pas indigne non plus [...] Le "groupe de Tarnac" n'existe pas, c'est une construction policière. »

Le 12 avril, le tribunal rend son jugement. Julien Coupat ne s'est pas déplacé, comme la plupart des prévenus. « C'est à l'image de leur comportement tout au long de l'audience », constate, agacée, la présidente. Yildune Lévy est présente. Avec 5 autres prévenus, ils sont relaxés pour le sabotage de la ligne TGV et l'association de malfaiteurs. Contre les 2 premiers, les juges ne retiennent que le refus du prélèvement biologique, mais les dispensent de peine. Le 8e prévenu est condamné à 4 mois avec sursis pour recel de vols. « Il ne faut jamais cesser de se battre contre toutes les machines à broyer », commente aussitôt la jeune femme. Les magistrats épinglent les méthodes "déloyales" de leurs collègues de l'antiterrorisme et soulignent le manque de preuves. « Le procès-verbal ne démontre pas que Julien Coupat et Yildune Lévy sont les auteurs des dégradations. » Sans se prononcer sur les interventions de certains politiques au moment des faits, le tribunal les renvoie dans les cordes. « Le groupe de Tarnac est une fiction. »

Un recel de vols et des refus de prélèvement biologique, c'est tout ce qui reste d'un dossier symbole de la lutte antiterroriste, devenu symbole des ratés de la justice antiterroriste. Un cas d'école. Les 10 prévenus n'étaient ni des terroristes, ni des malfaiteurs ni des saboteurs. Les 2 principaux mis en cause sont en droit de demander réparation pour leurs 6 et 2 mois de détention abusive. Ils ne l'ont pas fait. La relaxe quasi générale de cette affaire sonne comme une condamnation des services de l'antiterrorisme. À l'époque des faits reprochés au groupe, la France n'a pas encore connu la vague d'attentats perpétrés par Mohamed Merah à Toulouse et Montauban, ni ceux de 2015 à Paris. À l'issue de ces 10 années d'errance, on ne sait s'il faut qualifier cette procédure de fiasco, d' "Outreau du terrorisme" ou se féliciter que la justice ait fini par reconnaître son erreur. Sans pour autant faire son mea culpa. Sans pour autant présenter des excuses à ceux qu'elle a désignés du doigt comme des ennemis venus de l'intérieur, qu'elle a incarcérés et jetés en pâture à une presse manipulée. En a-t-elle tiré des leçons ? Oui, si l'on considère que ne pas faire appel pour le parquet était une évidence après une telle déconvenue. Continuer la procédure aurait été un acharnement compliqué à justifier. Il a fallu attendre 10 ans pour que la justice ouvre les yeux sur un dossier gonflé par un service de la police antiterroriste qui a voulu faire du zèle, un parquet qui n'a pas voulu désavouer sa hiérarchie, et des ministres qui ont privilégié la communication gouvernementale. Les prévenus ont eu la chance de tomber sur un tribunal et une présidente qui, en dehors de faire preuve d'indépendance, ont su prêter une oreille attentive aux arguments des avocats, et qui n'ont pas tenu compte de l'attitude désinvolte et parfois grossière de prévenus en guerre contre l'institution. Une autre formation de jugement aurait très bien pu faire le choix de jouer la carte de la solidarité et du corporatisme avec leurs collègues. Cela se voit parfois.

Depuis cette affaire, la justice a tenté de redorer son blason au cours des procès concernant les crimes revendiqués par Mohammed Merah, et plus récemment celui des attentats contre *Charlie hebdo*, de Montrouge et contre l'Hyper Cacher. Mais le dossier "Tarnac" n'est pas le premier loupé judiciaire en matière de terrorisme. En septembre 1998, nous prenons la direction de Fleury-Mérogis (Essonne), non pour nous rendre à la prison la plus importante de France. Mais pour y suivre un méga-procès qui exceptionnellement se déroule dans un gymnase. 138 personnes doivent y être jugées pour « association de malfaiteurs ayant pour objet de préparer un acte terroriste ». Les juges d'instruction, à commencer par celui qui a longtemps incarné l'antiterrorisme en France, Jean-Louis Bruguière, s'enorgueillissent d'avoir démantelé un puissant réseau islamiste. Les débats démontreront que le coup de filet était un coup d'épée dans l'eau. En janvier de l'année suivante, 51 prévenus sont relaxés du principal délit reproché, 31 bénéficient d'une relaxe totale. La plupart d'entre eux ont effectué plusieurs mois de détention provisoire. Preuve qu'en matière de terrorisme, la justice parfois récidive.

# CRIMES CONTRE L'HUMANITÉ : LE LONG CHEMIN DE LA JUSTICE

L'émotion est un droit imprescriptible. La peine est perpétuelle. La justice prévoit le droit à l'oubli et la prescription. Passé une certaine limite, votre douleur n'est plus du ressort des juges. Le délai écoulé ne fait pas disparaître la gravité des faits. Pour être crédible et équitable, la justice doit être permanente. Parfois l'oubli peut sonner comme une réhabilitation. Du crime contre l'humanité, André Frossard, journaliste académicien, donnait une définition qui, sans être juridique, a le mérite d'être claire : « C'est tuer quelqu'un pour le seul motif qu'il est né. » Définie dans le statut du tribunal militaire de Nuremberg d'août 1945, depuis son entrée dans notre droit en décembre 1964, la définition du crime contre l'humanité a été affinée par plusieurs arrêts.

Un crime de lèse-humanité qui a permis la comparution de Klaus Barbie en juin 1987 à Lyon. Juger des Français fut un autre combat. À chaque fois, les procédures furent lancées par des familles de victimes ou des rescapés. Jamais par le ministère public. Durant de longues années, les parties civiles se sont livrées à un interminable cache-cache judiciaire et juridique. Des dossiers traités comme des colis gênants. Des bombes à retardement. Le temps est souvent le meilleur allié des inculpés pour crimes contre l'humanité. Le dossier du milicien Paul Touvier a fait l'objet de 10 arrêts de cour d'appel et de 7 arrêts de cassation.

À un historien, François Mitterrand avait confié : « On ne peut pas vivre éternellement sur des souvenirs et des rancœurs. Quarante-cinq ans après, ce sont des vieillards. Il ne reste plus beaucoup de témoins, cela n'a guère de signification. »

Un demi-siècle plus tard, la France est contrainte de faire le procès de Vichy, rattrapée par un passé qui ne passe pas. Après-guerre, les procès de l'épuration n'ont pas effacé les traumatismes. De la Libération à 1951, plus de 124 000 personnes ont été jugées pour trahison ou de collaboration avec l'ennemi mais jamais pour les déportations. Dans ces procès, comme celui de Nuremberg, les parties civiles n'avaient pas leur place.

Les magistrats n'ont pas été épargnés par l'épuration. 10 % de la magistrature ont été exclus du corps, pour avoir été trop zélé, avoir appliqué la loi sans retenue ou pour avoir manifesté ouvertement son soutien au maréchal Pétain. À Paris, un seul magistrat, Paul Didier, a refusé de prêter serment à Pétain. Suspendu puis réintégré, il a poursuivi sa carrière sans gloire ni couronne. Il a fallu attendre novembre 1997, alors que se déroule le procès Papon, pour que des auditeurs de justice choisissent le nom de Paul Didier pour leur promotion à l'ENM.

Peut-on juger des actes commis à un autre siècle ? Hors du temps. « Je crains un procès qui se tiendra devant des jurés qui n'ont rien connu des exigences de l'époque », assène M^e^ Jean-Marc Varaut avant le procès de Maurice Papon. « Un historien n'est pas un témoin. Il parle par ouï-dire », soutiendra M^e^ Jacques Trémolet de Villers, le conseil de Paul Touvier. Consciencieux, méticuleux, les jurés assisteront à des audiences parfois interminables, répétitives, interrogeront les témoins, prendront des notes, conscients de la charge que cela représente et de leur responsabilité.

## Le crime de bureau de Maurice Papon

Le procès aurait dû s'achever depuis un mois. Nous sommes le 28 janvier 1998. La cour d'assises de Gironde examine le 6e convoi sur les 8 reprochés à Maurice Papon. L'ancien secrétaire général de la préfecture est jugé depuis le 8 octobre 1997 pour avoir participé à la déportation de 1 690 juifs dont 233 enfants, entre juin 1942 et août 1944. Dans la nuit du 20 au 21 décembre 1943, 134 personnes – dont 53 hommes, 55 femmes et 26 enfants âgés de 1 à 13 ans – ont été raflées, emmenées au camp de Mérignac avant d'être déportées le 30 décembre vers Drancy puis vers Auschwitz.

Fonctionnaire au service de l'État, bien noté quel que soit le régime, préfet en Corse, à Constantine, au Maroc, à Paris, Maurice Papon, homme fort du pouvoir gaullien, doit répondre de ses actes à la tête du service des questions juives à la préfecture de Bordeaux, entre 1942 et 1944, service qu'il qualifie de simple boîte aux lettres. « Je n'expédiais que les affaires courantes. Oui, j'avais du pouvoir mais pour limiter les dégâts », sera son axe de défense.

Comme il l'a fait depuis l'examen de ces convois de la mort, le président des assises, Jean-Louis Castagnède, nomme les victimes. Une sorte d'appel à la mort. Parmi elles, il cite les noms de Paulette et Georgette Benaïm, 13 et 16 ans, de Nouna Elbaz leur mère, épouse Benaïm, 48 ans, de nationalité marocaine. Une certaine routine s'étend, installée dans ce procès sans fin, personne ne prête attention à cette litanie macabre. L'audience est suspendue en fin d'après-midi, sans incident notoire.

Le coup de tonnerre arrive à 17 h 40 par la voie d'un communiqué signé de Me Arno Klarsfeld, l'un des avocats des parties civiles. L'avocat trublion, qui a déjà perturbé le procès Touvier, vient de lancer une petite bombe à l'extérieur du palais de justice de Bordeaux. Absent à l'audience de ce jour, officiellement pour souci de santé passager, il révèle des liens familiaux indirects entre le président des assises et une parente des victimes de ce 6e convoi. Le texte s'achève par cette phrase : « À notre connaissance, le président a évité de mentionner cette parenté. » Une mise en cause de son impartialité à peine voilée. Dans la soirée, chacun tente de reconstituer l'arbre généalogique. Le père, Saadia Benaïm, a été transféré de Mérignac à Drancy le 26 août 1943 et déporté. Esterina Benaïm, la sœur de Paulette et Georgette qui a échappé à la rafle, a épousé Jean-Pierre Castagnède, l'oncle du magistrat. Ce dernier est donc un parent par alliance de ces victimes. 2 membres de cette famille sont constituées parties civiles dans le procès Papon. L'une d'elles est une figure emblématique de ce dossier. Juliette Benzazon, 68 ans, brocanteuse à la retraite, est l'une des premières à avoir déposé plainte contre Maurice Papon en 1981. Cheveux argentés et bouclés, lunettes d'écaille, chaque jour cette femme joviale et souriante, qui a perdu 14 membres de sa famille durant l'Occupation, quitte son deux-pièces de la banlieue bordelaise, rempli de petits bibelots, pour rejoindre la salle d'audience et s'asseoir au second rang. Il y a 15 jours, elle s'est levée de sa chaise pour témoigner une première fois. « Je n'étais pas faite pour être déportée mais faite pour venir vous parler [...] J'ai eu 6 enfants, 14 petits-enfants et 2 arrières-petits-enfants. J'ai repeuplé la famille pour remplacer ceux qui nous ont été enlevés. » Ne se démontant pas, elle se tourne vers l'accusé : « Vous êtes sûrement une personnalité, mais vous ne l'avez pas mise du bon côté [...] je crois que je vous plains plus que je ne vous hais. »

Dans la soirée, le magistrat déclare « tomber des nues » et assure qu'il n'avait plus de contact avec cette branche familiale. La révélation du jeune avocat fait l'unanimité contre lui. Arno

Klarsfeld se met à dos tous ses confrères. Alors que le procès vire depuis plusieurs jours à l'indifférence générale et nage dans la confusion, tous les avocats apportent au président un soutien sans équivoque. Dans la nuit du mercredi au jeudi, le président, qui a du mal à trouver le sommeil, consulte. Il appelle sa hiérarchie à la cour d'appel, au ministère de la Justice. Mais si l'homme a reçu un coup de poignard dans le dos, à aucun moment il ne songe à raccrocher sa robe. Le lendemain à 11 heures, le président réunit tous les avocats dans son bureau. S'il se montre amer que l'on ait pu mettre en doute son impartialité, il balaye ces accusations, souhaite mettre fin à la polémique « juge et partie » et réitère son souhait de continuer à présider le procès. Il confiera plus tard que, si cette lointaine parenté avait été portée à sa connaissance avant l'ouverture des débats, il aurait refusé de le présider. Seulement, depuis le début de ce procès à multiples rebondissements, le magistrat a toujours affirmé que ce qui se passait hors des murs de la salle d'audience devait y rester.

Le jeudi 29 janvier, en début d'après-midi, nous assistons à un summum de l'hypocrisie. Comme si rien ne s'était passé. Le brouhaha reste à l'extérieur de la salle. Sur les marches, entre les colonnes du palais, dans la salle des pas perdus, on ne parle que du séisme de la veille, mais les répliques ne pénètrent pas dans le prétoire. Il y a d'un côté le procès Papon et, de l'autre, le procès d'intention fait au président. Lorsque ce dernier fait son entrée dans la salle avec ses assesseurs et ses jurés, il a sa tête des mauvais jours, décomposé. Il s'assoit. La voix est étranglée, pleine de lassitude. « Monsieur le procureur général, je vous donne la parole pour vos questions. » Le cœur n'y est pas. Tout le monde s'observe, tout le monde se tait, tout le monde a la tête ailleurs. Arno Klarsfeld, revenu sur les bancs de la partie civile, fait profil bas.

L'audience tourne court. Seul Papon semble imperturbable devant cette manœuvre de déstabilisation.

Après avoir reconstitué l'arbre généalogique, la presse cherche à remonter le fil. Comment cette information, inconnue jusque-là, a-t-elle atterri aux oreilles du fils Klarsfeld ? Esterina, la tante du président, est décédée mais sa fille Micheline Castagnède, qui vit à Anglet dans les Pyrénées-Atlantiques, décide d'assister à une audience. Hasard ou pas, elle obtient un badge pour le 28 janvier, le jour où le destin tragique de sa famille est abordé par la cour d'assises. Stupéfaite, elle entend le président prononcer les noms de sa mère et de ses tantes. Serge Klarsfeld n'assiste pas aux audiences. En coulisses, il assure l'organisation de la venue des familles de victimes. Alerté de la visite de la cousine germaine du président, il mène son enquête et organise une rencontre avec son fils Arno. En fin de journée, le communiqué met le feu aux poudres.

Qu'est-ce qui a motivé le clan Klarsfeld dans leur attaque frontale à la méthode discutable ? « Je veux être l'avocat de la vérité et de la mémoire », se défend le fils. Avocats de familles de déportés, le père et le fils accusent le magistrat d'être proche des plaignants. Plus grave, ils l'accusent de mentir et d'avoir caché volontairement son lien de parenté. « Le président ignorait cette parenté, comme Maurice Papon faisait semblant d'ignorer où partaient les enfants juifs déportés », déclare devant la presse le jeune Arno. Pour son père, « Jean-Louis Castagnède aurait dû "tilter" quand il a vu le nom de cette personne ». Pour eux, depuis début octobre, le juge s'est montré comme « un allié de la défense ». Choix de transparence et de stratégie aussi. Les Klarsfeld veulent prendre de vitesse les avocats de la défense qui peuvent utiliser cet incident dans un pourvoi en cassation. Étrangement, les Klarsfeld souhaitent le départ du président mais ne le demandent pas. Ils attendent que le magistrat se « déporte ». Si le terme juridique est adéquat, il est ici d'un goût douteux.

Si le président quitte le procès, il est remplacé par le plus gradé des 2 assesseurs. Certes, celui-ci a suivi les audiences depuis le début mais il ne connaît pas le dossier. Ce qui est un handicap énorme dans une affaire d'une telle envergure. Autre épée de Damoclès au-dessus de la cour d'assises, si Michèle Castagnède, la fille de l'oncle du président, décide de se constituer partie civile en plein procès, la position du magistrat devient plus périlleuse. Devant l'ampleur du cataclysme, la cousine du président s'abstient. Elle rentre à Anglet et ne mettra plus les pieds au procès.

Depuis de nombreuses semaines, les Klarsfeld sont partis en guerre contre le président. Jusqu'à cette attaque personnelle, les tensions, les incidents n'ont fait que se multiplier depuis octobre dernier. Tout commence au 3e jour du procès. Le 7 octobre 1997, Maurice Papon quitte son hôtel particulier de Gretz-Armainvilliers (Seine-et-Marne) où il est né 87 ans plus tôt. Il a fait ses adieux à son épouse Paulette, 88 ans, légèrement souffrante. Accompagné de ses 2 avocats, Mes Jean-Marc Varaut et Francis Vuillemin, il rejoint Bordeaux en TGV peu après 17 heures. Comble de l'ironie, il arrive à la gare Saint-Jean. Là même d'où sont partis les convois de déportés qui lui sont reprochés.

Ce jour-là, Papon passe de sa confortable demeure à une cellule individuelle de la prison de Gradignan (Gironde). Escorté comme un ministre. À son arrivée à l'établissement pénitentiaire, il est vigoureusement conspué, insulté par les détenus derrière les barreaux qui scandent : « Papon à mort ! » Inculpé depuis janvier 1983 de crimes contre l'humanité, l'ancien secrétaire général de la préfecture de la Gironde est incarcéré pour la première fois.

Le mercredi 8 octobre 1997, en début d'après-midi, Maurice Papon fait son entrée dans le box. Bien que le procès soit filmé pour l'Histoire, comme ceux de Barbie et de Touvier, l'accusé refuse que des prises de vues soient faites par les télévisions au début de la première audience. Les comptes rendus des chroniqueurs judiciaires ne seront illustrés que de dessins et des images tournées à l'extérieur du palais. Le procès marathon se déroule à quelques mètres du Fort du Hâ, transformé en prison politique pour les résistants durant l'occupation allemande[1].

Le procès de Maurice Papon est prévu jusqu'à la mi-décembre, avec des audiences seulement l'après-midi : 115 témoins sont attendus à la barre, 51 parties civiles se sont constituées. Plus de 25 avocats des victimes vont se confronter aux 3 conseils de l'accusé pendant les 11 semaines prévues. La présidence des assises est assurée par Jean-Louis Castagnède, 52 ans, habitué des assises. L'homme à la voix énergique est connu pour être précis dans ses questions, pour connaître parfaitement ses procédures. « Une main de fer dans un gant de velours. » Il a été choisi par la première présidence de la cour d'appel qui n'était pas submergée par les candidatures. Après un court temps de réflexion, le magistrat a accepté. Probablement rassuré par la présence des 2 assesseurs avec lesquels il s'entend parfaitement, un homme plutôt marqué, comme lui, au centre droit, et une femme, sympathisante du syndicat de la magistrature, marquée à gauche, 2 magistrats qui ont déjà présidé des procès criminels.

Plus de 150 journalistes sont accrédités. Quelques confrères de la presse étrangère viendront nous rejoindre lors des moments

1. Il se trouve désormais dans l'enceinte de l'ENM, l'École nationale de la magistrature, qui est voisine de la Cour d'appel et du tribunal de grande instance.

forts de l'audience. La majorité des membres de la presse suivent le procès dans une salle vidéo spécialement aménagée. À tour de rôle, nous aurons accès à la mezzanine qui surplombe la salle d'audience. Le projet d'une salle préfabriquée, comme ce fut le cas au procès Barbie dans la salle des pas perdus à Lyon, a été abandonné pour des raisons financières.

En ce début d'après-midi, nous voyons apparaître Maurice Papon derrière une vitre pare-balles. Tout au long de son procès, 6 policiers assurent sa sécurité, et 2 autres celle de son avocat principal. Lorsque M^e^ Varaut nous accorde des interviews aux suspensions d'audience, les policiers se tiennent à quelques centimètres de lui. Ambiance. Le président bénéficie également d'une surveillance policière.

Papon, costume sombre, cravate, décoration de la Légion d'honneur à la boutonnière, dossier à la main, s'asseoit dans le fauteuil mis à sa disposition. Méticuleusement, il nettoie ses lunettes. Devant lui, un bureau. Image étonnante, l'accusé retrouve ses gestes d'ancien ministre, d'ancien secrétaire général, de fonctionnaire consciencieux. Il dispose son dossier, ses feuilles de notes, son stylo. Papon est jugé pour un crime de bureau. Il se présente comme retraité. La voix est forte et bien affirmée. Un vieillard en apparence combatif que son avocat veut faire remettre en liberté. M^e^ Varaut met la cour au pied du mur. La cellule de Gradignan n'est pas médicalisée. Son client a subi un triple pontage en juillet 1996, et « il ne participera activement aux débats que s'il n'est pas incarcéré ». « Chantage ! » rétorque la partie adverse. Papon plaide sa mise en liberté durant 5 minutes. Redevenu le fonctionnaire, il déclare : « Toute ma vie, j'ai servi la loi. Je n'allais pas, à mon âge, commencer à la trahir, mais je demande l'égalité des armes. Je veux assurer ma défense physiquement, psychologiquement et moralement et ne pas subir le poids insupportable de la détention. » La justice ne voulant prendre aucun risque, elle diligente une expertise médicale qui préconise un placement en milieu hospitalier. En clair, Papon serait détenu mais à l'hôpital. Alors que la cour préfère se donner 24 heures de réflexion, Papon est hospitalisé dans la nuit du jeudi au vendredi. Le procès n'a pas commencé que le dossier médical de l'accusé prend le pas sur son dossier judiciaire. « Son état s'est aggravé », commente son avocat à la presse. « Hospitalisation à titre préventif », rectifie la justice.

Le vendredi 10 octobre, premier coup de tonnerre. La voix blanche, le président Castagnède annonce que Maurice Papon est remis en liberté. Entre le conseil des experts et la requête de la défense, la cour a choisi la seconde solution. Après 2 nuits en détention et une nuit à l'hôpital, Papon est un accusé libre.

« Attendu que la liberté demeure la règle et la détention l'exception, le grand âge de l'accusé, la grave altération de son état de santé, l'importance de la durée prévisible du procès... », écrivent les magistrats pour justifier leur décision, rappelant au passage qu'à aucun moment, durant les 16 ans de procédure, aucun membre du parquet général n'a requis un placement en détention provisoire. Du côté des parties civiles, c'est le coup de massue. Au milieu de ce brouhaha, M^e^ Arno Klarsfeld se lève et met son sac sur le dos.

« Nous nous retirons de ce procès qui perd son sens, vu que l'issue ne fait aucun doute même s'il est condamné.

— Je le regrette, vous confondez des notions qui n'ont rien à voir les unes avec les autres, réplique le président, visiblement perturbé.

— Vous avez pris la responsabilité de cette décision, maintenant vous devez l'assumer. »

L'avocat claque la porte. Plusieurs parties civiles lui emboîtent le pas. Le cœur n'y est plus. L'audience est écourtée. Papon ne retourne même pas à la prison pour la traditionnelle levée d'écrou. Tout a été organisé dans les coulisses. Les formalités se font dans les couloirs. L'accusé quitte le palais en voiture, escorté par des motards. Pour M^e^ Varaut, le procès peut enfin débuter dans des conditions satisfaisantes pour son client.

Quelques heures plus tard, c'est un Papon transformé qui est le point de mire des photographes. L'homme revigoré, accompagné de ses gardes du corps, fait quelques pas dans un ancien *Relais & Châteaux*, près de Margaux. Inconscience ou provocation, il pavane posant devant les objectifs. Il y passe sa première nuit de liberté retrouvée. Ce procès pour l'Histoire débute avec une image inattendue : Papon libre, menant la vie de château. Une résurrection qui passe mal chez les victimes et dans l'opinion publique. À tel point que l'homme devient indésirable. Le directeur de ce 3 étoiles, où la réservation a été faite sans donner le nom de Papon, reçoit pendant le week-end des appels anonymes l'insultant. Ses autres clients se plaignent de cette présence sulfureuse. Conséquence, Papon est prié de prendre ses repas dans sa chambre dans un premier temps, puis de quitter l'établissement. Les portes des autres hôtels de luxe se ferment à leur tour. Son avocat, par l'intermédiaire de la presse, passe une annonce : « Recherche maison isolée, 4 chambres minimum, possibilité de se restaurer. » Papon trouve finalement un point de chute à une vingtaine de kilomètres de Bordeaux de l'autre côté de la Garonne.

Le lundi de la 2^e^ semaine, tout le monde comprend que la donne du procès a changé. À commencer par M^e^ Arno Klarsfeld qui reprend sa place sur le banc de la partie civile, considérant préférable de dire à Papon ce qu'il n'a pas envie d'entendre, et de surveiller de près ce président en qui il n'a plus confiance. « Je dois prendre note que vous êtes de nouveau avec nous », souligne perfidement ce dernier. Papon a gagné une première victoire. Et de taille. En libérant Papon au 3ᵉ jour de son procès, la justice éloigne la date d'une éventuelle réincarcération. Même condamné à l'issue du procès, Papon restera libre. Il ne devra se constituer prisonnier que lors de l'examen de son pourvoi en cassation. Pour les victimes, celui qu'elles poursuivent depuis les révélations du *Canard Enchaîné* en mai 1981[2], celui qui est accusé de l'un des crimes les plus graves commis sous le régime de Vichy bénéficie à leurs yeux d'un régime de faveur.

Durant de nombreuses semaines, l'homme nous offre 2 visages. Celui d'un accusé à la mémoire infaillible mais sélective, se remémorant avec exactitude toutes les dates, les noms et les détails de sa carrière dans la préfectorale. Papon n'a rien oublié. Il apparaît vif d'esprit, ayant du répondant et le sens de la formule. « Je n'adhérais pas à Vichy. [...] Je n'étais qu'un porte-plume à la préfecture. [...] C'est la douleur qui domine mais j'ai une douleur personnelle, celle du bouc émissaire. » Papon dessinant le portrait d'un fonctionnaire zélé, orgueilleux, sûr de lui, se retranchant constamment derrière sa hiérarchie. Tant pour les faits durant l'Occupation que lors des événements d'Algérie, période durant laquelle, préfet de police[3] à Paris, il a eu à gérer les émeutes du 17 octobre 1961 et du 8 février 1962. « La police a fait son devoir » sera son seul commentaire. Papon a couvert les

2. Le 6 mai 1981, entre les 2 tours de l'élection présidentielle, l'hebdomadaire satirique, dans un article intitulé « Papon, aide de camp », met en cause le ministre du Budget. Secrétaire général à la préfecture de Gironde, il aurait facilité la déportation de 1690 juifs.
3. Nommé par le général de Gaulle, Papon a été préfet de police de Paris de mars 1958 à janvier 1967.

policiers. De Gaulle a couvert Papon. Un Papon combatif, déterminé mais souvent arrogant, hautain, méprisant, ayant parfois du mal à maîtriser ses nerfs et ses formulations. Trop enclin à jouer la carte de l'ignorance du simple fonctionnaire et à revêtir les habits du Juste. « Je n'ai cessé de porter dans mon cœur le deuil de nos compatriotes juifs [...] J'ai été un sauveur de juifs, un sauveur trop discret [...] Tout cela passait largement au-dessus de ma tête. Démissionner, c'était déserter. Entre les mains propres et les mains sales, j'ai préféré me salir les mains dans d'affreux drames. C'est pourquoi on retrouve ma signature sur des documents. Voilà comment j'ai laissé des traces qui m'amènent ici. » La voix étranglée, il s'indigne. « Je voudrais qu'on reconnaisse que, durant l'Occupation, je n'ai pas été promu. »

« Que saviez-vous de la solution finale ? interroge le président.

— Je n'en savais pas plus que les juifs eux-mêmes qui étaient victimes de ces transports. On pouvait se douter du sort cruel mais pas de la solution finale.

— Pourquoi s'être mis si vite au travail ? s'inquiète le magistrat.

— C'est le fonctionnaire qui fait son boulot », répond du tac au tac l'intéressé.

« Rien à se reprocher » est le fondement même de sa défense. Le sentiment du devoir accompli.

L'autre Papon est celui d'un homme qui fait glisser le procès de la chronique judiciaire vers la chronique médicale. Rares sont les procès aussi dépendants des bulletins de santé. Le 23 octobre 1997, il est hospitalisé en soins intensifs pour une bronchite infectieuse. La veille, il est apparu pâle, la voix essoufflée, pris de tremblements des mains. Le procès est suspendu une semaine. Les regards accusateurs se tournent vers la Cour et son président qui l'a remis en liberté, alors que les experts préconisaient une hospitalisation à titre préventif.

Nouvelle suspension à la mi-novembre de 3 semaines, à la demande des médecins du Samu. L'ancien ministre souffre d'une pleuro-pneumopathie récidivante. Le procès prend du retard. « La liberté n'a pas été la meilleure thérapie », lance perfidement Me Klarsfeld.

Le 4 décembre, Papon reprend sa place dans le box. Affaibli, diminué, tendant l'oreille, restant assis à côté d'un chauffage d'appoint installé à son intention dans le box[4]. La fatigue du vieil homme, qui garde son loden vert, est apparente. Il tousse. La voix est lasse. Son état de santé enlève de la force, de la dynamique à cet homme de 87 ans à qui l'on demande de retrouver ses 30 ans. La justice paie sa lenteur. Elle s'est piégée. Face à ce procès décousu, Jean-Louis Castagnède est forcé de faire un aveu d'impuissance : « Je suis obligé de décaler tout le temps. » La cour amorce l'examen des faits alors que les plaidoiries devaient débuter. Le procès Papon est devenu un navire ingouvernable. Ces suspensions à répétition sont contraires à la sacro-sainte continuité des débats. Qui peut jurer que les jurés gardent en mémoire tout ce qu'ils entendent depuis le 8 octobre ?

Le 5 janvier 1998, après la pause de fin d'année, s'ouvre la 40e audience. Celui qui était proche du KO apparaît revigoré. Les 12 jours de suspension lui ont redonné des forces. « Ma volonté prime sur mon état physique », répète souvent Maurice Papon. Très à l'aise, il répond aux questions les mains dans les poches et s'en prend au procureur général, Henri Desclaux, qui essaie la politique de l'encerclement. « Ce n'est pas un jeu ici.

4. Depuis le début du procès, un brancard est installé à la porte de la salle d'audience et un médecin est présent tous les jours.

Moi, je joue mon destin, ma fin de vie ici. J'ai quand même le droit de me défendre [...] On me reproche mes interventions ou mes absences d'interventions », s'enflamme Papon qui a retrouvé toute sa verve et son sens de la repartie.

Son procès est un défilé continuel de témoins. Certains longent les murs pour venir à la barre. À commencer par ses anciens collègues du gouvernement. Pierre Messmer, qui ne le regarde même pas, prend soin de dire que c'est le ministre qu'il a connu. Pas le secrétaire général de la préfecture de Gironde. Raymond Barre, son ancien Premier ministre, ne reste pas plus de 8 minutes à la barre. Alors qu'il parle de Papon en termes élogieux, « ministre efficace, compétent, dévoué, loyal », un juré demande :

« Saviez-vous ce qu'avait fait M. Papon ici, à Bordeaux, sous l'Occupation ? Vous êtes-vous renseigné comme on le fait quand on engage un employé ?

— Non, répond un peu penaud M. Barre, en 1976 la réputation de Maurice Papon était excellente [...] Il appartient à tout homme de se déterminer. »

Papon le regarde partir sans avoir échangé un mot. Olivier Guichard, un des barons du gaullisme, vient porter la parole du général de Gaulle, photographié avec l'accusé le 17 septembre 1944 sur le balcon de l'Hôtel de ville de Bordeaux. « Ah oui ! Papon, il a rendu des services à la Libération, m'a dit de Gaulle. Le général ne voulait pas qu'il y ait le procès de la France. Tous ses ministres ont été dans la fonction publique de Vichy. » Quant au président Valéry Giscard d'Estaing, il adresse une lettre à la cour. « J'étais dans l'ignorance totale des faits qui lui sont reprochés. Ceux-ci n'avaient fait l'objet d'aucune plainte judiciaire et d'aucun article de presse. » L'ancien président ne souhaite pas témoigner à la barre mais il accorde dans le même temps une longue interview au *Monde* pour analyser l'Occupation et la Libération. Théâtral, canne à la main, Maurice Druon, secrétaire perpétuel de l'Académie française, co-auteur du *Chant des partisans*, fait son entrée dans le prétoire. Avec un phrasé à la Guitry, l'ancien ministre âgé de 79 ans déclame : « Ici on fait le procès de Vichy. Or il a été fait. On pensait que ce chapitre était fermé. Voilà que l'on veut tout recommencer. À qui profite ce procès ? À l'Allemagne. C'est un procès qu'on fait à la France, et la France, elle ne s'est pas si mal conduite. » Papon surenchérit : « J'observe une dérive évidente pour engager le procès du général. Je me sens en bonne compagnie. » Succédera, des semaines plus tard, un défilé d'autres témoins accréditant la thèse d'un Papon résistant : « Papon était des nôtres. » « Papon a rendu des services. » « Papon n'a rien à faire dans le box. »

La carapace du collaborateur froid et autoritaire se fissure à peine quand, après avoir été confronté aux archives de son passé peu glorieux, il doit assister au long cortège des parties civiles venues égrener les vies brisées de leurs aïeuls. Il les écoute avec un détachement apparent. La sécheresse des documents d'époque fait pourtant place à l'émotion et à la souffrance. Le vivant est face à ses morts et à quelques rescapés. Le procès ouvre une nouvelle page : le devoir de mémoire, le devoir des survivants, la culpabilité du rescapé. « Nous sommes des revenants », déclare sans haine Léon Zygel, l'un des rares rescapés des convois et des camps de la mort. « Nous sommes des chercheurs gênants qui mettons un doigt sur un comportement criminel à l'égard d'une communauté. Comment Papon a-t-il passé à pied sec l'épuration ? La responsabilité avec des stylos est aussi grande que celle des bourreaux », m'avait déclaré avant le procès Michel Slitinsky, celui qui est à l'origine des révélations du *Canard* et de la procédure judiciaire. Âgé de 71 ans, il a échappé, contrairement à ses parents, à la rafle d'octobre 1942 en s'enfuyant par les toits. Tous sont venus à la barre, mettant l'ancien secrétaire général face à ses contradictions. Ils attendaient l'once d'un pardon, ils n'obtiendront de l'accusé que l'aveu d'un crime d'indifférence. « J'ai le regret poignant de n'avoir rien fait pour m'y opposer. »

Convaincu qu'il faut faire long pour convaincre, M^e^ Gérard Boulanger plaide 6 heures pour esquisser le portrait d'un « jeune homme malfaisant qui s'est mué en vieillard obstiné ». M^e^ Joël Nordmann a le même âge que Papon, c'est sa dernière plaidoirie : « Moi, j'étais dans la clandestinité [...] Si Papon échappe à notre justice, cela voudrait dire que tout ce que Papon a fait est permis et peut recommencer. » Les coups de gueule et les provocations de M^e^ Arno Klarsfeld ont réveillé l'audience. Il continue le combat de ses parents. Peu habitué des assises, d'une voix monocorde, durant 2 heures, il lit sa plaidoirie. C'est dans les 5 dernières minutes que l'auditoire tend l'oreille. L'avocat crée un nouveau mini séisme : « Demander la perpétuité ne serait pas acceptable. Papon n'est ni Barbie[5] ni Touvier[6]. Contrairement à eux, Papon ne voulait pas la mort de ses victimes. » C'est l'incompréhension du côté des victimes dont certaines quittent la salle en signe de protestation. Cherchant à faire oublier la peine mesurée plaidée par son jeune confrère, l'avocat de la Ligue des droits de l'homme, M^e^ Michel Tubiana, rappelle les faits d'armes de Papon durant la guerre mais aussi en 1961 et 1962, alors qu'il était préfet de police pendant les événements d'Algérie : « Ce furent des temps où il fallait haïr et vous n'avez été qu'indifférent. Ce furent des

5. Traqué par Beate et Serge Klarsfeld pendant de nombreuses années, l'ancien chef de la Gestapo à Lyon a été condamné à la réclusion criminelle à perpétuité par la cour d'assises du Rhône en 1987.
6. Ancien chef de la Milice à Lyon, Paul Touvier a été condamné par la cour d'assises des Yvelines en 1994 après une cavale de 40 ans

temps où il fallait rompre, et vous avez choisi d'être complaisant. » Papon, sûr de lui, autoritaire, l'interrompt. S'en suit un échange rare au cours d'une plaidoirie, normalement jamais interrompue.

« C'est de la démagogie [...] Vous êtes un menteur !

— Vous aurez le temps de lui répondre, s'énerve le président.

— Mais il s'adresse à moi, je réponds. Il y a des choses qui dépassent l'audible, réplique Papon.

— Je ne peux pas vous laisser ainsi interrompre la plaidoirie, s'agace le magistrat.

— Je vais alors me retirer dans mon salon.

— Je ne vous laisserai pas vous retirer. C'est moi qui demanderai votre retrait », conclut Jean-Louis Castagnède.

Papon qui interrompt les avocats de la partie adverse mais qui n'hésite pas à faire de même lors du réquisitoire à 2 voix de l'accusation. Durant 2 jours, les 2 avocats généraux se livrent à une longue charge, une sorte de rouleau compresseur de l'accusation. Sans passion, sans émotion. Marc Robert dénonce les propos mensongers et intolérables de l'accusé. « Papon, c'est l'homme de l'ombre par excellence [...] Les personnes radiées des listes par Papon n'étaient pas juives. Nous n'avons aucun témoignage de juif sauvé par Papon. » Henri Desclaux, le procureur général, évoque les mensonges de Maurice Papon en disant aux jurés : « Oui, un accusé a le droit de mentir. Vous avez le droit de vous interroger sur ses mensonges. » « Oh ! Cette fois, c'en est trop », bougonne Papon qui se lève de son fauteuil, ouvre la porte derrière lui et disparaît de son box, provoquant une suspension d'audience. La salle est ébahie, à commencer par le président qui lâche un sonore : « Ça, c'est inadmissible. »

Dix minutes plus tard, revenu à sa place, Papon demande la parole comme un petit garçon pris en faute. « Je vous demande de bien vouloir accepter mes excuses pour le geste que je viens de commettre mais je reste persuadé que les uns et les autres en comprendront la raison. » Le procureur général, Henri Desclaux, requiert 20 ans de réclusion criminelle dans un silence pesant. Les victimes sont incrédules. L'accusation ne requiert pas la perpétuité. L'accusation fait un pas en direction de Me Klarsfeld. L'accusation fait de Papon un petit criminel de l'humanité.

À l'audience du mercredi 25 mars, durant laquelle Me Varaut doit poursuivre sa plaidoirie qu'il a débutée la veille en réclamant dès le début l'acquittement de son client, le box des accusés est vide. Personne ne songe à blâmer l'accusé d'avoir quitté Bordeaux et déserté son procès. Dans la nuit, Papon a rejoint son domicile de la région parisienne. Vers 2 heures du matin, l'un de ses enfants lui a appris la mort de Paulette, âgée de 89 ans. Elle était son épouse depuis 1932. En la quittant le dimanche précédent, Maurice Papon savait que la fin était proche, tant l'état de santé de sa femme s'était dégradé. Le procès est une nouvelle fois suspendu. Ses avocats certifient que l'accusé sera présent le lundi suivant. C'est un homme fatigué, peiné, choqué qui fait son retour 3 jours après les obsèques de son épouse. Seul un costume sombre, une cravate noire et ses lunettes aux verres fumés rappellent le deuil. « Papon n'a plus quelqu'un auprès de lui pour lui dire en fin de semaine que la justice l'a acquitté [...] Il est là pour assumer, pour dire non à l'accusation », déclare rapidement Me Varaut.

Interrompu dans son élan, Me Varaut reprend sa plaidoirie après 5 jours de suspension. Le ton est grandiloquent. L'avocat est homme de droit et de lettres à la fois. Il est académicien. « Peuple de France, vous acquitterez Maurice Papon qui ne peut être le bouc émissaire du régime de Vichy. M. Papon est le symbole d'une responsabilité collective [...] C'est le dernier procès de l'épuration qui se tient à Bordeaux […] C'est un procès franco-français. On juge Papon faute de mieux […] Il n'a signé que des notes d'informations à l'intention de ses supérieurs. Il n'y a pas d'ordre de Maurice Papon. Il n'a jamais adhéré à la volonté d'extermination. »

Tout au long de cet interminable procès, l'accusé a pris des notes. Il s'est promis de répondre point par point aux 28 avocats de la partie adverse et aux membres de l'accusation. La voix est parfois émaillée de sanglots. « Le monstre froid qu'on tente de vous décrire est touché en plein cœur. Ainsi s'achève par la mort tout ce qu'un être aimant peut apporter à un être aimé, martèle Maurice Papon. Ce procès où la disparue était avec moi, présente dans ce box, et tout ce qui l'a précédé l'ont assassinée à petit feu. Le réquisitoire de 20 ans de réclusion a porté le coup de grâce. […] On a fait de moi un monstre criminel et un monstre judiciaire […] Si je voulais rendre un dernier service à mon pays, je m'offrirais volontiers pour expier les fautes des autres mais il n'en est pas question […] Peut-il y avoir un criminel contre l'humanité à 15, 30 ou 60 % ? C'est absurde, ce crime ne peut être tronçonné, c'est tout ou rien ! Je suis coupable ou innocent ! […] mon sort est entre vos mains. Au-delà de mon sort, qui est peu de chose, veillez à ce que la France ne soit pas touchée par votre verdict. » Puis dans un dernier baroud d'honneur, il s'adresse à celui qui a requis contre lui : « Monsieur le procureur général, vous rentrerez dans les annales par la porte de service. »

Après 15 ans d'instruction, 6 mois de débats[7], 80 audiences, 3 semaines d'arrêts maladie, une remise en liberté d'un accusé qui s'est battu avec force, un président déstabilisé par les révélations de Me Klarsfeld, 24 plaidoiries, 2 jours de réquisitoire,

7. Celui de Pétain en 1945 a duré 3 semaines. Celui de Barbie, à Lyon, 8 semaines et celui de Touvier, à Versailles, 6.

un enterrement et un délibéré de 19 heures, s'achève un procès haché, décousu, à épisodes mais riche en pédagogie. Les 12 jurés, qui ont désormais face à eux un veuf, doivent faire coïncider une décision judiciaire avec une vérité historique. Il est 13 h 45 en ce mercredi 1er avril 1998. Pour se prononcer sur la culpabilité de l'ancien secrétaire général de la préfecture, les jurés doivent répondre à 769 questions. Un chiffre considérable qui s'explique par le nombre de victimes retenues dans la procédure, 74 dont 26 enfants. Il s'agit de questions dites à tiroirs. Papon a-t-il, par aide ou assistance, sciemment facilité l'arrestation, la séquestration, l'assassinat ou la tentative d'assassinat des victimes de la déportation à Bordeaux ? Cela constitue-t-il un crime contre l'humanité ? Accompagnés par les 3 magistrats professionnels, les 4 femmes et 5 hommes, âgés de 25 à 62 ans, quittent la salle d'audience pour rejoindre la salle des délibérés. Ils sont enseignant, comptable, électricien, chômeur. Les 2/3 ont moins de 40 ans. Aucun n'a connu la période de l'Occupation. Le plus âgé avait 7 ans au moment des faits. Les 5 jurés suppléants sur les 8 tirés au sort, le 8 octobre 1997, rejoignent une autre salle. Ils ont suivi tout le procès mais ils gardent pour eux leur intime conviction.

À titre exceptionnel, en raison de la durée du procès et des retards pris par les nombreux incidents qui l'ont émaillé, la justice a décidé d'indemniser tous les jurés, même lorsque la cour n'a pas siégé. En raison de la longueur prévisible du délibéré, des lits de camps sont amenés dans le palais. Des plateaux repas sont livrés. Les jurés marquent une pause vers 3 h 30 du matin. Une longue nuit s'installe dans le palais de justice de Bordeaux qui reste exceptionnellement ouvert. Le verdict, qui devait être rendu avant Noël, l'est à la veille de Pâques. Un délibéré à la mesure de ce procès démesuré. En 1953, le procès des 21 accusés du massacre d'Oradour-sur-Glane qui fit 642 victimes, au tribunal militaire de Bordeaux, s'était achevé après un délibéré de 32 heures et 30 minutes.

Peu après 9 heures du matin, la cour refait son apparition dans la salle. Papon, costume gris, installe consciencieusement ses affaires. Son cartable, son étui à lunettes. Il discute avec le médecin qui est à ses côtés. Un appareil à oxygène a été apporté. Les visages sont fatigués. Les traits tirés. Les jurés ont le regard fuyant. Celui qui augure d'un verdict de condamnation. Pour le premier crime reproché à Papon, la cour a répondu « non ». Un acquittement est possible si cela perdure. Mais très vite un « oui » est prononcé par le président à la voix éteinte. La lecture du verdict dure à peine 15 minutes. Papon est reconnu coupable : 4 convois sur les 8 sont retenus contre lui. Papon est coupable d'arrestation et de séquestration mais pas d'assassinat. Autrement dit, il connaissait le plan des Allemands pour extermination mais pas la solution finale. L'ancien ministre est condamné à 10 ans de réclusion criminelle et à 10 ans d'interdiction des droits civiques, civils et de famille. Papon, fidèle à son image de fonctionnaire, prend congé de ses gardes du corps. Fonctionnaire jusqu'au bout. Le condamné quitte Bordeaux en berline avec chauffeur, sous escorte policière. En fin de journée, alors qu'il a rejoint son domicile, son premier geste consiste à aller s'incliner sur la tombe de son épouse.

Le dernier procès pour crime contre l'humanité s'achève avec l'image de cet homme, veuf, condamné mais libre, la cour d'assises ne pouvant décerner de mandat de dépôt afin de l'incarcérer immédiatement.

À l'issue de l'audience civile qui se déroule le lendemain – durant laquelle Papon est également condamné à payer 4,6 millions francs (700 000 €) aux parties civiles, somme couvrant les frais d'avocat et les dommages et intérêts aux victimes –, le président clôt les débats d'un rituel « la session de la cour d'assises est achevée ». Pour la première fois depuis 6 mois, le magistrat se hasarde à traverser la salle des pas perdus. On sent l'homme soulagé d'avoir mené jusqu'au bout ce procès impossible. Rencontré avec quelques confrères avant le début de celui-ci, il avait reconnu qu'il serait confronté à un marathon judiciaire.

Ainsi s'achève une procédure qui a perduré plus de 2 septennats, 7 mois après les révélations, documents à l'appui[8], de l'hebdomadaire du mercredi qui avait titré « Papon, aide de camp », les premières plaintes sont déposées à Bordeaux. « Tout cela ne m'émeut pas beaucoup », fut sa première réaction. Depuis, Papon n'a eu de cesse de se présenter comme un bouc émissaire d'un complot politique visant le président Giscard d'Estaing. Dans le même temps, un jury d'honneur, qu'il a sollicité, reconnaît son adhésion à la Résistance à partir de 1943, mais regrette qu'il n'ait pas démissionné de son poste préfectoral[9].

4 juges se sont succédé. L'instruction du 1er magistrat fut annulée au bout de 4 ans par la Cour de cassation qui lui reprochait d'avoir omis d'inculper le supérieur hiérarchique de Papon, le préfet de la Gironde Maurice Sabatier. Le 21 octobre 1991, l'ancien ministre adresse une lettre au président François Mitterrand. Il se plaint d'une justice à petits pas. « Comme le savent vos ministres et vos conseillers, le dossier est vide [...] La patience humaine la mieux trempée a ses limites, les miennes sont atteintes. » Au lendemain de son renvoi aux assises, Maurice Papon, qui connaît les arcanes du pouvoir mieux que personne,

8. Un ordre de réquisition de la gendarmerie pour escorter un convoi d'israélites transférés du camp de Mérignac au camp de Drancy. Daté du 1er février 1943, il est signé par Maurice Papon.
9. « Papon, un résistant bien clandestin », dira à l'audience Jean-Pierre Bloch, 93 ans, qui déclare avoir été en minorité dans le jury d'honneur.

pour l'avoir servi durant plusieurs décennies, se fend d'un communiqué : « Comme tout procès politique, les jeux sont faits d'avance avec le pouvoir. Je ne me prêterai pas passivement à de telles entreprises déshonorantes qui rappellent la triste aventure du capitaine Dreyfus. Je ne tergiverserai pas, à l'exemple de Cicéron, pour attendre d'être égorgé par les sbires de Marc Antoine. » Papon se comparant à Dreyfus, c'est osé. « Il me manque un Zola », dira-t-il au cours d'une interview.

Papon condamné par un jury populaire mais libre. C'est une particularité du droit français à l'époque. La cour d'assises ne pouvait pas décerner de mandat de dépôt criminel. En revanche, la loi prévoyait qu'il devait se constituer prisonnier la veille de l'examen de son pourvoi en cassation intenté après sa condamnation à Bordeaux. Quelques jours avant cette échéance, Papon demande à être exempté de cette obligation. Ce qui lui est refusé. Le 21 octobre 1999, la plus haute juridiction refuse d'examiner le pourvoi de Papon. Selon l'expression employée, « le demandeur ne s'est pas mis en état ». Le vieil homme a fui avec sa petite-fille. Juridiquement, rien ne l'empêchait de le faire. Les policiers, restés une longue période devant sa demeure, étaient là pour le protéger et non pour le surveiller. C'est dans un chalet en Suisse que l'on retrouve la trace du fugitif. Il est arrêté le 22 octobre par la police helvétique qui le remet à ses collègues français. Le soir même, il est incarcéré à la prison de Fresnes (Val-de-Marne), avant de rejoindre quelques jours plus tard le quartier VIP de la Santé à Paris. Sa fuite aura duré 48 heures. Pour certains, elle est considérée comme son premier acte de résistance.

À 89 ans, il est l'un des prisonniers les plus âgés. Âgé et souffrant, selon les médecins qui le disent « impotent et quasi grabataire ». Maurice Papon est l'un des premiers détenus à bénéficier de la loi Kouchner du 4 mars 2002 qui prévoit que « la peine peut être suspendue quand le condamné est atteint d'une pathologie engageant le pronostic vital ou que [son] état de santé est durablement incompatible avec le maintien en détention ». Une loi sur mesure, faite pour lui, qui a déjà profité à un malade du sida. L'administration pénitentiaire ne dispose pas d'établissement pour recevoir des prisonniers en fin de vie. Le 18 septembre, Maurice Papon quitte la prison de la Santé. Sous les huées de quelques badauds, il rejoint à pied non pas une ambulance mais la voiture de son avocat. Condamné à 10 ans, il a effectué en tout et pour tout moins de 3 ans de détention. Dans la voiture qui le ramène chez lui, suivi par une nuée de journalistes en moto, il ne se cache pas. Libre, il reste condamné. Il n'a pas fini de purger sa peine et a l'obligation d'informer le juge d'application des peines de ses déplacements. Il vit comme un vieillard en bonne santé dans son hôtel particulier qu'il a légué à ses enfants. Selon ses opposants, il a ainsi voulu se rendre insolvable.

Le 17 février 2007, après le refus de 3 grâces présidentielles, Papon meurt, 65 ans après les faits qui lui étaient reprochés. 4 jours plus tard, l'ancien ministre est enterré aux côtés de son épouse dans le cimetière communal de Gretz-Armainvilliers. Dernier pied de nez à la justice, l'ancien fonctionnaire de Vichy est inhumé avec sa Légion d'honneur, alors qu'elle lui a été retirée automatiquement après sa condamnation. Papon a refusé de la restituer à qui de droit, ce qui lui a valu d'être condamné à 2 500 € d'amende pour le port de l'insigne. Cette décoration lui avait été remise alors qu'il était préfet de police de Paris, par le général de Gaulle en juillet 1961.

Le lendemain de la mort de Maurice Papon, un autre décès passe presque inaperçu. Celui de Jean-Louis Castagnède, le président des assises. Le magistrat, âgé de 61 ans, succombe à une rupture d'anévrisme dans la nuit du 17 au 18 février 2007 après plusieurs jours d'hospitalisation. Étrange raccourci de l'Histoire qui veut que celui qui a présidé le dernier procès pour crime contre l'humanité décède quelques heures après le condamné. Pour un certain nombre de ses collègues rencontrés dans les couloirs du palais de justice de Paris, Jean-Louis Castagnède ne s'était jamais remis des mises en cause dont il a fait l'objet pendant ce procès. Papon et Castagnède devenus les 2 morts du 17 février 2007.

## Le procès posthume de René Bousquet

Bousquet, Touvier et Papon devaient constituer le triptyque de la collaboration. Le crime contre l'humanité, version française. Secrétaire général de la police, René Bousquet[10] était un des maillons forts du gouvernement de Vichy. Sa comparution aurait certainement éclairé d'un autre jour une page noire de notre Histoire. Un déséquilibré du nom de Christian Didier[11] en décida autrement en l'assassinant le 8 juin 1993. La mort de cet ancien responsable de la police aux temps de l'Occupation stoppe brutalement l'action laborieuse de la justice. Acquitté du chef d'atteinte aux intérêts de la défense nationale mais condamné pour indignité nationale à 5 ans de dégradation civique par la Haute Cour de justice en juin 1949, il fait à la

10. Ancien membre des conseils d'administration de la compagnie aérienne UTA et de *La Dépêche du Midi*, banquier à la retraite, il vivait reclus dans son appartement dans un immeuble moderne du 16e arrondissement de Paris.
11. Déjà condamné en mai 1987 pour s'être introduit avec une arme dans la prison où était incarcéré Klaus Barbie, il a été condamné à 10 ans de réclusion criminelle pour l'assassinat de René Bousquet.

fin de l'année 1989 l'objet d'une plainte déposée par Me Serge Klarsfeld, qui a passé son existence à pourchasser les criminels nazis et qui a initié les poursuites, entre autres, contre Klaus Barbie et Paul Touvier. S'ensuit un long débat juridique qui divise les plus hauts magistrats sur la possibilité de poursuivre à nouveau l'ex-secrétaire général de la police vichyssoise, au nom de « l'autorité de la chose jugée ». Des tiraillements notoires entre la Chancellerie et le parquet général à Paris ralentissent la procédure. Ces palabres jouent en faveur de l'intéressé. Ce n'est que le 1er mars 1991 que René Bousquet, 81 ans, est officiellement inculpé de crimes contre l'humanité, dans la plus grande discrétion. L'information ne sera révélée que le mois suivant. Il lui est reproché d'être l'un des hommes-clés de la déportation de près de 13 000 juifs après la rafle du Vel d'Hiv' des 16 et 17 juillet 1942. Alors que Bousquet est convoqué par la juge Martine Anzani pour une dernière comparution le 11 juin 1993, 4 jours plus tôt, Christian Didier donne un coup d'arrêt à la justice.

Le procès de Christian Didier est avant tout le procès d'une justice trop lente qui n'a pas réussi à juger Bousquet dans les temps. Il s'ouvre en novembre 1995 et devient un fourre-tout : procès de Bousquet, procès de la justice et procès de François Mitterrand. L'ancien président n'a pas été cité comme témoin mais, au 3e jour du procès, il est au centre des débats. Une photo a jeté le trouble sur les liens entre les 2 hommes. Elle représente Bousquet aux côtés du couple Mitterrand lors d'un repas familial à Latché, dans la bergerie landaise du président[12].

Dans la salle des témoins, l'ancien garde des Sceaux, Henri Nallet, retrouve son ancien ministre délégué à la Justice, Georges

12. Photo prise en avril 1974 et publiée par l'hebdomadaire *Le Point* le même mois, sans que ne soit précisé le nom de Bousquet, elle figure dans le livre de Pascale Froment *René Bousquet* (Éd. Stock), paru en novembre 1994.

Kiejman. Tous deux doivent combattre une idée bien ancrée dans l'opinion publique : en haut lieu, on a cherché à empêcher un second procès Bousquet. « J'ai tout fait pour que la procédure suive son cours », se défend Henri Nallet. Puis le ministre poursuit ses confidences : « Une fois, François Mitterrand m'a pris à part et m'a dit, deux fois de suite : "Vous connaissez ma position." » À son tour, Georges Kiejman se fait son propre avocat. « Je n'ai jamais levé le petit doigt dans cette procédure », rappelant au passage que son père est mort à Auschwitz. À la barre, Me Kiejman se défend d'être « le poisson-pilote[13] » de Mitterrand : « Ce procès qu'on me fait, c'est ma seule vraie blessure d'ancien ministre. » Entendu à son tour, Me Klarsfeld reste dans sa logique. Il cible Mitterrand. « Tout le monde a compris que l'on peut le matin aller commémorer la rafle du Vel d'Hiv' et, à midi, déjeuner avec son organisateur. »

Le procès de l'Occupation et de Vichy n'a pas eu lieu. René Bousquet reste à jamais lié à une page noire de notre Histoire.

## Le procès du milicien Paul Touvier, après 40 ans de cache-cache avec la justice

L'assassinat de Bousquet intervient moins d'une semaine après que Paul Touvier, ancien chef du deuxième service de la Milice[14] de Lyon en 1943 et 1944, est renvoyé aux assises pour complicité dans l'exécution de 7 otages juifs en 1944, à Rillieux-la-Pape (Rhône).

13. En 1990, Georges Kiejman avait déclaré : « Il y a d'autres moyens qu'un procès pour dénoncer la lâcheté du régime de Vichy. » Dans une interview, Me Klarsfeld avait déclaré que Mitterrand avait nommé au gouvernement Robert Badinter pour juger Barbie et qu'ensuite, il a fait nommer Kiejman pour enterrer le dossier Bousquet.
14. Issue du SOL, le service d'ordre légionnaire, la Milice créée en janvier 1943 est une organisation politico-militaire, auxiliaire de l'armée allemande. Pierre Laval en est le chef et Joseph Darnand, le secrétaire général. Elle compte 29 000 membres en 1943.

Touvier est dans la ligne de mire de la justice depuis la Libération. Condamné à mort par contumace pour intelligence avec une puissance étrangère par les cours de justice de Lyon et Chambéry, il bénéficie en novembre 1971 d'une grâce signée par le président Georges Pompidou, le dispensant des peines accessoires à ses condamnations à mort. 2 ans plus tard, les premières plaintes sont déposées contre lui. Mais les méandres de la procédure ne font que commencer. En novembre 1981, la juge Martine Anzani lance un mandat d'arrêt contre Touvier. L'homme a quitté, avec femme et enfants[15], sa maison de Chambéry et devient un retraité à l'ombre des soutanes, trouvant refuge dans plusieurs abbayes et chartreuses de différentes communautés catholiques traditionalistes. La cavale du milicien se prolonge durant 42 ans. Paul Touvier est arrêté le 24 mai 1989 à 8 h 30 du matin dans le prieuré Saint-Joseph à Nice. Il a 74 ans et se fait appeler Paul Lacroix. L'homme de l'ombre ne veut pas apparaître à la lumière. Il se cache sous une couverture. Transféré par avion à Paris, il est inculpé d'assassinats et incarcéré à la prison de Fresnes (Val-de-Marne) le soir même par le juge Jean-Pierre Getti.

Contre toute attente, le 11 juillet 1991, la cour d'appel de Paris remet Touvier en liberté. « Le maintien en détention n'est plus nécessaire à la manifestation de la vérité », justifient les magistrats. La justice prend le risque de remettre dans la nature un homme qui a vécu des années dans la clandestinité. Elle applique à Touvier le même régime dont ont bénéficié Bousquet et Papon. La liberté. Seul Barbie fut incarcéré durant toute l'instruction. Un an plus tard, le 13 avril 1992, nouveau coup de tonnerre qui fait l'effet d'une bombe. À l'issue d'un arrêt de

15. Paul Touvier et Monique Berthet ne se sont jamais mariés civilement. « Pour éviter des recoupements », dit-il au procès.

215 pages, la chambre de l'instruction, présidée par Jean-Pierre Henne, accorde un non-lieu général à Paul Touvier et ordonne la mainlevée de son contrôle judiciaire. Touvier redevient libre de ses mouvements, 47 ans après les faits, après 19 ans de procédure et 11 ans d'instruction. Pour les 3 juges, les charges sont insuffisantes pour 6 des crimes, et pour le dernier, celui des 7 fusillés de Rillieux-la-Pape, la notion de crime contre l'humanité ne s'applique pas.

La justice est accusée de révisionnisme. De réécrire l'Histoire. Touvier disculpé, c'est Vichy qui est blanchie. L'indignation est générale. « Je suis surpris. Le mot est modeste », confie François Mitterrand en voyage officiel à Istanbul.

Le 27 novembre 92, les JT de 20 heures annoncent la cassation partielle du non-lieu de Paul Touvier, 6 des 7 crimes sont définitivement abandonnés par la justice. Un seul demeure : l'exécution des 7 otages juifs de Rillieux-la-Pape, considéré comme crime contre l'humanité.

Après un demi-siècle de cache-cache avec la justice, le procès de Touvier s'ouvre le jeudi 17 mars 1994 à Versailles. Le milicien Paul Touvier, personnage un peu fade, sans relief, n'assume pas ses actes, nie les crimes reprochés sans les renier.

Le 20 avril, à 0 h 15, après 5 heures 30 de délibéré, les jurés répondent « oui » aux questions. Après 21 années d'errance de la justice, Touvier est le premier Français à être reconnu coupable de crimes contre l'humanité. La voix fatiguée et émue, le président Henri Boulard, 62 ans, marque un temps d'arrêt, un silence, avant de prononcer la sentence. Touvier est condamné à la réclusion criminelle à perpétuité. L'audience est levée.

Aucun murmure ne se fait entendre dans le prétoire. Comme un ultime hommage aux 7 victimes de Rillieux-la-Pape. Touvier se lève de son fauteuil. Il prend appui sur le dossier pour saluer son épouse et ses 2 enfants qui sèchent leurs larmes. Plus loin, les familles des fusillés de Rillieux pleurent également. C'est leur seul point commun.

Touvier décède le 17 juillet 1996 dans l'hôpital pénitentiaire de Fresnes (Val-de-Marne) à l'âge de 81 ans. Double clin d'œil de l'Histoire : Touvier a été condamné le jour anniversaire de la naissance d'Hitler et il meurt le jour anniversaire de la rafle du Vel d'Hiv'.

Avec ces 3 procès, les cours d'assises se sont transformés en cours d'histoire.

# Le noir destin de Marie Trintignant et de Bertrand Cantat

Une bête traquée dans une cage de verre. Lorsque Bertrand Cantat, menotté, fait son entrée dans le box des accusés, il est confronté à un mur de photographes et de cameramen. Le leader du groupe rock *Noir Désir* est mitraillé durant une vingtaine de minutes. On se bouscule, quitte à monter sur les tables ou les bancs. En qualité d'artiste, c'est un exercice auquel Cantat se prêtait volontiers lors de ses concerts. Aujourd'hui, mardi 16 mars 2004, c'est un supplice. Le visage est blême, le regard hagard. Il a du mal à distinguer ses parents assis aux premiers rangs de la salle d'audience. Son épouse, Krisztina Rády, essaie de se frayer un chemin entre les journalistes afin d'adresser un signe de soutien à l'accusé. Toutes les chaînes de télévision françaises sont présentes ainsi que quelques médias lituaniens qui suivent l'affaire depuis le début. Nous sommes dans la salle n°7 du tribunal de Vilnius. Le bâtiment austère, froid, nous rappelle qu'ici, il y a une quinzaine d'années, le KGB en avait fait son quartier général. Avant l'arrivée du tribunal, les flashes crépitent en direction des premiers bancs. À droite, les proches de Bertrand Cantat, sa famille mais aussi les membres de son groupe musical, plutôt discrets. Xavier, son frère, tente de calmer la furie médiatique. À gauche, la partie civile, appelée en Lituanie la partie lésée. Nadine Trintignant, la mère de la victime. Vincent, son frère. Romain, l'un de ses enfants, ainsi que 2 ex-compagnons de Marie Trintignant : Samuel Benchetrit et Richard Kolinka. François Cluzet les rejoint le lendemain. Tous 3 sont restés en bons termes avec l'actrice. Seul Jean-Louis Trintignant, âgé de 73 ans, trop fatigué, trop meurtri par la mort de sa fille, n'a pas fait le voyage depuis Paris. Nadine Trintignant se plonge dans un petit cahier dans lequel elle prend des notes. Par un petit carreau laissé ouvert dans le box de verre, un interprète permet à Bertrand Cantat de suivre les débats en lituanien. Les 3 magistrats professionnels font leur entrée. Vilmantas Gaidelis préside, assisté d'un homme et d'une femme. Ils prennent place sur des fauteuils à haut dossier aussi inconfortables qu'austères.

D'une petite voix qui n'a rien de celle d'un rockeur réputé, Cantat se présente. Il est né à Pau, a fait des études de lettres. « Je suis musicien, chanteur, auteur, compositeur. »

Voulant protéger la vie privée des 2 familles, à commencer par les enfants, le procureur demande le huis clos. « Ils ont déjà vu dans la presse tout ce qui concerne la mort de Marie. En ce qui concerne la vie de Marie, elle est limpide, elle n'a rien à cacher, et je suis contre », fait savoir Nadine Trintignant. Le tribunal rejette la requête. L'audience sera publique.

L'ambiance est électrique. Dans le prétoire, les armes ne sont pas égales. Chaque partie est venue accompagnée de son avocat. M^e^ Olivier Metzner est aux côtés de Bertrand Cantat. Nadine Trintignant a fait appel à M^e^ Georges Kiejman. Logiquement, les 2 conseils n'ont pas le droit de prendre la parole. Ils doivent s'effacer devant leurs homologues lituaniens mais l'ancien ministre délégué à la Justice, Georges Kiejman, a trouvé la faille. En tant que mandataire de la partie civile, il a l'autorisation du tribunal d'intervenir. L'avocat, proche de François Mitterrand, qui manie le verbe avec aisance et délectation, va en user et en abuser, quitte à se faire rappeler à l'ordre par le président du tribunal. Faire taire Me Kiejman apparaît, pour n'importe quel magistrat, une gageure. Alors que Me Metzner est contraint au silence, le conseil de la réalisatrice pose des questions, fait des commentaires. Après que Krisztina Rády a volé au secours de son ex-compagnon, Me Kiejman lâche : « Je me contenterai de dire que M. Cantat a beaucoup de chance d'avoir une épouse de la qualité de Krisztina Rády. »

Cette repartie de l'avocat provoque l'agacement du banc opposé qui laisse retentir un sonore « c'est honteux ». Les 2 avocats se connaissent et se respectent mais, à l'audience, c'est chacun pour soi. Ce sont 2 grands ténors du barreau de Paris. Habitué aux dossiers politico-financiers, Metzner n'est ni un orateur ni un littéraire comme son confrère mais c'est un procédurier hors-pair qui sait trouver la faille d'un dossier. Kiejman est réputé pour son éloquence théâtrale qu'il met au service de ses clients issus du milieu cinématographique ou pictural. Les 2 hommes ont déjà eu à ferrailler lors d'une audience à Paris devant le juge civil. Quelques mois plus tôt, Nadine Trintignant a publié un ouvrage intitulé *Ma fille, Marie*[1] dans laquelle elle qualifie Bertrand Cantat 80 fois de meurtrier et 2 fois d'assassin. Me Metzner n'a pas obtenu la saisie du livre, la justice considérant que cela exprimait la douleur d'une mère sous forme de catharsis. Seul un encart rappelant la présomption d'innocence fut imposé à l'éditeur.

« Je reconnais ma responsabilité en partie [...] Je ne reconnais pas le nombre de coups qui me sont reprochés. Je ne reconnais pas l'aspect intentionnel. » Bertrand Cantat est debout face à

1. Éditions Fayard, 2003.

ses juges. Ils l'ont fait sortir de sa cage. Pendant près de 3 heures, il raconte sa version des faits et sa rencontre avec la comédienne. Tout commence en juillet 2002 après un concert à Vaison-la-Romaine (Vaucluse). Les présentations ont été faites par Ann, la sœur du chanteur. Il parle d'un « amour grandissant, exceptionnel ». Chacun s'est séparé de son compagnon. Après 10 ans de vie commune, Bertrand a quitté Krisztina qui venait d'accoucher de leur second enfant. « Tout n'était pas facile par rapport à la situation chez moi », concède le chanteur.

Par petites touches, l'accusé avance les pions de sa défense. Il décrit une amoureuse de plus en plus présente, exigeante, jalouse. « Marie me demandait de plus en plus d'être près d'elle [...] Elle cherchait l'exclusivité absolue. » Les larmes aux yeux, la voix étranglée, Cantat s'arrête au milieu d'une phrase avant de continuer à dresser un portrait un peu plus sombre de la victime.

« Elle prenait des médicaments [...] Marie fumait énormément de cannabis.

— Beaucoup ? » interroge le président.

— Du matin au soir. Cela ne lui posait pas de problème », réplique Cantat, avant d'aborder les faits.

Dans la nuit du 26 au 27 juillet 2003, Marie, 41 ans, est à Vilnius où elle tourne un téléfilm sur la vie de Colette. Nadine, sa mère est la réalisatrice, son frère Vincent est assistant réalisateur. Marie participe au scénario et interprète le rôle-titre. Bertrand Cantat, 39 ans, est venu la rejoindre. Le soir, le couple participe à une fête organisée à l'occasion de la fin du tournage. « J'étais très loin d'être saoul. Je prenais des anti-inflammatoires. Une légère ivresse, c'est le maximum. » Marie reçoit un SMS de l'un de ses anciens compagnons, Samuel Benchetrit. Bertrand découvre une partie du message. Celui-ci est amical, tendre.

Mais Bertrand Cantat se braque. Une dispute verbale débute. L'ambiance se dégrade entre les deux amoureux. Vers minuit, ils rentrent à l'hôtel *Domino Plaza*. Chambre 35 au 3e étage. La suite est un huis clos parfait. Aucun témoin direct, à part un voisin de chambre qui confirme avoir entendu un vacarme inhabituel. Seule la version de Bertrand Cantat est disponible avec les constatations médico-légales qui confirment en partie ses dires. Dans la chambre, le chanteur relance la conversation sur le SMS reçu par Marie. Les coups succèdent aux mots.

« Marie a explosé. Elle était étrange. Je ne la reconnaissais pas. Ses mots ont été durs. Insultants. Je vivais cela comme une injustice. [...] Elle s'est jetée sur moi. J'ai reçu un coup dans le nez. Elle s'est agrippée à moi. Je suis tombé sur la colonne vertébrale, là où j'ai mal. On s'est relevé en se débattant. Je lui ai donné 4 gifles. Deux allers et retours. C'est le souvenir que j'ai. Jamais je n'ai voulu ce qui s'est passé. Cette main n'aurait jamais dû se lever. J'étais hors de moi. J'aurais dû partir. »

Le président, qui lui rappelle qu'il portait des bagues proéminentes, l'interroge :

« Pas plus de 4 gifles ?

— Non.

— Avec de la force ?

— Je n'ai jamais frappé quelqu'un. Je n'ai pas la mesure. »

Elle mesure 1,65 m pour 60 kg. Lui, 1,90 m pour 85 kg. Le combat semble inégal. Après l'avoir « jetée » sur un sofa, Bertrand Cantat dit avoir quitté la chambre. « J'ai tourné en rond. Je pensais au lendemain. Comment allions-nous nous remettre de cette dispute ? » Quand il revient quelques minutes plus tard, il la découvre par terre et déclare l'avoir étendue sur le lit. « Je pensais qu'elle dormait. » Il appelle Samuel Benchetrit à qui il révèle la dispute. Sans l'alerter outre mesure, il lui parle seulement d'un simple cocard. « Il pleurait plus sur lui que sur Marie », témoigne Samuel. Ce n'est qu'au petit matin que Cantat appelle le frère de Marie qui est dans le même hôtel. « Il avait peur de ce qu'il avait fait. Il m'a appelé, moi et pas un médecin », précise Vincent. Apercevant un filet de sang sortir de la bouche de sa sœur, Vincent comprend l'ampleur du drame. Malheureusement avec énormément de retard. « Elle respirait. Jamais je n'aurais pu imaginer. Sinon j'aurais fait le nécessaire », explique Cantat.

Marie Trintignant ne dort pas. Elle est dans le coma. Avec 6 heures de retard, elle est emmenée à l'hôpital de Vilnius où elle subit 2 opérations. Le pronostic vital est engagé. Le coma profond est jugé irréversible par les chirurgiens. Ses proches souhaitant que Marie décède en France, elle est rapatriée en état de mort cérébrale, maintenue en vie par un respirateur artificiel, et conduite à la clinique Hartmann à Neuilly-sur-Seine (Hauts-de-Seine). Le vendredi 1er août au matin, le docteur Stéphane Delajoux annonce la mort de l'actrice d'un œdème cérébral. « Il n'y avait plus aucun espoir », confirme le praticien. Le mercredi suivant, après un hommage au théâtre Édouard VII réunissant 200 invités, un millier d'anonymes accompagnent l'actrice à sa dernière demeure au cimetière du Père Lachaise à Paris. Une cérémonie placée sous le signe du combat contre les violences faites aux femmes.

C'est dans sa cellule de la prison Lukiskiu à Vilnius que Bertrand Cantat apprend la mort de sa compagne. Selon son avocat lituanien, il est alors en « détresse psychologique et sous calmants ».

Deux procédures sont ouvertes. Une instruction est confiée à Paris à la juge Nathalie Turquey pour « coups et blessures volontaires ayant entraîné la mort sans intention de la donner ». Le code de procédure pénale prévoit que les juridictions françaises sont compétentes pour les auteurs français d'infractions commises à l'étranger, sous réserve de l'accord du pays concerné. À Paris, il encourt 15 ans de réclusion criminelle. Parallèlement, une enquête est ouverte à Vilnius où Bertrand Cantat risque la même peine pour « meurtre commis en cas d'intention indéterminée ». Partant du principe que l'on ne peut pas être jugé à 2 endroits différents pour les mêmes faits, la France se déclare favorable à l'extradition du chanteur. Dominique Perben, le ministre de la Justice, se dit confiant, affirmant que cela n'est qu'une question de jours. C'est oublier la détermination des juges lituaniens. Vilnius en fait une question de principe. La Lituanie[2] doit devenir, l'année suivante, membre de l'Union européenne. Désireux de ménager des susceptibilités, le Quai d'Orsay finit par relâcher la pression.

Dans le volet lituanien, la procédure est accusatoire, menée par le parquet. Lors de sa garde à vue, Cantat a contesté avoir commis un crime, parlant d'un « accident après une lutte ». La tête de la victime aurait heurté un radiateur. Les rapports des expertises toxicologiques ne font apparaître aucune trace de stupéfiants. Mais comme les prélèvements ont été réalisés très tardivement, les résultats manquent de crédibilité. En revanche, l'autopsie de Marie Trintignant confirme qu'elle a subi de nombreux coups violents à la tête qui ont provoqué des fractures et de multiples lésions. Selon les experts, des gifles très fortes ont été données avec le dos et le plat de la main. Des coups de battoir. Un constat médical qui affaiblit le scénario un moment présenté par le rockeur, celui d'une chute accidentelle.

2. La Lituanie, la Lettonie et l'Estonie sont les 3 pays baltes qui sont devenus indépendants après la chute de l'URSS au début des années 1990.

Le dossier n°14-1-01873-3 arrive à l'audience en mars 2004. L'acte d'accusation fait 6 pages. Le procès à Vilnius met fin à la procédure française. Les dossiers de violences conjugales sont un peu comme ceux concernant les viols. Les pièces à conviction, c'est la parole de l'un contre celle de l'autre. 2 femmes vont se succéder à la barre sans tenter d'amorcer un dialogue. Non seulement, elles en sont incapables, mais surtout le tribunal ne les invite pas à échanger. Vient d'abord le tour de Krisztina Rády, née à Budapest en août 1968. « Ce n'était pas seulement un chanteur de rock, c'était le porte-parole d'une génération, très humble, pas superficiel. » L'épouse trompée, qui demeure son soutien indéfectible, dément avoir subi des violences perpétrées par son mari. « C'est un homme de dialogue. [...] Jamais de sa vie, il n'a levé la main contre moi, ni contre quelqu'un que je connaisse. [...] Il peut être violent dans ses propos. Jamais en gestes. [...] Je suis très sensible à la cause féminine, je n'aurais pas pu vivre, partager 10 ans de ma vie avec un menteur, un macho, un cogneur. »

Nadine se lève à son tour. Autant Krisztina Rády est apparue calme, lasse, autant la réalisatrice de *Ça n'arrive qu'aux autres* est survoltée, incapable de maîtriser son chagrin. « J'ai tourné onze films avec Marie. Jamais elle ne s'est comportée comme sur ce tournage. Elle arrivait triste, pas bien. Elle me disait qu'il était jaloux de son passé [...] Je ne l'ai jamais vue en colère. Elle était bonté, générosité. Il l'a traitée d'hystérique. » Nadine révèle qu'au cours du tournage, Marie lui avait envoyé un SMS. « Elle l'a signé "ta fifille battue". Je n'ai pas saisi la perche qu'elle me tendait. Je ne l'ai compris que plus tard. [...]Je ne crois pas aux regrets exprimés par Cantat. Sinon, il se serait arrêté au premier coup, qui était déjà de trop. Il aurait appelé les secours. Les deux enfants de Bertrand Cantat sont devenus les enfants d'un assassin. Ils reverront leur père. Romain, Paul, Léon et Jules ne reverront jamais leur mère. Je vous prie de pardonner mon émotion. Le père de Marie est trop malade pour être ici. [...] Je ne sais pas comment on vit quand sa mère a été tuée par un homme dont elle croyait être aimée. Je ne parle pas seulement au nom de Marie, mais je parle au nom de toutes les futures Marie dans le monde entier. Je pense à toutes les femmes qui, à chaque instant, meurent sous les coups d'un homme. »

Au 3e jour du procès, le procureur Vladimiras Serguejevas fait entendre la voix de l'accusation. Bertrand Cantat « était pleinement conscient de ses actes et il ne pouvait pas en ignorer la gravité. La jalousie est devenue un conflit physique qu'il a lui-même provoqué [...] Il n'a pas apporté assistance à Marie Trintignant. Circonstance aggravante : l'état d'ivresse. Circonstance atténuante : il regrette ». Le magistrat requiert 9 ans d'emprisonnement. À la sortie, Nadine Trintignant, la mâchoire serrée, nous déclare : « Le temps que j'attends, c'est 15 ans. Ma fille est morte, ce n'est pas dur ça ? »

Lors de ses derniers mots au matin du lundi 22 mars, l'accusé s'adresse plus à la famille Trintignant qu'à ses juges. « J'ai purement conscience de la gravité de la situation. J'aimais Marie de tout mon être. Je l'aime et je l'aimerai toujours. J'y pense chaque seconde et j'y penserai toujours. Je veux dire à ses enfants que Marie n'est pas morte de haine. Je sais que c'est irréparable. Je sais que je ne peux rien faire. Je sais que je ne peux que demander pardon. Je le fais du plus profond de mon cœur. J'espère qu'un jour je serai entendu, que vous m'entendrez. C'est tout. »

Après une semaine de délibéré, la condamnation tombe : 8 ans d'emprisonnement.

« Avez-vous compris la peine ? interroge le président.

— Oui », hoche de la tête le chanteur.

Le tribunal reconnaît que Bertrand Cantat n'a pas voulu « les conséquences de son acte ». Nadine Trintignant quitte le palais sans faire de commentaire, avec Vincent et Romain, l'un de ses petits-enfants. M^e^ Kiejman, resté à Paris, déclare que sa cliente considère la peine équitable.

Après avoir annoncé vouloir faire appel, les 2 familles renoncent à un second procès. La condamnation de Cantat devient définitive. Une décision commune qui donne le feu vert au retour en France de Cantat. Après un an, un mois et 30 jours de détention en Lituanie, le condamné quitte, le 28 septembre 2004, sa cellule n° 24 de la prison de Vilnius pour continuer de purger sa peine en France. Dans le vol TE 0460 qui le ramène en France, il est photographié se dissimulant sous une capuche. Enregistré sous un autre nom, il voulait un retour discret. C'est raté. L'information a fuité.

Incarcéré au centre de détention du Muret (Haute-Garonne), il bénéficie d'une première permission de sortie à Noël 2006. « Pas un traitement de faveur », précise l'Administration pénitentiaire. En 2007, sa 1ère demande de libération conditionnelle ne fait l'objet d'aucune opposition de la part du représentant du parquet et du directeur régional de l'Administration pénitentiaire. Les experts psychiatres ont donné leur feu vert.

Sollicitée pour un avis consultatif, comme l'exige la loi, Nadine Trintignant écrit au juge de l'application des peines son incompréhension de voir une justice qui condamne puis qui libère. Elle juge prématurée cette libération « tristement significative pour tous ceux qui luttent pour que soient enfin justement sanctionnées les violences faites aux femmes. [...] Je n'ai pas fait appel du jugement dont la sentence me paraissait appropriée, à la condition que la durée d'emprisonnement ordonnée soit respectée ».

Le 15 octobre, Philippe Laflaquière, vice-président du TGI de Toulouse chargé de l'application des peines, prononce le jugement concernant le matricule n° 8274, libérable le 29 juillet 2009. Le magistrat constate qu'il a effectué plus de la moitié de la peine, « se trouve dans les délais depuis le 29 octobre 2006 ». Se doutant que sa décision allait susciter une polémique, le magistrat la motive avec force, soulignant les points qui plaident en faveur du chanteur :

« La notoriété de M. Cantat l'a placé dans un contexte singulièrement éprouvant. [...] Il a affiché une grande discrétion, a voulu être considéré comme les autres détenus. [...] Il a refusé de donner un concert dans l'établissement et toutes sollicitations des médias. [...] La libération sollicitée se révèle ainsi à la fois justifiée et méritée. »

Le magistrat libère Bertrand Cantat dès le lendemain. Ce dernier est soumis jusqu'au 29 juillet 2010 aux obligations générales de la libération conditionnelle. Il doit également se soumettre à des examens et contrôles dans le cadre de sa prise en charge psychothérapeutique, et s'abstenir de participer à une œuvre littéraire ou audiovisuelle, ou à toute intervention publique portant sur les faits commis. Sa sortie de prison s'effectue dans la discrétion. Il rejoint dans la nuit la maison familiale des Landes, reconstruite après l'incendie criminel perpétré après la mort de Marie Trintignant. Au même moment, NadineTrintignant participe à l'inauguration d'un centre d'accueil pour femmes battues dans le 15e arrondissement de Paris.

Bertrand Cantat aurait-il été jugé différemment en France ? Condamné à une autre peine comme certains l'ont soutenu ? Impossible à dire. À Vilnius, il a comparu devant 3 magistrats professionnels. À Paris, il se serait retrouvé face à des jurés populaires. Auraient-ils été plus sévères ou plus cléments que les juges lituaniens ? Nous ne le saurons jamais. Relevons seulement que le procès a été mené au pas de charge. À Vilnius, on ne s'appesantit pas. On va à l'essentiel. Pas d'interrogatoires poussés. Pas de confrontations. Pas de longs débats avec les experts sur les circonstances de la mort. Pas d'enquête de personnalité. Pas d'expertise psychiatrique ou psychologique. On ne recoupe pas les éléments à charge ou à décharge. On empile. Le procès devient un mille-feuilles un peu indigeste.

Sans aucun doute, la victime de ce drame est Marie Trintignant. Mais il convient de rappeler certains principes de notre droit. La libération de Cantat ne gomme pas son crime. Libre, le chanteur a été contraint d'annuler sa participation à de nombreux festivals « pour mettre fin à toutes les polémiques et faire cesser les pressions sur les organisateurs ». Chaque concert qu'il a tenté de faire dans des petites salles a été le théâtre de polémiques, de manifestations et d'affrontements entre ses soutiens inconditionnels et ceux qui vivent ces apparitions artistiques comme une provocation. Après le suicide en 2010 de Krisztina Rády, une association féministe porte plainte contre Cantat. L'enquête est classée sans suite par le parquet de Bordeaux. Dans le même temps, le juge qui a octroyé la libération conditionnelle à Cantat signe une tribune. S'il approuve la libération de la parole des femmes battues, il s'offusque d'une justice parallèle, « véritable mise au pilori en place médiatique ».

« L'amalgame est désormais la règle, au point d'oser qualifier Cantat de “meurtrier de Marie Trintignant et de Krisztina Rády”. [...] Face à un “tribunal médiatique” tout-puissant, incontrôlable, l'institution judiciaire semble devenir secondaire. »

Le magistrat rappelle un élément essentiel de notre justice. Bertrand Cantat a purgé sa peine.

# PARTIE V

# Des politiques sur les bancs des prévenus

Les politiques ne sont pas au-dessus des lois qu'ils votent. Longtemps épargnés par les juges, les hommes politiques se sont fait rattraper au milieu des années 80-90 dans les dossiers principalement de financement illégal des campagnes électorales. Précédemment les foudres de la justice s'étaient abattues sur les chefs d'entreprise. En 1975, le juge Patrice de Charrette a fait la « une » de l'actualité pour avoir inculpé et placé en détention un dirigeant d'entreprise dans un dossier d'accident du travail. L'appellation « les juges rouges » était née. Certains y voyaient une forme de contestation sociale, là où d'autres ne soulignaient que l'application de la loi.

En tombant, les directeurs de sociétés, principalement du bâtiment, allaient emporter dans leur chute des élus et des trésoriers de partis politiques. En costume, cravatés, assistés des avocats pénalistes les plus réputés de la place, ils ont rejoint sur les bancs des prévenus les lois d'amnistie, votées par eux-mêmes, ont tenté de freiner les ardeurs des juges d'instruction. Il a fallu admettre que la justice devait désormais avoir une autre catégorie de prévenus à juger : les délinquants en col blanc. Avant le verdict des urnes, il y a le jugement des tribunaux. Jamais les politiques ne se sont autant préoccupés de la présomption d'innocence que depuis qu'ils sont dans le collimateur des magistrats.

Pour corruption, pour abus de biens sociaux, pour rébellion ou pour contestation de crime contre l'humanité, faire la liste de tous ceux que nous avons vus défiler depuis plus de 30 ans constitue une gageure. De Jacques Médecin à François Fillon, en passant par Alain Carignon[1], Michel Noir, Henri Emmanuelli, Robert Hue, Jean-Marie Le Pen, Jean Tibéri, Pierre Méhaignerie, Bernard Tapie, Jacques Mellick, Pierre Bédier, Jean-Luc Mélenchon, Claude Guéant, Alain Juppé, Jacques Médecin, Michel Roussin, Laurent Fabius, Charles Pasqua, Ségolène Royal, Christine Lagarde, Jean-Jacques Urvoas, François Léotard et Édouard Balladur, presque toutes les composantes politiques sont représentées. Mis en examen, François Bayrou, Richard Ferrand et Marine Le Pen pourraient prochainement grossir cet inventaire à la Prévert. Ces listes ne sont pas exhaustives. Rares sont ceux qui ont connu l'incarcération. Carignon, Médecin, Tapie sont, pour des raisons différentes, des exceptions. Plusieurs, en revanche, ont écopé de peines d'inéligibilité, ce qui n'a pas toujours empêché les électeurs de les réélire.

Faut-il s'en réjouir pour la justice ? Faut-il s'en plaindre pour l'image de notre démocratie ? Par 2 fois au cours de la V<sup>e</sup> République, 2 chefs de l'État ont comparu devant la justice après avoir perdu leur immunité présidentielle et être redevenus de simples justiciables. Absent à son procès pour raisons médicales, Jacques Chirac a été condamné dans un dossier de prise illégale d'intérêts, faits commis alors qu'il était de maire de Paris. Si Nicolas Sarkozy, mis en examen dans plusieurs procédures, a vu 2 de ses dossiers bénéficier de non-lieux, son agenda judiciaire reste chargé. Après un 1<sup>er</sup> procès à l'automne 2020 pour corruption passive dans le dossier dit des écoutes, un 2<sup>e</sup> se tient au printemps 2021 pour un présumé financement illégal de sa campagne de 2012, par l'intermédiaire de la société Bygmalion.

1. L'ancien ministre demeure un des hommes politiques les plus sévèrement condamnés. Pour corruption, alors qu'il était maire de Grenoble et président du conseil général de l'Isère, il a été condamné à 5 ans de prison dont 4 fermes, 400 000 francs d'amende (plus de 60 000 €) et 5 ans d'inéligibilité. Il a effectué près de 2 ans et demi de détention.

Pour les délits commis pendant leur présence à un gouvernement, les ministres comparaissent devant la Cour de justice de la République, composée majoritairement de parlementaires. Depuis la création de la CJR en 1993, les condamnations ont été rares. Elles oscillent de la relaxe à la dispense de peine, en passant par la prison avec sursis. Ces procès ont donné à l'opinion publique l'impression qu'on juge les politiques pour la forme. Pour amuser la galerie. Des condamnations en forme de réprimande. Une juridiction plus politique que judiciaire. Entre règlements de compte et corporatisme.

Jérôme Cahuzac et Patrick Balkany ont été jugés pour des faits similaires. Mais le sort qui leur a été réservé par les tribunaux correctionnels n'est bizarrement pas de même nature. Quant aux poursuites engagées aux États-Unis et en France contre Dominique Strauss-Kahn, outre d'avoir éclairé d'un jour nouveau la personnalité d'un homme politique, elles nous familiarisent avec les subtilités qui résident entre nos 2 procédures.

# Le bracelet pour Cahuzac et les menottes pour Balkany

Selon un adage populaire, la fraude fiscale est considérée en France comme un sport national. L'important étant de ne pas se faire prendre. Comme c'est désormais fréquemment le cas, c'est suite à des révélations de la presse, de *Médiapart* dans le cas présent, que le parquet de Paris ouvre, le 8 janvier 2013, une enquête préliminaire du chef de blanchiment de fraude fiscale. Elle vise Jérôme Cahuzac, ministre du Budget, afin de déterminer s'il a ou non un compte bancaire non déclaré en Suisse. L'intéressé est le premier à saluer cette initiative. « Cette démarche permettra, comme je l'ai toujours affirmé, de démontrer ma complète innocence des accusations dont je fais l'objet », affirme-t-il dans un communiqué.

Le 5 décembre, devant la représentation nationale, au Palais-Bourbon, Jérôme Cahuzac ne prête pas serment mais déclare : « Je n'ai pas, je n'ai jamais eu de compte à l'étranger. Ni maintenant. Ni avant. » Un démenti solennel qui va peser lourd dans la suite de l'affaire. « On ne retiendra que cette minute où je démens. Toute ma vie ne se résume qu'à ça », confessera-t-il plus tard à son procès. Le 19 mars suivant, la justice passe à la vitesse supérieure. Compte tenu des éléments à charge rapportés par l'enquête, le procureur de la république François Molins ouvre une information judiciaire. Elle est confiée à 2 juges qui ne sont pas des débutants : Renaud Van Ruymbeke et Roger Le Loire. Le même jour, le ministre, qui continue de clamer haut et fort son innocence, est forcé à la démission. C'est l'application de ce qui est appelé improprement la jurisprudence Balladur. En fait, instaurée sous son prédécesseur Pierre Bérégovoy, elle stipule, sans être écrite, que tout ministre compromis, sans forcément être mis en examen, dans une affaire judiciaire, doit quitter le gouvernement. Inaugurée par Bernard Tapie, Alain Carignon, Dominique Strauss- Kahn, Michel Roussin, Gérard Longuet dans un premier temps, Georges Tron, Éric Woerth, Bruno Le Roux, François Bayrou et Richard Ferrand plus récemment, ont été forcés de se l'appliquer.

En quelques jours, tout bascule dans la tête de l'ancien ministre. Un enregistrement de 4 minutes le met en difficulté. Un homme y évoque avec inquiétude son compte caché. Une expertise est diligentée afin de savoir s'il s'agit de la voix de l'ancien ministre, ce qu'il conteste sur le plateau du JT de France 2 début janvier.

Acculé, l'ancien président de la commission des Finances à l'Assemblée nationale décide de changer de stratégie et d'avocat. Il prend contact avec Me Jean Veil, qui a défendu Jacques Chirac et Dominique Strauss-Kahn. Les choses s'accélèrent. Son conseil, qui a de bons rapports avec l'un des 2 juges, obtient que Jérôme Cahuzac puisse être entendu rapidement. Dans le même temps, ce dernier écrit aux juges d'instruction : « Contrairement aux déclarations que j'ai été conduit à faire alors que j'étais membre du gouvernement, je suis titulaire d'un compte à l'étranger et souhaite vous fournir toutes les explications à ce sujet. » Le 2 avril, dans le bureau des 2 magistrats du pôle financier, Jérôme Cahuzac renouvelle ses aveux. La somme de 685 000 francs (104 430 €), fruit de ses activités de chirurgien capillaire[1] et de consultant dans l'industrie pharmaceutique, a transité du compte suisse à un autre compte à Singapour. Cahuzac ressort du cabinet des juges mis en examen pour fraude fiscale et blanchiment de fraude fiscale, mais reste libre. Après avoir perdu la stratégie politique et médiatique des premiers jours, il marque un point sur le plan judiciaire. En prenant les devants, il évite la convocation *manu militari*, la garde à vue et un contrôle judiciaire. Le lendemain, le président François Hollande, qui prône depuis le début de son mandat une présidence irréprochable, exemplaire, est contraint de faire une déclaration à l'issue du conseil des ministres. « J'ai appris hier avec stupéfaction et colère les aveux de Jérôme Cahuzac devant les juges. Il a trompé les plus hautes autorités du pays [...] C'est une faute impardonnable. C'est un outrage fait à la République. »

Bafouant la présomption d'innocence, le PS l'exclut. Au mois de juin, Cahuzac retourne à l'Assemblée nationale. Il n'est plus ministre, ni député. Il est auditionné par une commission d'enquête parlementaire. Costume gris, cravate noire, le visage fermé, tendu, il prête serment mais ne souhaite pas faire de déclaration préliminaire. Interrogé sur sa déclaration du 5 décembre, il justifie sa spirale du mensonge : « Je vous ai menti parce que j'avais menti au président de la République et au Premier ministre dans les heures qui précédaient. [...] Je n'ai dit la vérité à personne, à commencer par mon avocat[2]. » Mais conscient du risque qu'il prend, il refuse de répondre aux questions des députés qui empiètent sur l'instruction judiciaire. Tous se posent alors la même question qui perdurera jusqu'au procès : quand peut-on croire un homme qui a menti pendant plusieurs

1. Lors du procès en appel, il confie qu'il est arrivé à la chirurgie capillaire par hasard. « C'est mon épouse qui m'en a parlé. Je ne savais pas que cette chirurgie existait. »
2. Le prédécesseur de Me Veil.

mois ? Une sorte de “Docteur Jekyll et Mister Hyde”. Une face publique en apparence irréprochable, brillant chirurgien, député et ministre de bonne réputation, pourfendeur de la fraude fiscale. Une face cachée de fraudeur, de Picsou à double fond, de menteur.

Le 17 juin 2015, les 2 juges signent l'ordonnance de renvoi devant le tribunal correctionnel : 28 pages où il n'est question que de comptes bancaires en Suisse et à Singapour, d'ISF, de virements, d'importantes sommes d'argent, de rapatriement de fonds. On retient enfin que l'enquête a mis au jour « une volonté d'opacité renforcée » et un « montage sophistiqué ». Ce n'est pas le procès d'un mensonge mais d'une dissimulation.

Le mensonge perpétré par Jérôme Cahuzac ne peut pas faire l'objet de poursuites judiciaires. Il a été commis dans un cadre politique et médiatique. Rien de pénal donc, mais une faute morale évidente En revanche, un mensonge devant la commission d'enquête parlementaire peut engendrer une procédure, puisqu'il y a eu prestation de serment[3]. Devant ses juges, un mis en examen peut choisir de mentir comme stratégie de défense. C'est son droit. En revanche, toute personne prêtant serment à la barre d'un tribunal peut être poursuivie pour faux témoignage.

Le 8 février 2016, Jérôme Cahuzac arrive au palais de justice de Paris. Mâchoire serrée, il tente de se frayer un chemin au milieu de la meute de journalistes. On sent qu'il doit se maîtriser – lui, l'ancien boxeur amateur qui entretient sa forme par le sport – pour ne pas refouler vigoureusement ceux qui s'approchent trop près de lui. Dans la salle des criées qui donne sur

3. Dans l'affaire Benalla, le Sénat avait saisi le parquet de Paris pour d'éventuels faux témoignages de 3 proches collaborateurs d'Emmanuel Macron. Cette saisine avait été classée sans suite par le procureur Rémy Heitz.

l'immense salle des pas perdus, il retrouve son ex-épouse Patricia, dermatologue, elle aussi mise en examen dans cette affaire. Durant l'instruction, elle est celle qui a donné le plus d'éléments aux juges. Ils s'embrassent furtivement. Ils sont dans la même galère. Tous deux doivent répondre des mêmes délits de fraude fiscale et de blanchiment, mais les enjeux sont différents pour les anciens époux. Lui est également poursuivi pour avoir minoré sa déclaration de patrimoine lors de son entrée au gouvernement en mai 2012. Il encourt 7 ans d'emprisonnement et un million d'euros d'amende. À la question du président Peimane Ghaleh-Marzban, il répond qu'il est désormais "retraité". À 63 ans, l'homme incarne le mensonge et la trahison. Il est devenu le pestiféré de la politique. Tous ses amis lui tournent le dos. Non seulement la politique, c'est terminé, mais l'exercice de la médecine, son premier métier, lui est impossible. Toutes les portes des cabinets se sont fermées devant lui. Selon ses proches, il aurait songé à mettre fin à ses jours, las d'être la risée de la Nation et d'être insulté à chaque fois qu'il tente de reprendre une vie urbaine.

C'est un faux départ. Le tribunal répond favorablement à la demande des avocats de la défense qui ont déposé une question prioritaire de constitutionnalité (QPC). L'ancien ministre a déjà fait l'objet d'un redressement fiscal d'un montant de 2,3 millions d'euros, dont 500 000 € de pénalités. Le poursuivre pénalement constitue, selon M^e^ Jean Veil, une double peine et une double sanction. Après le rejet de cette QPC par le conseil constitutionnel qui considère que les poursuites pénales et fiscales sont possibles « dans les cas de fraudes les plus graves », le couple Cahuzac revient en septembre au tribunal.

Étonnant Jérôme Cahuzac qui, contre toute attente, révèle que l'argent qu'il a mis sur un compte caché en 1992 visait à financer les activités politiques de Michel Rocard. « J'espérais qu'il aurait un destin national. Je voulais me battre pour lui. Je ne lui ai jamais rien dit. » Difficile pour le tribunal de recouper cette “petite bombe”. L'ancien Premier ministre socialiste est décédé 2 mois plus tôt. « Serait-il toujours vivant que j'aurais dit la même chose », enchaîne le prévenu. L'interrogatoire serré mais courtois des magistrats ne permet pas au prévenu d'argumenter ses soudaines révélations. « Concrétisez votre parole. Ne dites pas “j'imagine”. Dites “je sais” », le supplie le président. Quand dit-il la vérité ? Pourquoi ne pas en avoir parlé lors de ces 9 auditions durant l'instruction ? Son avocat confiera plus tard qu'il a eu connaissance de cette annonce le matin même de l'audience. Les faits de financement illicite de parti politique qu'avance le prévenu sont désormais prescrits. Est-ce une stratégie de défense ? Il le nie. On ne le saura jamais. Une semaine plus tard, il revient sur son mensonge d'État. « As-tu oui ou non un compte ? Cette question, on ne me l'a pas posée. [...] Donc je n'ai pas menti au président les yeux dans les yeux. »

Face au tribunal, Jérôme Cahuzac choisit la carte de la repentance. Il reconnaît avoir commis une faute impardonnable. Nous sommes loin de l'image de la valeur montante et irréprochable du gouvernement de Jean-Marc Ayrault. Les sanglots dans la voix, il répond au président du tribunal. « Souhaitez-vous que je m'accable davantage ? Je suppose que vous imaginez le supplice que je vis. Je comprends le mal que j'ai fait. Cela allait détruire ma vie et révéler une partie de moi. Ce n'est pas que moi, c'est aussi moi. Je n'ai pas fait ça. C'est une partie de moi qui l'a fait. Je savais que si ce compte était révélé tout se saurait, que cela révèlerait cette partie de moi-même dont j'aurais voulu qu'elle n'existe jamais. La vérité est accablante, je l'assume. »

En ce 14 septembre 2016, Jérôme Cahuzac se retrouve dans une situation quelque peu cocasse. Sur sa gauche ont pris place 2 procureurs. Il s'agit de la cheffe du parquet national financier, Éliane Houlette[4], et d'un de ses adjoints. Ce parquet spécialisé dans les affaires politico-financières est né en mars 2014, conséquence directe voulue par le président Hollande après la déflagration du scandale Cahuzac. Jean-Marie Toublanc attaque fort et dénonce les « 20 ans de dissimulation, 20 ans de revenus occultes, 20 ans de comptes cachés dans les paradis fiscaux, 20 ans de fraude fiscale et 20 ans d'inégalité scandaleuse entre Cahuzac et le reste de la France face à l'impôt ». « Les yeux des citoyens sont tournés vers la justice et attendent que vous répariez la blessure faite à la République. » « Chez M. Cahuzac, la vérité est un mirage. On croit la saisir mais elle disparaît dans les sables mouvants de sa conscience. Ils appartiennent aux plus gros fraudeurs que la justice pénale a eu à connaître ». Éliane Houlette enchaîne : « Vous êtes à terre et je ne compte pas en profiter. [...] Nous ne saurons jamais si ce que vous dites est vrai [...] C'est le procès de la trahison et non celui du mensonge. Vous avez terni l'image de la France. » La procureure nationale financier requiert 3 ans de prison ferme et 5 ans d'inéligibilité pour « un mensonge d'État », 2 ans sont requis contre Patricia Cahuzac pour les mêmes délits.

On dit souvent qu'il peut paraître impossible de défendre le pire des criminels. À Jean Veil revient la lourde tâche de plaider pour celui qui s'est condamné d'avance. L'avocat ne s'attarde pas sur le dossier mais plaide pour l'homme. « Mon client est déjà puni. Il est banni. Cette punition est extrêmement lourde.

4. Arrivée à l'âge de la retraite, elle a été remplacée en octobre 2019 par Jean-François Bohnert.

Faut-il donner un gage à la vindicte publique en l'incarcérant ? » En désespoir de cause, Me Veil achève par un argument qui fait réagir la salle : « On n'a pas de place en prison. Je n'ai aucune envie que mes impôts y entretiennent Jérôme Cahuzac. »

Le 8 décembre, Jérôme Cahuzac retrouve sa place dans la salle d'audience pour entendre le jugement. Il fixe le plafond. Me Veil se tient à ses côtés. Comme pour le soutenir en cas de défaillance. Le tribunal ne croit pas à la version "Rocard", « de nature à altérer la mémoire de l'ancien ministre ». « Aucun élément pour confirmer ou infirmer. » Exit la thèse du financement occulte. Le président Ghaled-Marzban lit le dispositif. Il s'agit de rendre publiques les charges qui ont retenu l'attention des 3 juges. « Ses fonctions n'ont constitué en rien un frein à la fraude. Il occupait une place stratégique au sein du gouvernement. Il incarnait la politique fiscale de la France. Sa faute pénale est d'une exceptionnelle gravité, destructrice du lien social et de la confiance des citoyens dans les institutions de l'État, et qui traduit une perte totale des repères. Seule l'ouverture d'une information judiciaire a été l'élément qui a amené à reconnaître, à faire face à ses responsabilités. Il s'est obstiné à les contester bien qu'il ait assumé ses responsabilités à l'audience. » Le tribunal suit les réquisitions du parquet. Il condamne l'ancien ministre à 3 ans de prison ferme et 5 ans d'inéligibilité. Sonné, ce dernier ne se lève pas quand le tribunal quitte l'audience. Il reste de longues minutes, prostré. Dans les minutes qui suivent, ses avocats annoncent leur intention de faire appel. Seule façon d'échapper à l'incarcération. Patricia Cahuzac écope d'une peine de 2 ans ferme. Une condamnation qu'elle accepte. Elle bénéficiera d'un aménagement de peine, évitant une mise en détention.

Le 12 février 2018, un an après le premier procès, Jérôme Cahuzac est rejugé. Faire appel, c'est parfois une loterie. C'est un risque à prendre. On a tendance à dire que les peines sont généralement plus légères en seconde instance. Quelques jours plus tôt, les juges de la même cour d'appel ont pourtant aggravé la condamnation pour fraude fiscale d'un autre ancien ministre de François Hollande. Thomas Thévenoud, forcé de démissionner du gouvernement 9 jours après sa nomination en raison de sa "phobie administrative", voit sa peine multipliée par 4 : 1 an de sursis et 3 ans d'inéligibilité.

La nouvelle audience se tient dans une salle plus petite du 1er étage du vieux palais de justice. Les journalistes sont aussi nombreux que la dernière fois. Contrairement à février 2017, Jérôme Cahuzac arrive accompagné de ses nouveaux avocats. S'il a conservé son ami, Me Jean-Alain Michel, il a remplacé Jean Veil par Éric Dupond-Moretti et son associé Antoine Vey. Aucun des deux n'est un spécialiste des affaires financières, mais tout le monde a compris que l'enjeu de ce procès n'est ni de mettre en cause l'instruction ni de nier l'évidence. Il s'agit de « sauver la peau du soldat Cahuzac ». Le visage est fermé, fatigué. Sa démarche est mécanique. Le geste est mal assuré, à tel point qu'il va prendre un gendarme par la taille pour continuer sa progression, avant de s'en excuser. Le président de la chambre correctionnelle d'appel, en revanche, est un coutumier de ce type de délits. Dominique Pauthe a présidé quelques années plus tôt le procès des emplois fictifs de la mairie de Paris avec un Jacques Chirac absent. « Pourquoi avoir fait appel ? » demande le magistrat dès l'ouverture des débats. « J'éprouve un sentiment assez banal. J'ai peur, comme tout le monde, d'aller en prison. Je ne souhaite pas que ma mère et mes enfants viennent me voir en prison », réplique l'ancien ministre. La voix est à peine audible, terne, triste. Le débit est lent. Pour une fois celui que l'on accuse d'être l'incarnation du mensonge joue la franchise. Sur le fond, il présente les mêmes arguments qu'en première instance, la cagnotte Rocard, l'engrenage de la fraude familiale qui a consisté à placer à l'étranger une grosse partie des honoraires quand il était chirurgien capillaire. Dans la forme, il est sur un registre plus humble, plus sobre. « Une fuite en avant qui finit en catastrophe [...] Ma parole ne vaut plus rien [...] Je ne suis pas innocent. Je suis coupable de ce que j'ai fait mais je ne suis peut-être pas coupable de tout ce dont on m'accuse. » Plus prévenu que ministre. Il répète souvent « j'assume ». « C'est un homme dévasté, plein de remords. Il est au bord du gouffre », déclare son ami Jean-Luc Barré.

« Votre plus grande contribution à la lutte contre la fraude fiscale aura été votre procès », lance Jean-Christophe Muller qui, au nom du parquet général, requiert la confirmation de la peine. « Je ne demande pas la lune. Je suggère même d'aggraver la peine, mais je vous supplie de ne pas l'envoyer en prison », insiste M^e^ Dupond-Moretti.

Le 15 mai, Jérôme Cahuzac arrive au palais le regard fuyant. Il sait que, dans quelques minutes, les juges peuvent l'envoyer en détention. Immédiatement en cas de mandat de dépôt, ou dans quelques semaines. L'arrêt de la cour d'appel parle d'une « volonté persistante de se mettre hors la loi ». Mais les magistrats font rimer "dissimulé" avec "assumé". Une heure plus tard, c'est un autre homme qui sort de la salle d'audience. Il est souriant. Soulagé. Certes, il est condamné à une peine en apparence plus lourde, 4 ans dont 2 fermes, ainsi qu'à une amende de 300 000 € et à 5 ans d'inéligibilité. Mais la perspective de l'incarcération s'éloigne. La peine est identique à celle de son ex-épouse en première instance, donc aménageable. Les magistrats ont suivi la proposition de l'avocat pénaliste. « Ce n'est pas une victoire de la défense mais c'est une réelle victoire de la justice parce que cette décision est équilibrée », lance-t-il face aux caméras.

Malgré l'opposition constante du parquet, la chambre de l'instruction de la cour d'appel de Bastia a donné son feu vert, en avril 2019, pour que Jérôme Cahuzac purge sa peine en portant un bracelet électronique, qui lui sera retiré en septembre 2020. Dans le même temps, l'ancien chirurgien, qui s'est installé en Corse, a repris une activité de médecin généraliste à l'hôpital de Bonifacio (Corse-du-Sud). Sauf incident, il aura fini de purger sa peine ferme en 2021.

Le tsunami politique provoqué par l'affaire Cahuzac n'a pas seulement débouché sur ces 2 procès. Elle a donné naissance à plusieurs nouveautés pour lutter contre la fraude fiscale :

- La Haute Autorité pour la transparence de la vie publique (HATVP). Cette instance est chargée de passer au peigne fin les déclarations de patrimoine de près de 10 000 personnes. Cela concerne les parlementaires, les dirigeants d'entreprises publiques en passant par les élus, les membres de cabinet et les collaborateurs du président de la République. Tout doit être déclaré : immobilier, valeurs mobilières importantes, véhicules y compris vélos, à l'image de ce qu'avait fait Christine Taubira, ministre de la Justice. Sur le site de cette autorité, on peut consulter les déclarations mais avec interdiction de les publier sous peine d'amende. En cas de manquement grave, la HATVP a pour mission de saisir la justice. Yamina Benguigui, secrétaire d'État à la coopération, et Thomas Thévenoud au Commerce extérieur ont été les premiers dénoncés.

- Le parquet national financier (PNF) à l'origine de poursuites qui ont visé aussi bien des banques – comme une filiale suisse de la HSBC – que des hommes politiques, comme Claude Guéant, Serge Dassault, François Fillon ou Patrick Balkany.

- La loi du 15 septembre 2017 qui rend obligatoire la peine complémentaire d'inéligibilité, portée de 5 à 10 ans « afin d'écarter des fonctions électives les personnes qui [...] ne remplissent plus les conditions de moralité essentielles à l'exercice d'un mandat public[5] ».

- L'Agence anticorruption (AFA) chargée de contrôler les pratiques des entreprises.

- Enfin, à l'image du *name and shame*[6] qui se pratique dans les pays anglo-saxons, le parlement a, en 2018, autorisé la publication du nom d'une personne morale[7] condamnée pour fraude fiscale[8].

***

Autre couple. Les délits reprochés sont en partie identiques mais l'ambiance est différente et les décisions de justice d'une autre nature.

Un an avant de partir à la retraite, le juge Renaud Van Ruymbeke co-signe[9] l'ordonnance qui renvoie devant le tribunal correctionnel de Paris les époux Balkany pour blanchiment de fraude fiscale. Contrairement au dossier Cahuzac, ce n'est pas

5. Le tribunal a la possibilité de ne pas appliquer cette peine, à condition de motiver sa décision, au regard des faits ou de la personnalité de l'intéressé. (Art 131-26-2 du code pénal)
6. « Nommer et faire honte ».
7. En droit, la personne moral désigne une entreprise, une société, une association... poursuivie en tant que telle. Elle ne peut donc être condamnée qu'à des sanctions financières
8. Art. 1729 A du code général des impôts, issu de la loi du 23 octobre 2018 sur la lutte contre la fraude fiscale.
9. Avec la juge Patricia Simon, vice-présidente chargée de l'instruction.

la presse qui alerte la justice mais un proche du couple, Didier Schuller. Condamné dans l'affaire dite des HLM des Hauts-de-Seine, dans laquelle Patrick Balkany a bénéficié d'une relaxe, Didier Schuller[10] s'épanche en octobre 2013 devant les magistrats instructeurs : « J'ai payé ma dette [...] M. Balkany[11] [...] aurait à sa disposition un palais à Marrakech, une résidence de luxe à Saint-Martin et l'usufruit du Moulin de Giverny. Je suis heureux de voir que ce que je pensais être du financement politique a pu profiter à d'autres fins et sans doute personnelles. » Pain bénit pour le parquet qui ouvre, début décembre 2013, une information judiciaire visant celui qui est maire (LR) de Levallois-Perret depuis 1983, et celle qui est sa première adjointe depuis 2001. La justice reproche au couple d'avoir eu « recours à des prête-noms et à des structures *offshore* » pour dissimuler des revenus occultes et un patrimoine considérable. « Dans le souci de ne pas apparaître comme les véritables propriétaires, [ils] ont progressivement mis en place des montages de plus en plus sophistiqués », écrivent les juges. Suite à une plainte déposée par Bercy en juin 2015, le couple est renvoyé devant les tribunaux pour une fraude fiscale qui s'étend sur 6 ans et qui porte sur 4 millions d'euros. Tous deux sont placés sous contrôle judiciaire, ce qui les oblige à remettre leur passeport, empêchant toute fuite à l'étranger.

À l'issue d'une instruction scrupuleuse de plusieurs années et d'une vingtaine de commissions rogatoires internationales, l'argent ayant transité par la Suisse, le Panama, Singapour, les Seychelles et le Liechtenstein, Patrick Balkany est poursuivi pour

10. Directeur de l'Office HLM dans les Hauts-de-Seine, il est condamné en appel en 2007 à 3 ans, dont un ferme, de prison. Lors de l'instruction du juge Didier Halphen, il s'était exilé aux Bahamas puis à Saint-Domingue.
11. Président de l'Office public départemental des HLM des Hauts-de-Seine (1983-1998).

fraude fiscale, pour blanchiment de fraude fiscale à hauteur de plus de 13 millions d'euros, pour corruption passive, pour blanchiment de corruption passive, pour prise illégale d'intérêts et déclaration incomplète ou mensongère de situation patrimoniale. Sa qualité d'élu constitue une circonstance aggravante. Isabelle Balkany est poursuivie pour fraude fiscale, blanchiment aggravé de fraude fiscale et déclaration incomplète ou mensongère du patrimoine. Au cours de l'instruction, ils ont longtemps nié les faits. Ce n'est qu'à sa 5e audition qu'Isabelle Balkany a reconnu que la villa *Pamplemousse* de Saint-Martin leur appartenait.

Relaxé dans le dossier des HLM de leur département, Patrick Balkany, comme son épouse, a en revanche été condamné en 1996 à 15 mois de prison avec sursis et 2 ans d'inéligibilité pour « prise illégale d'intérêts ». Tous deux avaient utilisé à leur service 3 employés municipaux. Le nom de Patrick Balkany apparaît dans d'autres procédures judiciaires sans qu'il fasse l'objet de mises en examen.

Le 13 mai 2019, le couple Balkany comparaît devant la 32e chambre correctionnelle de Paris, celle-là même qui a jugé, 3 ans plus tôt, les ex-époux Cahuzac. Les magistrats ont changé. Le tribunal est présidé par Benjamin Blanchet, jugé compétent mais plutôt brusque dans ses interrogatoires. L'accusation est soutenue par Serge Roques et Arnaud de Laguiche du parquet national financier. Les 2 dossiers n'ayant pas été joints, au grand dam de la défense, le couple Balkany sera jugé 2 fois. D'abord pour fraude où ils encourent 5 ans d'emprisonnement. Ensuite pour les autres délits où la peine peut aller jusqu'à 10 ans de prison.

Le tribunal de grande instance de Paris ayant déménagé depuis le procès Cahuzac, celui des époux Balkany se déroule dans le nouveau tribunal aux Batignolles. Seul Patrick Balkany se présente devant ses juges. 10 jours auparavant, son épouse (71 ans) a fait une tentative de suicide en absorbant des médicaments à son domicile de Giverny (Eure). « Je suis fatiguée que [...] tout ce que nous avons pu accomplir pendant tant d'années [...] soit à jamais effacé par l'encre indélébile d'une instruction exclusivement à charge », a-t-elle écrit dans un message Facebook.

Costume bleu, chemise blanche, le maire de Levallois fait son entrée dans la salle d'audience. Attendu par les médias. Attendu par les juges. Quelques Levalloisiens le regardent arriver accompagné de ses 2 avocats : Mes Dupond-Moretti et Vey, déjà aux cotés de Jérôme Cahuzac en appel. L'avocat historique des époux Balkany, Me Grégoire Lafarge, victime d'un accident cérébral, a dû déclarer forfait.

Dès les premières minutes de l'audience, le climat se tend entre le président Blanchet et le ténor pénaliste. Ce dernier demande, soutenu par son confrère Me Pierre-Olivier Sur, avocat d'Isabelle Balkany, le renvoi du procès. Pour eux, on ne peut pas juger le mari sans son épouse. Sauf que cette dernière, dans une lettre lue par son conseil, accepte d'être jugée. La demande de l'avocat est rejetée. Les avocats du maire demandent la récusation du président du tribunal. Ils mettent en doute son impartialité, compte tenu de précédentes prises de position dans d'autres dossiers similaires : 2e refus. Argumentant qu'un responsable d'une association partie civile dans le dossier est également magistrat au sein de la juridiction, ils demandent que l'affaire soit jugée ailleurs : 3e refus. Enfin, soutenant que les faits sont imbriqués, la défense exige que les 2 dossiers soient joints juridiquement afin d'être jugés en même temps : 4e refus. Les avocats de Patrick Balkany décident de sortir l'artillerie lourde.

Là où certains conseils choisissent la diplomatie, Me Dupond-Moretti privilégie l'attaque frontale, menaçant également de ne plus assurer la défense de son client. Courageux mais risqué. Comme Cahuzac, Balkany a pratiqué la boxe. Mais dans un procès, c'est rarement le tribunal qui est KO.

Deux bulldozers s'affrontent au fil des audiences. Au milieu de l'arène judiciaire, l'avocat qui entretient sa logique de mettre en pièces l'instruction. Du haut de son tribunal, le magistrat qui s'applique à mettre sur la table le luxueux train de vie du couple, en insistant sur les 11 chambres et les 9 salles de bain des 1 300 m$^2$ du Moulin de Giverny évalué à plus de 3 millions d'euros, à rappeler leur propension à utiliser de l'argent liquide en grosses coupures de préférence, et à souligner leur obstination à nier l'évidence. « Ils jetaient l'argent par les fenêtres », « Ils payaient leurs billets d'avion en liquide », ont déclaré des membres du personnel. « C'est un viol de notre vie privée », a écrit Isabelle Balkany au juge Van Ruymbecke, déclarant dans le même temps assumer les erreurs commises dans ses déclarations d'impôts.

Interrogé à la barre pendant 3 heures, celui qui rappelle qu'avant la politique, il a eu une carrière artistique, qu'il a joué dans quelques films pour la télé et le cinéma, fait son numéro. Il choisit de mettre le public de son côté. Au tribunal : « Il n'y a pas plus de magot que de beurre en branche. » « On avait des espèces, il fallait bien les utiliser. On a mangé notre capital mais on a bien vécu. » Au public : « Pour Cahuzac, on savait tous. Il plantait les cheveux [...] C'était chauve qui peut ! » Au président : « J'aurais préféré prendre le café avec vous. » À l'avocat du Trésor public : « Je n'ai pas un amour fou pour l'administration fiscale, mais elle doit m'adorer, je lui ai versé plus d'un million d'euros. » Ses réponses sont des répliques sorties tout droit d'un film de Michel Audiard. À tel point que, lorsque son portable se déclenche en pleine audience, c'est la musique des *Tontons flingueurs* qui retentit. Aux médias, hors audience : « J'ai commencé la politique avec ma femme, nous étions riches. On la finit pauvres. » Sur le fond, même s'il consent à certains manquements, ses arguments ne relèvent pas le niveau. Il dévalorise les 3 biens en question. La villa des Caraïbes ne serait qu'un modeste bungalow balayé par les cyclones. Le tennis du Manoir de Giverny est envahi par les mauvaises herbes, quant au riad de Marrakech, ce n'est pas parce qu'il a pour nom la contraction des prénoms de 2 petits-enfants qu'il leur appartient. Tout le monde dans la salle relève pourtant le lapsus du prévenu quand il déclare : « On lui a donné un nom quand on l'a acheté. » Quant à leur liquidité abondante, elle provient de la fortune laissée par leurs parents, composée entre autres de lingots d'or.

Si des rires fusent du public, venu tous les jours nombreux assister au spectacle gratuit offert par le maire de Levallois, les visages des magistrats restent imperturbables devant la stratégie de défense suicidaire du prévenu. Le couple, après un temps de séparation pour raisons conflictuelles, a continué à remplir chacun sa déclaration.

« Je reproche à l'administration fiscale de ne pas m'avoir averti qu'il y avait une anomalie, assure, péremptoire, le maire.

— C'est une négligence de votre part, rétorque le président.

— Non, du fisc », réplique avec culot le prévenu.

L'homme est plus prolixe quand il parle de sa ville et de sa mission de maire. « C'est le plus beau métier du monde. J'ai fait beaucoup pour la sécurité. J'ai été le premier à faire installer des caméras de surveillance. Je suis très fier de ce que j'ai fait pour ma ville. Les élus sont mal récompensés. C'est un sacerdoce 24 h/24. On se donne corps et âme. »

« Vous êtes un grand fraudeur fiscal. [...] Vous êtes un cynique », assène le procureur, qui rappelle que le prévenu se présentait aux médias comme « l'homme le plus honnête du monde ». Après avoir égrené les omissions et minorations du couple dans leurs déclarations respectives d'impôts, évitant ainsi d'être assujettis à l'ISF, le représentant du parquet national financier (PNF) donne le ton de ces réquisitions : « De tels comportements, quand ils viennent d'élus, ne sont pas tolérables. Vous avez eu les mots de celui qui se croit tout permis. Vous êtes un élu depuis 37 ans. Toute peine autre que l'enfermement ferme serait une peine injuste. Il faut rétablir l'ordre social. » Il requiert 4 ans ferme avec mandat de dépôt contre Patrick Balkany, 2 ans pour Isabelle Balkany ainsi que 10 ans d'inéligibilité pour les deux. Le parquet ne réclame pas de mandat de dépôt à l'encontre de son épouse, compte tenu de son état de santé.

« C'est l'exemple de l'homme à abattre au point de l'envoyer en prison pour que tout le monde se régale. [...] Le mandat de dépôt, c'est l'humiliation » s'insurge M^e^ Dupond-Moretti, qui sait, comme pour son précédent client Jérôme Cahuzac, que c'est l'incarcération qu'il faut éviter. Alors que, par la bouche de son avocat, Isabelle plaide coupable, son mari, lors de sa dernière prise de parole, concède : « J'ai fait des fautes, c'est vrai. » De sa grosse voix de basse, Patrick Balkany confie à la presse qu'il trouve ce réquisitoire « sévère et excessif ».

La semaine suivante, le tribunal ouvre le dossier blanchiment. Isabelle Balkany est toujours absente. Son époux est rejoint par d'autres prévenus poursuivis dans cette affaire. Leur fils Alexandre, un avocat, un promoteur saoudien, un ancien directeur général d'une société chargée de l'urbanisme de Levallois-Perret. Seul à comparaître dans le premier dossier, Patrick Balkany ne risquait pas d'être contredit. La donne est cette fois-ci différente. Affirmatif, il déclare que le riad à Marrakech est une "planque" achetée pour un homme d'affaires, Mohammed Al Jaber, qui encourt de graves dangers dans son pays d'origine. Ce dernier, qui évalue sa fortune entre 7 et 9 milliards d'euros, souligne n'avoir pas mis les pieds au Maroc depuis 20 ans, et renvoie l'amateur de boxe Balkany dans les cordes. « Tout ce qu'il a dit, je le nie. C'est de la folie. Cela n'a aucun sens. » Même mauvais moment à passer quand un témoin venu de Suisse détaille le montage *offshore* qu'il a mis sur pied, via une SCI marocaine, à la demande de proches des Balkany pour l'acquisition du riad.

Comme un comédien en représentation, le maire reparle de lui avec délectation. « Quand un homme politique s'arrête, il meurt. Je ne sais pas ce que l'avenir me réserve [...] Pendant 35 ans, je n'ai fait qu'aider les autres. J'ai 4 petits-enfants et j'ai l'impression d'en avoir 5 000 dans la ville. Le maire est le seul élu qui est aimé des Français. Le seul qui a grâce à leurs yeux. [...] Ma manie de faire plaisir. Voilà ce que je regrette. On n'en serait pas là. Nous n'avons plus grand-chose pour vivre. »

La fraude est une chose. Son blanchiment en est une autre. Le parquet augmente la facture de l'élu des Hauts-de-Seine. « Patrick Balkany a navigué entre outrance et arrogance, parfois le grotesque [...] Servir pour se servir, c'est le lot du corrompu. [...] Beaucoup ont cru que Patrick Balkany n'aurait jamais à rendre des comptes à la justice. Beaucoup en ont fait le symbole de l'impunité des puissants, de l'impuissance et de la lenteur de la justice en matière de grande délinquance économique et financière », précise le procureur. 7 ans sont requis, toujours avec mandat de dépôt, accompagné de 10 ans d'inéligibilité, 4 ans avec sursis le sont contre son épouse. Le parquet demande aussi la confiscation des biens.

Les 2 dossiers n'ayant pas été joints et le parquet ne demandant pas la confusion des peines, si le tribunal suit les réquisitions, ce sont 4 et 7 ans qui sont demandés contre Patrick Balkany. « Demander 11 ans, c'est monstrueux. On marche sur la tête. On ne requiert pas cela pour un crime de sang », s'emporte son avocat devant la presse. En sortant de la salle d'audience, passant à proximité des 2 procureurs, Patrick Balkany les prend à partie en marmonnant : « Avec vous, il vaut mieux avoir tué quelqu'un. »

Convaincu avec raison que son client sera condamné – le mot "relaxe", d'ailleurs, n'est jamais prononcé par la défense –, Me Dupond-Moretti ose tout. Comme dirait Audiard, c'est même à cela qu'on reconnaît les grands ténors. Fidèle à sa marque de fabrication, il fait dans le brutal. Il attaque plus qu'il ne défend. Dans sa ligne de mire, le président, dont il ne croit pas à l'impartialité, et les 2 représentants de l'accusation : « Vous êtes les chefs d'orchestre de la morale publique et, à vous seuls, la République. Vos réquisitions vont au-delà du maximum légal, on est chez les fous, c'est d'une férocité insupportable. [...] Vous êtes une juridiction spécialisée. Elle fonctionne toujours à l'excès. [...] Je vous demande un peu d'humanité et pas un coup de pied. »

Ayant abandonné son registre de prévenu amuseur et décontracté, Patrick Balkany déclare, la voix légèrement éteinte : « Je n'aspire qu'à une chose. C'est de pouvoir rester auprès de ma femme parce qu'elle a besoin que je sois près d'elle. »

Le vendredi 13 septembre, le destin politique et judiciaire du couple bascule en 2 heures. Peu après 13 heures, Isabelle et Patrick Balkany arrivent main dans la main. L'épouse se présente à ses juges pour la première fois. Pour entendre le jugement du dossier de la fraude fiscale. Dans l'ascenseur qui les conduit vers la salle d'audience, Patrick Balkany affiche un sourire avant de prendre un visage plus de circonstance. Un quart d'heure plus tard, l'ambiance est tout autre. Le maire est condamné à 4 ans de prison ferme avec mandat de dépôt.

La première adjointe écope de 3 ans ferme, mais est laissée libre compte tenu de son état de santé. Leur fils, également condamné, soutient ses parents alors qu'ils s'embrassent une dernière fois. Patrick Balkany, 71 ans, console son épouse avant de quitter la salle, encadré par 2 policiers. Une heure plus tard, il arrive dans une voiture banalisée à la prison de la Santé à Paris. Le couple est également condamné à 10 ans d'inéligibilité. Le tribunal, dans son jugement de 67 pages, parle d'un « indéniable enracinement de M. Balkany dans une délinquance fortement rémunératrice ». « On s'est payé Balkany aujourd'hui », grommelle son avocat.

Un mois plus tard, tombe le jugement du second volet. Isabelle, maire par intérim, se présente seule au tribunal. Incarcéré, son époux refuse d'être extrait de sa cellule individuelle. Selon son frère, il ne souhaite pas apparaître publiquement en détenu. Le couple est condamné pour blanchiment respectivement à 5 et 4 ans ferme, à 10 ans d'inéligibilité et à un million d'euros de dommages et intérêts. Des peines qui s'additionnent aux premières. Leurs résidences de Giverny et de Marrakech sont confisquées[12]. Patrick Balkany est relaxé des délits de corruption et de prise illégale d'intérêts.

Pour leurs 2 condamnations, les époux Balkany font appel. Cela a pour conséquence de suspendre la confiscation des biens et les peines d'inéligibilité. Rien ne les empêchait, en droit, de

12. Celle des Caraïbes ayant été vendue, la justice a saisi l'argent de la vente, soit plus d'1 350 000 euros.

se présenter aux municipales de 2020. En revanche, l'appel n'est pas suspensif dans le cas d'un mandat de dépôt, d'où l'incarcération immédiate du maire. Seule Isabelle est restée libre en attendant que sa condamnation devienne définitive.

Plusieurs demandes de mise en liberté, durant lesquelles le détenu apparaît amaigri, disant souffrir le martyre, sont refusées par la cour d'appel de Paris. C'est donc détenu qu'il comparaît à ces 2 procès en appel, en décembre 2019 et février 2020. Depuis une loi de mars 2019, la justice a obligation de rejuger dans un délai de 4 mois un prévenu en détention. Un avocat moins médiatique et peut-être plus diplomate, Me Romain Dieudonné, succède au tandem Dupond-Moretti/Vey. Hospitalisé dès le second jour de ce second procès pour fraude fiscale, il laisse Isabelle seule face aux nouveaux juges qui composent la cour. « J'ai 72 ans et je n'ai jamais rempli de déclaration d'impôt. Patrick non plus [...] Elles étaient faites par un expert-comptable et une ancienne receveuse des impôts à la retraite », avoue sans détour la prévenue, qui semble avoir retrouvé une certaine énergie. Là où n'importe quel contribuable pris en défaut courberait le dos, Isabelle Balkany, à l'image de son mari en première instance, n'hésite pas à répondre avec gouaille quand on l'interroge sur son train de vie : « Je n'y peux rien si je suis née avec une cuillère en argent dans la bouche. »

Remis en liberté courant février pour raisons de santé, Patrick Balkany, accompagné d'Isabelle, reprend le chemin du palais de justice en mars et mai 2020 pour entendre la décision des juges d'appel. Tous deux ont perdu de leur superbe. En mars 2020, la peine pour fraude fiscale est réduite à 3 ans ferme[13] pour le

13. 4 ans dont un avec sursis pour Patrick Balkany et 3 pour son épouse.

couple. Sans mandat de dépôt. En revanche, la cour décide que la peine de 10 ans d'inéligibilité soit applicable immédiatement. Une décision symbolique puisque, dès décembre, le couple a annoncé son intention de ne pas se représenter à la mairie. Le règne des Balkany à Levallois prend fin. Par arrêt du juge. En mai, dans le volet blanchiment, les peines sont alourdies : 5 ans pour l'ancien maire et 4 pour son épouse. Fermes. Chacun est condamné à payer 100 000 euros d'amende. Ils doivent en outre, avec les autres protagonistes du dossier, verser la somme d'un million d'euros de dommages et intérêts à l'État. Condamnation pénale, financière mais aussi patrimoniale. Leurs biens, saisis au début de l'instruction, sont confisqués. En clair, le Moulin de Giverny, qui est leur lieu de résidence, le riad de Marrakech, ainsi que la somme perçue de la vente de la villa des Caraïbes, ne leur appartiennent plus. Tous ces biens sont récupérés par l'État qui peut les revendre ensuite. Certes pour le moment, les Balkany ne vont pas en prison mais ils doivent en principe déménager. Ils ont officiellement perdu tous leurs signes extérieurs de richesse. Leur chute est aussi brutale et vertigineuse que leur ascension fut mirobolante et sulfureuse. Une question demeure. À quel moment ces décisions judiciaires seront-elles effectives ? Condamnés à des peines de prison ferme lourdes, ils ont continué à fanfaronner sur des plateaux de télévision. Restés en liberté pour raisons médicales, ils sont apparus plus vaillants que certains détenus de nos prisons. La justice avançant au rythme des escargots, ce qui est décidé et écrit sur le papier reste parfois, pour certains privilégiés, lettre morte. Une justice qui condamne sans exécuter est-elle crédible et efficace ?

La confusion des peines n'ayant, à ce jour, pas été prononcée, Patrick et Isabelle Balkany sont condamnés respectivement à

8 et 7 ans. Des peines largement supérieures à la moyenne dans les tribunaux français. Sans commune mesure avec celle infligée à Jérôme Cahuzac. Comment expliquer que, pour les mêmes délits financiers, un ancien ministre purge sa condamnation en portant un bracelet électronique alors que l'ancien maire a été incarcéré immédiatement ? D'abord le mandat de dépôt n'a pas été requis à l'encontre de Jérôme Cahuzac. Éliane Houlette, lors du procès de ce dernier, a fait le distinguo entre délinquance de droit commun et celle en col blanc, constatant que « dans le premier cas, le mandat de dépôt est courant. Dans le second, il est exceptionnel ».

Ensuite, le quantum des peines n'est pas du même ordre. Les sommes en jeu non plus. « Le montant de la fraude fiscale de Jérôme Cahuzac est infiniment moindre par rapport aux époux Balkany et, contrairement à eux, il s'était présenté à l'audience en ayant payé ses arriérés », avait déclaré le représentant du parquet national financier. Autre différence majeure, le casier judiciaire du premier était vierge alors que, pour le député des Hauts-de-Seine, le tribunal notait qu'il n'y avait eu « aucune prise de conscience après une condamnation » dans un dossier à Nanterre. Dans les dossiers qu'il a plaidés, M^e^ Dupond-Moretti s'est insurgé de la lourdeur des peines requises ou prononcées. Sans commune mesure, selon lui, avec la jurisprudence : « Des peines monstrueuses, au-delà de tout ce qui a été prononcé. » Soulignant même, en citant les noms de Liliane Bettencourt et de Johnny Hallyday, que certains "mauvais payeurs" n'avaient pas essuyé les foudres de la justice à la même hauteur. Chaque année, ce sont 600 poursuites pénales qui sont engagées. Elles aboutissent dans 20 % des cas à des peines de prison ferme. Mais pas forcément avec mandat de dépôt. Patrick Balkany n'est pas le premier homme politique à être condamné à de la prison ferme pour fraude fiscale. L'ancien ministre de la Ville, Bernard Tapie, a obtenu la confusion de sa peine dans le dossier "Phocéa" avec sa condamnation dans le procès OM/VA.

La stratégie de défense peut également expliquer cette différence de traitement. Les échanges entre les magistrats et l'ancien ministre du Budget ont toujours été courtois et respectueux, pour ne pas dire urbains. Jérôme Cahuzac a joué la carte du *mea culpa*, rarement choisie par les hommes politiques devant les tribunaux. On l'a vu, le registre théâtral du maire de Levallois n'était pas le répertoire adéquat. Le couple Balkany s'est beaucoup défendu en mettant en avant qu'il n'y avait eu aucun détournement d'argent public. « Ils n'ont pas tapé dans la caisse », devait argumenter leur avocat. « C'est uniquement notre patrimoine familial, il n'y a pas de corruption », s'est défendue Isabelle Balkany devant les caméras. À aucun moment, la justice ne leur a reproché d'avoir soutiré de l'argent des caisses de l'État, mais plutôt de ne pas avoir contribué à les remplir. Enfin – et les juges ont souligné cet argument pour expliquer leur sévérité –, Isabelle et Patrick Balkany n'ont jamais, au cours de leurs 4 procès, exprimé un quelconque regret de leur attitude vis-à-vis du fisc.

# De New York à Lille, les affaires DSK

Une audience devant une cour criminelle aux États-Unis et 2 procès devant un tribunal correctionnel. Ce fut longtemps la menace qui a pesé sur Dominique Strauss-Kahn dans les années 2010. À chaque fois pour des faits à caractère sexuel. Un coup d'arrêt fatal pour celui qui partait comme favori pour la primaire socialiste en vue de l'élection présidentielle de 2012. Retour de bâton pour un homme qui avait déjà comparu devant des juges au siècle précédent, dans une affaire d'une autre nature, politico-financière. Autrement dit plus noble. En novembre 1999, une mise en examen dans un dossier d'emplois fictifs à la MNEF[1] le contraint à démissionner de son poste de ministre de l'Économie. 2 ans plus tard, il est relaxé par le tribunal correctionnel de Paris.

Le dimanche 15 mai 2011, tout débute par une image. Celle du directeur du FMI sortant de nuit d'un commissariat de Harlem à New York, sur la 124e rue. Escorté par plusieurs enquêteurs, il est filmé et photographié par des dizaines de journalistes préalablement prévenus de l'arrivée du suspect. Une pratique courante aux États-Unis, appelée *Perp walk*, littéralement “marche du criminel”. Une condamnation avant l'heure. Une humiliation par médias interposés offerte au monde entier.

1. Mutuelle nationale des étudiants de France.

En contradiction avec le principe d'innocence et ne reposant sur aucun fondement juridique. Seulement sur la volonté du procureur. Ce pouvoir exécutoire de l'image rappelle une phrase de Luc Frémiot, l'avocat général qui a requis en appel à Douai contre Bernard Tapie dans le dossier du match de football truqué OM/VA : « Celui qui a vécu par l'image, périra par l'image. »

Le visage fatigué, le regard sombre, Dominique Strauss-Kahn, 62 ans, se présente face à la presse contre son gré. On ne voit pas les menottes mais il est clair que le suspect est entravé. Une image sanctionnée pénalement en France[2]. C'est un coup de tonnerre national avant d'être international.

Alors qu'il est déjà installé en première classe dans l'avion qui doit le ramener à Paris, vol prévu de longue date, DSK est arrêté à l'aéroport John F. Kennedy. Il n'oppose aucune résistance aux 2 policiers. Après avoir quitté son hôtel, il avait déjeuné avec l'une de ses filles. C'est en appelant l'hôtel depuis l'aéroport, croyant avoir oublié quelque chose, qu'il a été localisé par la police new-yorkaise. Une femme de chambre de l'hôtel *Sofitel*, près de Times Square, où DSK résidait la nuit précédente dans la suite 2806, l'accuse de l'avoir forcée à accomplir un acte sexuel. Lors d'une séance d'identification au commissariat, la femme âgée de 32 ans, d'origine ghanéenne, identifie son agresseur parmi le groupe d'hommes qui lui est présenté derrière une

2. La diffusion d'une image de personne menottée ou entravée, n'ayant pas fait l'objet d'un jugement de condamnation, est interdite depuis la loi renforçant la présomption d'innocence et les droits des victimes. Depuis le 1er janvier 2001, ce délit est puni de 15 000 euros d'amende. Élisabeth Guigou, ministre de la Justice, avait été choquée par l'image d'un guide de haute montagne des Orres, alors qu'il était conduit entravé au palais de justice de Gap. Celui-ci était poursuivi pour homicide involontaire après la mort de 11 personnes, dont 9 collégiens, victimes d'une avalanche. En février 2020, le parquet a ouvert une enquête pour violation du secret de l'instruction après la publication, à la "une" de *Paris Match*, de la photographie de Piotr Pavlenski menotté par des policiers alors qu'il est à terre.

vitre sans tain lors d'un tapissage. De son côté, DSK, qui ne peut bénéficier d'une immunité diplomatique, plaide non coupable.

Le 16 mai, surlendemain de son arrestation, DSK, mal rasé, le visage défait, comparaît devant la juge Melissa Jackson. L'audience est filmée. Le procureur Cyrus Vance Jr requiert le placement en détention. Les avocats de DSK proposent le versement d'une caution d'un million de dollars, et la pose d'un bracelet électronique, en échange de sa remise en liberté. Craignant une fuite de l'homme politique français, échaudée par celle, quelques années plus tôt, du cinéaste Roman Polanski, la juge refuse la remise en liberté. Le directeur du FMI retourne en détention à la prison de Rikers Island, dans une cellule individuelle. L'audience continue avec d'autres accusés poursuivis pour trafic de drogue.

Dans la nuit, 2 avocats font face à la presse. L'un s'appelle William Taylor, il est un des 10 grands pénalistes de Washington. Il a déjà assuré la défense de DSK dans une affaire d'abus de pouvoir sur fond de relation extraconjugale avec une économiste du FMI. L'autre se nomme Benjamin Brafman. Après avoir été procureur adjoint à Manhattan, il est un des avocats new-yorkais les plus en vue. Vedettes de football américain, stars du rap, nombreuses sont les personnalités à avoir fait appel à lui. Quelques années plus tôt, il était aux côtés de Michael Jackson alors accusé d'agression sexuelle sur un jeune mineur. Brafman est connu pour ses acquittements et pour négocier un arrangement financier avec les victimes.

Chargés d'assurer la défense de DSK, leur tâche est lourde. Dès le lendemain, ce ne sont pas moins de 7 chefs d'inculpation qui pèsent contre le directeur du FMI. 3 jours plus tard, renversement de situation. DSK qui, entretemps a démissionné de son poste, comparaît devant un autre juge, Mickael Obus. Ce dernier lui accorde sa remise en liberté contre une caution d'un million de dollars assortie d'un dépôt de garantie de 5 millions de dollars. Strauss-Kahn est assigné à résidence dans un appartement loué dans le quartier de TriBeCa par son épouse Anne Sinclair. Il doit porter un bracelet électronique et être suivi 24 h/24 par un gardien armé, aux frais de l'accusé, et sous surveillance vidéo. Le non-respect de ces obligations entraîne le retour à la case prison.

Le 6 juin, DSK comparaît à nouveau devant le juge Obus. Il plaide à nouveau non coupable. L'audience ne va durer que 7 minutes. Mais suffisamment longtemps pour que les protagonistes entendent distinctement un groupe de femmes crier, 12 étages plus bas : « *Shame on you*[3] *!* »

Fin juin, le centre de gravité se déplace. L'ex-patron du FMI n'est plus en ligne de mire. Les regards se sont détournés vers la victime supposée. Le procureur Cyrus Vance Jr doit soupeser les accusations portées contre l'homme politique français face aux mensonges de plus en plus lourds de Nafissatou Diallo. La femme de ménage s'est contredite dans la narration des faits qu'elle dénonce. Après avoir déclaré s'être isolée parce que prise d'un malaise, elle reconnaît avoir fait le ménage dans une chambre voisine de la suite 2806.

Le 1er juillet, DSK gagne une manche capitale. Il est remis en liberté par le juge Obus après une audience qui dure à peine 10 minutes. Fini la résidence surveillée et les mesures d'astreinte. La caution de 6 millions de dollars est restituée au couple DSK-Sinclair. Seul le passeport de l'ancien ministre est conservé. Il peut quitter New-York mais pas les États-Unis. Adieu le quartier de Manhattan, le couple rejoint son appartement de Washington.

3. « Honte à vous ! »

En revanche, les accusations pèsent toujours contre lui. C'est à la fois un point marqué par la défense mais surtout un pas en arrière pour l'accusation. Le procureur Cyrus Vance Jr a lui-même demandé ces modifications, suite aux éléments qui discréditent la femme de chambre. Elle est par ailleurs soupçonnée d'être impliquée dans un trafic de stupéfiants et de blanchiment d'argent sale. DSK ne retrouve pas son honneur. Seulement la liberté.

Fin août, le procureur déclare que les mensonges de Mme Diallo sont « accablants et répétés ». « La nature et le nombre de mensonges de la plaignante nous laissent dans l'impossibilité de donner crédit à sa version des faits au-delà du doute raisonnable, quelle que soit la vérité sur ce qui s'est passé lors de la rencontre entre la plaignante et le défendant », écrit le procureur.

Le dossier d'accusation n'est plus défendable. Le risque de perdre le procès est trop grand pour le procureur. Ce dernier court au fiasco. « Rien de ce qui sort de sa bouche n'est crédible », selon un protagoniste. Le procureur ne peut pas prendre le risque d'aller devant un jury populaire avec une victime en qui l'on ne croit plus. Le procureur rédige un rapport de synthèse de 25 pages pour expliciter pourquoi il dépose les armes. Première phrase à retenir : « Les éléments matériels établissent que l'accusé a eu une relation sexuelle précipitée mais ne permettent pas de prouver la version d'un rapport forcé ou non consenti. » Certes il a été retrouvé des traces d'ADN, les faits se sont passés dans un délai de 7 à 9 minutes, mais pour le procureur aucune constatation médicale n'accrédite un acte violent.

« Nous ne pouvons pas être certains de ce qui s'est réellement passé le 14 mai 2011 », poursuit le procureur. Cette synthèse de l'enquête est un réquisitoire contre Nafissatou Diallo. Celle qui hier était une victime présumée est aujourd'hui une menteuse avérée. Elle a donné 3 versions différentes sur l'après agression présumée. Elle a menti sur un viol collectif qu'elle disait avoir subi en Guinée. Dernière précision : pour le procureur, la femme de chambre ne savait pas que l'accusé était descendu à l'hôtel et elle ne pouvait donc pas orchestrer une rencontre. Une façon de fermer la porte à la théorie du complot, que soutenaient ceux qui avançaient que le candidat possible à la présidence de la République avait été victime d'un piège dont Nafissatou Diallo aurait été l'instrument.

Le 23 août se tient une nouvelle courte audience. Presque une formalité administrative. Le procureur a annoncé, la veille, sa décision à Nafissatou Diallo. Les charges contre l'ancien directeur du FMI sont abandonnées. Le juge ne peut qu'entériner cette requête. DSK récupère son passeport et est autorisé à quitter le territoire américain. Avant de quitter les USA, Dominique Strauss-Kahn revient au FMI à Washington où il présente ses excuses au personnel de l'institution. Le 4 septembre, il rejoint son appartement parisien de la place des Vosges. En compagnie de son épouse, en présence d'une meute de journalistes, 4 mois après le cataclysme qu'a représenté son arrestation.

Ce qui s'est passé dans la chambre 2806 ne sera jamais élucidé. « Nous pouvons presque parler d'un mystère de la suite 2806. »

Discréditée, la victime peut faire l'objet de poursuites. L'accusation peut se retourner contre elle. DSK est également en droit d'engager une action au civil contre son accusatrice d'hier. Pour dénonciation calomnieuse ou mensonge, ce qui constitue une infraction grave aux USA. Un authentique péché mortel pour la justice américaine. Le parjure dans ce dossier pouvait aller jusqu'à 7 ans de prison.

Le 8 août 2011, la victime porte plainte devant le tribunal civil du Bronx, lieu de sa résidence, afin d'obtenir des dommages et intérêts. De son côté, DSK porte plainte en mai 2012 contre son accusatrice pour fausses déclarations, diffamation et procédure abusive.

Il faudra plusieurs mois de transactions pour parvenir à un accord. Il est évidemment plus difficile d'obtenir une somme importante de la part de quelqu'un qui n'a pas été condamné au pénal. Le lundi 10 décembre 2012, une audience se tient dans le tribunal. Le juge Douglas McKeon doit valider un accord entre les 2 parties. DSK, qui entretemps s'est séparé d'Anne Sinclair, n'a pas fait le déplacement. Il s'agit de tirer d'un trait de plume, ou plus précisément d'une signature de chèque, l'accord d'indemnisation entre les 2 parties et empêcher tout déballage dans des audiences publiques qui auraient duré des mois. L'accord financier est accompagné d'une clause de confidentialité sur le montant et les modalités de l'accord. Le silence est d'or. Présente à cette audience qui n'a pas excédé les 10 minutes, Nafissatou Diallo fait une courte déclaration à la presse pour « remercier tous ceux qui l'ont soutenue à travers le monde. Je remercie Dieu et que Dieu vous bénisse tous[4] ».

Interrogé par Claire Chazal dans le JT de TF1 en septembre 2011, l'ancien ministre consent seulement une « faute morale ». Au *Point*, il confie plus tard : « L'essentiel, c'est que ce qui s'est passé dans cette chambre ne tombe pas sous le coup de la loi. Le reste ne regarde personne. »

4. Nafissatou Diallo ne refera une apparition que 8 ans plus tard. Interrogée par *Paris Match* en août 2020, elle déclare : « J'ai dit la vérité et j'ai été privée de justice. […] La police de New York a fait son travail. Les procureurs, je n'en suis pas sûre. » En revanche, elle refuse de confirmer ou d'infirmer le montant de l'accord civil qui s'élèverait à un million de dollars.

Je n'ai pas couvert l'affaire en me rendant aux États-Unis. Le factuel a été assuré par les équipes new-yorkaises de France 2. Mais depuis Paris, il m'a été demandé de décrypter au maximum ce qui se passait de l'autre côté de l'Atlantique. L'affaire DSK est probablement, avec les dossiers Grégory et Tapie, celle qui m'a le plus mobilisé durant mes plus de 30 ans de chronique judiciaire. Outre l'impact que cette arrestation a eu sur la vie politique française, cette affaire a au moins le mérite de nous familiariser avec la justice américaine, par un autre biais que les séries télévisées venues d'outre-Atlantique.

Nos 2 justices ne fonctionnent pas sur le même type de procédure. La nôtre est inquisitoire. La leur est accusatoire. En clair, les droits de la défense et de la victime ne sont pas les mêmes. Aux États-Unis, le juge d'instruction n'existe pas. En France, même s'il n'a en charge que 3 % des dossiers pénaux, il instruit les dossiers les plus lourds. En Amérique, le procureur est l'homme fort du système judiciaire. Nommé par le chef de l'exécutif du district ou élu par les citoyens, sa réélection dépend de ses résultats. Autrement dit, une obligation de résultat dicte sa carrière. En France, le procureur est un magistrat ayant le même statut qu'un juge du siège. La cloison entre les 2 catégories étant étanche, un magistrat peut, au cours de sa carrière, passer du siège au parquet et vice-versa. En Amérique, c'est entre le parquet et le barreau que les passages sont fréquents.

Détail important. Dans une salle d'audience américaine, l'accusation et la défense sont sur le même rang face au juge. En France, le procureur est assis dans le prolongement du tribunal ou de la cour d'assises. À la même hauteur que ces collègues magistrats. Conséquence de ce qui est appelé, par certains avocats dans leur plaidoirie, "l'erreur du menuisier". Les chiffres sont parfois plus parlants que les démonstrations. En France, 90 % des personnes mises en examen sont jugées. Aux États-Unis, le chiffre redescend à 10 %. Soit parce que les charges étaient insuffisantes, soit parce qu'un accord est intervenu entre les parties.

Devant un tribunal criminel américain, le procès se joue entre le procureur et la défense sous le regard d'un juge qui veille aux respects de la procédure. Il n'est qu'un arbitre. Dans un premier temps, il s'agit de déterminer si les charges sont suffisantes contre le suspect. C'est la phase appelée "Grand Jury", à l'issue de laquelle les 23 jurés, des citoyens, doivent dire s'il y a mise en accusation ou non-lieu. Une sorte de chambre d'accusation à l'américaine. L'avenir du suspect se joue à huis clos. Et la décision doit être prise à la majorité simple. Dans la plupart des cas, le "Grand Jury" suit les réquisitions du procureur. Ce n'est pas une audience contradictoire. La victime et l'accusé peuvent être entendus, mais la défense en tant que telle n'est pas présente. À ce moment de la procédure, les avocats de la défense ne peuvent pas contre-attaquer car leur terrain est miné. Ils n'ont pas accès au dossier. Ils ne savent donc pas quelles sont les charges réelles qui pèsent contre leur client.

Si le "Grand Jury" opte pour le non-lieu, l'accusé est remis en liberté et la procédure s'arrête. Dans le cas contraire, la procédure continue. Se déroule alors, comme ce fut le cas à New-York, des audiences dites de "motions". Il s'agit pour la défense et l'accusation d'échanger des pièces à leur disposition, sous l'autorité du juge qui veille à l'équité des débats. C'est une obligation. Cela peut concerner les analyses ADN, les pièces à conviction, les enregistrements vidéo, les procès-verbaux, les témoignages déjà recueillis. On n'évoque pas le fond du dossier mais la validité des poursuites. Nuance.

L'examen des faits arrive dans un second temps au cours d'un procès qui s'apparente très légèrement à notre cour d'assises. 12 personnes constituent le jury chargé de dire si l'accusé est « *guilty* » ou « *not guilty* ». Coupable ou non coupable. Contrairement à ce qui se déroule en France, les jurés américains délibèrent seuls sur la culpabilité de l'accusé, comme le démontre remarquablement bien le film de Sydney Lumet *Douze hommes en colère*. Le quantum de la peine est du ressort du magistrat. Le même principe de séparation des responsabilités se retrouve dans la procédure utilisée en Belgique.

En France, le nombre de jurés a diminué. De 12, il est passé à 9 en première instance. Ils sont à nouveau 12 en appel, auxquels il faut rajouter les 3 magistrats professionnels qui se prononcent aussi sur la culpabilité et sur le quantum de la peine. Le droit de récusation des jurés est limité devant nos cours d'assises : 4 du côté de la défense, 3 pour l'accusation. De l'autre côté de l'Atlantique, le droit de récusation est plus large et fait l'objet d'audiences préliminaires. La vie de chaque juré potentiel est disséquée. Les avocats peuvent interroger le juré candidat sur son passé, ses opinions, ses préjugés sur l'affaire. En France, les parties disposent pour récuser, sans avoir à le motiver, de l'adresse, de la profession et de quelques secondes pour dévisager la personne après que le tirage au sort l'a désignée.

Autre nuance. Nous sommes en France au royaume de l'intime conviction et, pour condamner un accusé, il faut 8 voix sur 12. Outre-Atlantique, il faut convaincre « au-delà du doute raisonnable ». La culpabilité ou l'acquittement doit être arraché à l'unanimité. Il suffit qu'un seul juré s'oppose aux 11 autres pour que la machine judiciaire soit enrayée.

Aux USA, la phase d'instruction étant inexistante, chaque partie au procès mène ses investigations, aidée de ses propres enquêteurs, et vient en débattre en audience publique. L'enquête du procureur est ainsi confrontée à la contre-enquête de la défense. Les armes deviennent illégales à partir du moment où les moyens d'investigation ne sont pas équilibrés. Autre particularité de la procédure américaine, les 2 parties peuvent trouver un accord financier. En conséquence de quoi, l'affaire est réglée avant que le procès n'intervienne. Impossible en France où, lorsque l'enquête est lancée par le parquet, même le retrait d'une plainte ne remet pas en cause la suite de la procédure.

Autre différence encore, et de taille, la victime n'a pas d'existence juridique dans le procès pénal. Ainsi dans le dossier DSK, Nafissatou Diallo, la femme de ménage de l'hôtel Sofitel à New York qui accusait l'ancien ministre de viol, n'est apparue au tribunal qu'au cours de très rares audiences. Entendue comme témoin. Et non comme plaignante ou comme partie civile.

La procédure pénale française s'est également inspirée de l'américaine. Ainsi, le "plaider coupable" a été adapté en France sous le nom de "comparution de reconnaissance préalable de culpabilité" (CRPC). Elle est proposée aux prévenus pour certains délits par le procureur. Le prévenu reconnaît sa culpabilité et accepte la peine proposée par le parquet. Après accord entre les 2 parties, la décision doit être validée par un magistrat du siège. Principal avantage de ce "plaider coupable" à la française : le prévenu est vite fixé sur son sort, et cette procédure en accéléré désengorge les tribunaux correctionnels. Elle n'a pas été expérimentée dans les affaires criminelles, comme ce fut un temps envisagé.

Dernière grande différence avec notre justice. En France, c'est la plus lourde peine qui est retenue. Aux États-Unis, les peines de prison s'accumulent. Pour exemple, dans le dossier du *Sofitel*, DSK encourait jusqu'à 74 ans de prison au regard des

7 chefs d'inculpation dont il faisait l'objet. 74 ans si l'accusé plaide non coupable. S'il plaide coupable, la peine peut redescendre à 25 ans. Une sorte de marchandage.

Alors que les charges, qui pèsent contre Dominique Strauss-Kahn à New York s'amenuisent, une autre procédure se profile devant la juridiction française à l'été 2011 : 6 jours après que la justice américaine a revu à la baisse ses accusations contre DSK, Tristane Banon porte plainte contre l'ancien ministre pour viol et agression sexuelle, faits qui se seraient déroulés en 2003. Autrement dit 8 ans plus tôt. Si la jeune romancière n'avait, jusqu'alors, fait quelques confidences qu'à plusieurs personnes, ni elle ni sa mère n'avaient porté l'affaire devant les tribunaux. La médiatisation des événements new-yorkais allaient la conduire, assistée de son avocat M^e^ David Koubbi, à rendre publiques ses accusations. Après avoir déclaré ne pas vouloir interférer avec l'enquête américaine, l'avocat de la jeune femme décide de passer à l'attaque. Une volonté affichée de ne pas épargner celui qui est en passe de l'être par les juges américains.

48 heures plus tard, Jean-Claude Marin, alors procureur de la République de Paris, décide d'une solution médiane, l'ouverture d'une enquête préliminaire. Une semaine après son retour en France en septembre 2011, DSK est entendu par les enquêteurs. 15 jours plus tard, il est confronté à son accusatrice, pendant 2 heures et demie. Chacun maintient sa version. Dans un communiqué, les avocats de DSK, M^es^ Henri Leclerc et Frédérique Baulieu, rendent publique une partie des dépositions de leur client devant les enquêteurs. Il reconnaît avoir tenté de l'embrasser, ce qui, pour lui, ne constitue pas une agression sexuelle. « Les faits dénoncés par Tristane Banon sont imaginaires », écrivent les conseils de l'homme politique.

Dans un communiqué daté du 13 octobre 2011, le parquet de Paris annonce que ce second dossier visant DSK se solde par un classement sans suite. « Il ressort que, si faute d'éléments de preuve suffisants, les poursuites ne peuvent être engagées du chef de tentative de viol, des faits pouvant être qualifiés d'agression sexuelle sont quant à eux reconnus. Néanmoins, commis en 2003 et n'ayant été révélés qu'en juillet 2011, ces faits ne peuvent être poursuivis, l'action publique étant éteinte en application de la prescription triennale en matière délictuelle. » Un constat d'impossibilité de la part du procureur de la République. Pour que sa plainte puisse être recevable, Tristane Banon aurait dû la déposer avant février 2006.

M^e^ David Koubbi répond à son tour par un autre communiqué. Dominique Strauss-Kahn « devra donc se satisfaire d'un statut d'agresseur sexuel non jugé bénéficiant de la prescription applicable en la matière, lui permettant d'échapper à une condamnation pénale mais, désormais, pas à une suspicion légitime quant à son comportement vis-à-vis des femmes ».

À New-York, c'est la crédibilité contestable de la femme de chambre et des preuves insuffisantes qui ont pesé en faveur de DSK. À Paris, il est sauvé par la prescription. Au lendemain de ce classement sans suite, M^elle^ Banon aurait pu provoquer l'ouverture d'une information judiciaire en portant plainte et en se constituant partie civile devant un juge d'instruction[5]. Après avoir envisagé de relancer la machine judiciaire, elle y a renoncé, considérant que le communiqué du procureur lui avait en partie donné raison et l'avait rétablie personnellement dans son statut de victime.

5. Avant 2007, une victime pouvait directement se constituer partie civile auprès d'un juge afin de déclencher une instruction. La loi a changé, renforçant les pouvoirs du parquet. Désormais, cela n'est possible qu'après que le parquet a rendu un classement sans suite, ou si le procureur a omis de répondre dans un délai de 3 mois.

Mais Dominique Strauss-Kahn n'en a pas fini avec la justice. Alors que l'affaire américaine n'avait pas encore démarré, un dossier au parquet de Lille va rattraper l'ancien ministre. Le 2 février 2011, le parquet de Lille ouvre une enquête préliminaire suite à des informations recueillies par la direction interrégionale de la police judiciaire. 2 hôtels lillois, dont le *Carlton*, pourraient être le théâtre de prestations sexuelles tarifées. Ce n'est qu'un an plus tard, alors que son nom est apparu plusieurs fois dans la procédure, que DSK est placé en garde à vue dans une caserne de gendarmerie à Lille. Depuis plusieurs semaines, il demande à « être entendu le plus rapidement possible par les juges », dans le but de mettre fin à ce qu'il appelle des « insinuations malveillantes », dénonçant dans le même temps un lynchage médiatique.

« Je n'ai jamais été condamné [...] rien ne justifie que je sois devenu l'objet d'une traque médiatique qui, certains jours, finit par ressembler à une chasse à l'homme », confie-t-il plus tard. Ressorti libre de sa garde à vue, il est convoqué plusieurs jours plus tard par les juges pour être mis en examen. Poursuivi pour proxénétisme aggravé en bande organisée, il encourt 20 ans de réclusion criminelle et 3 millions d'euros d'amende. Un crime passible de la cour d'assises. Avec cette mise en examen, l'image de l'homme politique est un peu plus noircie. À l'issue de l'instruction, les faits sont revus à la baisse. Le 26 juillet 2013, il est renvoyé devant le tribunal correctionnel, accusé « d'avoir aidé, assisté, protégé la prostitution, [...] et embauché, entraîné ou détourné, en vue de la prostitution, ou exercé sur elles une pression pour que 7 femmes se prostituent ».

Hasard ou pas, après l'hôtel de New York, c'est un autre établissement hôtelier qui fait tomber l'ancien ministre. À Lille, les magistrats n'ont pas la même lecture du dossier. Alors que les 2 magistrats instructeurs écrivent dans leur ordonnance de renvoi que DSK « était l'instigateur de ces soirées à caractère sexuel, le pivot central, le principal bénéficiaire du réseau de prostitution », le procureur de la République, Frédéric Fèvre, considère qu'il « n'est pas démontré que Dominique Strauss-Kahn était l'instigateur de ces soirées ». Seulement bénéficiaire. Pas proxénète.

Retiré de la vie politique, DSK parcourt le monde pour donner des conférences sur l'économie mondiale. Une nouvelle vie qu'il doit mettre de côté le temps du procès dans lequel il encourt 10 ans de prison et 1,5 million d'euros d'amende. La notion de "bande organisée" a été abandonnée, ce qui explique que la peine encourue soit moins lourde.

Le 2 février 2015, DSK s'assoit sur le banc des prévenus. Il se présente comme professeur agrégé en économie ayant créé une société de conseil. Il est divorcé. À ses cotés, un chef d'entreprise, un chargé de relations publiques du *Carlton*, un entrepreneur, un homme d'affaires, un commissaire de police, un avocat lillois, et un tenancier de bar appelé Dodo la Saumure... En tout, 14 personnes. Un inventaire à la Prévert.

Pour la justice, il convient de faire le distinguo entre ce qui est moralement répréhensible et ce qui est pénalement condamnable. C'est ce que déclare le président du tribunal correctionnel, Bernard Lemaire, dès l'ouverture des débats. Rappelant que ce « dossier qui s'est embrasé dès le début » avait révélé au grand jour détails et anecdotes sur la sexualité de quelques-uns des protagonistes du dossier, il précise publiquement que « le tribunal n'est pas aujourd'hui le gardien de l'ordre moral, c'est celui du droit et de sa bonne application ».

Il n'entend donc pas « revenir sur ces détails, ces anecdotes, mais évoquer les faits pour les évaluer uniquement sous l'angle de la qualification pénale de proxénétisme aggravé [...] Le tribunal voudrait le juger de la manière la plus ordinaire qui soit. Une affaire qui n'a pas vocation à rester dans les annales de la justice ». Du droit et non du voyeurisme. Sur le même rang, de l'autre côté de la barre, ont pris place 2 femmes. Les 2 plaignantes. Elles se masquent le visage, se font appeler "Jade" et "Mounia". Elles ont fui les objectifs des caméras et des photographes. Comme DSK, dont la voiture est entrée par une porte de garage du palais de justice. Les 2 femmes, parties civiles, demandent que le procès se déroule à huis clos. Sans présence de journalistes ni de public. Une requête qui provoque un coup de colère de M^e^ Dupond-Moretti qui défend un des prévenus. « On va faire dans le pathos, dans le scabreux. Alors que vous avez tout fait pour que les détails scabreux et obscènes se sachent. » Le tribunal rejette la demande des plaignantes.

Pendant près de 3 jours, DSK, 66 ans, reste à la barre. Après avoir évoqué rapidement son passé glorieux – le président lui ayant rappelé qu'il avait été l'un des hommes les plus influents dans le monde –, il est contraint de répondre aux accusations des 2 parties civiles qui ont détaillé sans retenue les rapports brutaux que leur aurait imposés DSK. Il affirme ne pas savoir qu'elles étaient des prostituées. « J'ai en horreur les relations tarifées. » Nous sommes loin de l'économie mondiale et de la crise des subprimes. 3 jours d'audience qui nous laissent un goût amer. Certes, le dossier d'instruction contre l'ancien directeur du FMI vole en éclats. C'est à la fois la force d'un procès mais aussi un constat d'échec. Celle d'une justice qui instruit à charge, oubliant le « à décharge » inscrit dans le code de procédure pénale. Mais un sentiment de malaise s'installe, du fait d'avoir, à quelques mètres de soi, celui qui apparaissait comme un possible candidat à la présidentielle obligé de se mettre à nu.

De se livrer sans retenue, parce que contraint de démontrer son innocence. D'afficher publiquement son penchant pour le libertinage, d'apparaître comme un partouzeur obsessionnel, prônant "le plaisir du sexe" comme un art de vivre. D'avouer qu'il n'allait pas dans des clubs libertins en France, pas mesure de sécurité et de discrétion. Concédant qu'il « doit avoir une sexualité plus rude que la moyenne des hommes. Mais ce type de rapport, poursuit-il, je l'ai eu avec d'autres femmes. Certaines peuvent l'apprécier, d'autres non ». D'avouer devant la justice qu'il louait secrètement, à l'insu de son épouse, un appartement parisien dans le 16e pour « recevoir des jeunes femmes pour [ses] activités sexuelles ». Déballage d'un homme qui n'a plus rien à perdre pour tenter de sauver sa réputation. Celui qui est devant nous, dont la carrure et la voix forte impressionnent dans cette salle d'audience, n'est plus l'ancien ministre, n'est plus l'ancien directeur du FMI, c'est l'homme du dossier du *Sofitel*, de l'agression sexuelle à l'encontre d'une jeune femme.

Le 17 février, le procureur Frédéric Fèvre, dans la logique de ces réquisitions de non-lieu à la fin de l'instruction, requiert une « relaxe pure et simple » contre DSK. « Un homme puissant serait nécessairement coupable ? Le rôle du ministère public est-il seulement de soutenir l'accusation ? Je ne le crois pas. Nous sommes au service de la vérité judiciaire. La morale doit rester en dehors du prétoire », s'interroge le magistrat pour qui le prévenu doit être traité comme tout autre justiciable. « C'est le seul avec qui on est allé aussi loin dans le souci du détail. Sans lui, les faits auraient été jugés il y a bien longtemps, dans l'indifférence générale. Sa notoriété ne doit pas être une circonstance aggravante. »

Dans la salle d'audience, personne n'est surpris de ce réquisitoire qui constitue une plaidoirie pour la défense, avant l'heure.

Il arrive parfois que l'accusation abandonne les charges ou maintienne que le procès contre telle personne n'ait pas lieu d'être. Ce fut le cas lors du procès de Jacques Chirac dans le dossier des emplois fictifs de la Mairie de Paris, en 2011. En revanche, plus rare – ce qui a fait la force du réquisitoire du procureur de Lille –, c'est de s'en être pris ouvertement, sans les nommer, au travail des juges d'instruction. Des collègues. Ce jour-là, le corporatisme judiciaire n'était pas de mise.

Preuve encore que ce dossier s'apparente à un naufrage judiciaire, la veille, les parties civiles, qui ont nourri le dossier d'instruction et d'accusation contre DSK, ont déposé les armes. Elles abandonnent leurs actions civiles à l'encontre du prévenu. Les accusatrices se retirent du jeu judiciaire après avoir mis le feu à un dossier qui n'était qu'un fétu de paille.

Le 12 juin, compte tenu des répercussions du dossier, le président décide de lire la totalité des motivations du jugement. Les 2 femmes parties civiles sont absentes. Sans surprise, DSK est relaxé. Purement et simplement. Comme 12 des 13 autres prévenus. Un seul est condamné pour proxénétisme aggravé, 4 autres sont condamnés à des peines de prison avec sursis. Pour des délits d'une tout autre nature : escroquerie, abus de biens sociaux. Le gros dossier du *Carlton* fait "pschitt". Le jugement du tribunal souligne à son tour que le dossier d'instruction est rempli de nombreuses imprécisions et contradictions.

Dans la salle d'audience, la seule réaction de DSK à l'intention de ses proches est : « Tout ça pour ça ! Quelle destruction. » Ainsi prennent fin, pour lui, 4 années durant lesquelles son nom a été associé à des scandales à caractère sexuel qui ont anéanti sa carrière.

Les avocats des parties civiles tentent de sauver la face en avançant qu'il s'agissait, pour elles, avant tout, de porter le débat sur la place publique. Mais est-ce le rôle de la justice de transformer un procès en colloque ? « Ce désastre est au proxénétisme ce qu'Outreau est à la pédophilie », commente Maître Hubert Delarue, qui a plaidé dans les 2 procès. Une relaxe presque générale dans le premier, 13 acquittements pour 17 accusés pour le second.

Comme après le fiasco de l'affaire "Outreau", qui s'était concentré sur la mise en cause du juge Fabrice Burgaud, la fin du dossier "*Carlton*" a relancé le débat sur l'existence du juge d'instruction.

Dans le cas du dossier DSK, l'instruction était menée par 2 magistrats. Ils ont été collectivement désavoués par leurs collègues du parquet et du tribunal correctionnel.

Face à ceux qui militent pour une mise à mort du juge d'instruction, d'autres, principalement les magistrats, soulignent qu'il s'agit là du fonctionnement normal de l'institution judiciaire. Ils rappellent que les magistrats instructeurs n'ont pas mission de se prononcer sur la culpabilité du prévenu ou de l'accusé. Seulement celle de réunir les preuves qui seront débattues ensuite lors d'un débat contradictoire. Être jugé ne veut pas dire obligatoirement être condamné.

Dans ces 2 dossiers, ce furent des vies brisées. Broyées par la machine judiciaire et par le tsunami médiatique : 5 des 14 prévenus de l'affaire du *Carlton* ont fait de la détention provisoire ; la très grande majorité des accusés de l'affaire dite d'Outreau ont fait de longues années de préventive. Pour rien. Les dommages et intérêts versés par l'État au nom du préjudice matériel et moral ne sauraient effacer les cicatrices causées par l'incarcération.

Des observateurs avisés ont avancé que l'affaire "Outreau" ne serait pas née en France s'il n'y avait pas eu quelque temps plus tôt l'affaire Marc Dutroux en Belgique[6].

On peut légitimement se poser une autre question. Sans l'affaire du *Sofitel* de New York, sans l'affaire de l'agression sexuelle de Tristane Banon, y aurait-il eu l'affaire du *Carlton* de Lille ?

6. Marc Dutroux a été condamné à la réclusion criminelle à perpétuité en juin 2004 par la cour d'assises d'Arlon (Belgique) pour enlèvement, séquestration, viol et assassinat de plusieurs jeunes filles.

# PARTIE VI

# Des audiences sous tension

Des pleurs. Des cris. Des silences. Mais aussi des rires. Une audience n'est jamais sereine. Tout peut arriver à tout moment. Un mot de trop lâché par l'accusé. La mémoire défaillante d'un témoin. Le trouble imprévu d'une victime. Les audiences durent parfois jusqu'à pas d'heure. Sur plusieurs jours, semaines et parfois mois. La fatigue se fait ressentir, alors que juger nécessite d'avoir tous ses esprits, toutes ses facultés. Les nerfs sont pourtant mis à rude épreuve. Les larmes peuvent ainsi alterner avec les fous rires. Comme lorsqu'un président interroge Brigitte Bardot, jugée pour des propos à caractère raciste : « Peut-on vous demander votre profession ? » Ce qui déclenche une hilarité générale dans la salle. Ou quand Jean-Marie Villemin évoque son départ en voiture au matin du 16 octobre 1984, après avoir embrassé son fils Grégory. « Il m'a fait un signe de la main. C'est la dernière image que j'ai de lui dans le rétroviseur. » Ce qui invite l'assistance à sortir ses mouchoirs.

Derrière l'apparente sérénité des débats se cache une dramaturgie, une ambiance électrique, qui peut déboucher sur un coup de tonnerre. Comme ce jour où un accusé a finalement avoué qu'il avait commis seul la mort d'une fillette, innocentant dans le même temps son complice présumé.

Semblable à une pièce de théâtre, un procès est tributaire d'un casting improvisé. Magistrats et avocats se donnent la réplique, se confrontent. On peut les confondre puisque, dans une salle d'audience ou dans les couloirs des palais, ils portent une robe semblable. Ils ne font pourtant pas le même métier tout en étant complémentaires. L'un est chargé de faciliter ou de rendre la justice. L'autre est un empêcheur de juger en rond. L'un défend l'enquête de police. L'autre est la voix de celui qui n'est plus en état de se défendre. Leur face-à-face peut être consensuel comme il peut être frontal. L'un défend son dossier. L'autre, son client. L'un doit appliquer le droit avec rigueur et retenue. L'autre n'a que des mots pour convaincre les jurés. Parfois, les hommes se connaissent, se croisent régulièrement dans des procédures, se tolèrent, se respectent. La diplomatie peut faire bon ménage avec la loi. D'autres préfèrent l'affrontement. Le magistrat n'en fait qu'à sa tête, sûr de son bon vouloir et de son bon pouvoir. Le conseil devient l'avocat du diable et décide d'appliquer une défense de rupture, en attaquant de front le juge et l'institution.

Le dossier de Véronique Courjault, outre le fait d'aborder le thème du déni de grossesse, est la preuve manifeste de l'influence que le président des assises peut avoir sur le déroulement de l'audience, et de la tension qui peut s'instaurer avec les avocats. Quant au procès d'Yves Dandonneau, il démontre qu'un procès médiatique nécessite que les magistrats soient à la hauteur de la situation.

# LES 3 GROSSESSES, LES 3 INFANTICIDES, LES 3 MENSONGES DE VÉRONIQUE COURJAULT

Une image de la vie ordinaire. Une femme s'affaire dans la cuisine de sa maison à Séoul (Corée du Sud). Elle reçoit des amis. L'un d'eux tourne cette scène qui aurait pu rester banale. Sauf que cette vidéo amateur est diffusée dans le journal de *France 2*. La caméra pivote vers une pièce attenante à la cuisine, une buanderie. On y distingue un congélateur. Rien d'étonnant jusqu'à présent. Seule Véronique Courjault connaît le contenu exact de cet appareil ménager. Quelque temps plus tard, le 23 juillet 2006, à l'occasion d'un aller-retour à Séoul, alors que sa femme est restée dans leur maison de Touraine près d'Amboise, son mari, Jean-Louis Courjault, cherche de la place dans le congélateur pour entreposer des poissons qu'on vient de lui offrir. Le 1$^{er}$, le 2$^{e}$, le 3$^{e}$ tiroir sont remplis à ras bord. Dans les tiroirs suivants, il fait une découverte macabre : 2 volumineux sacs plastiques. « J'ai vu une main. Je remets le sac dans le tiroir. Je me dis : réveille-toi », dira-t-il plus tard. Ce sont des nouveau-nés emmaillotés dans des serviettes. Le fait que ces serviettes ressemblent à celles de la salle de bains ne le perturbe pas un seul instant. « Je ne m'occupe pas du linge », sera son explication. Désœuvré, assis dans le canapé du salon, il appelle un ami. « Il m'arrive un truc bizarre. J'ai 2 bébés dans le congélateur. »

Ne maniant pas excellemment la langue coréenne, il lui demande de prévenir la police de Séoul. Jean-Louis Courjault lance sans le savoir une enquête judiciaire contre sa femme qu'il n'a pas encore prévenue. Tombant des nues, il suspecte d'abord un accouchement sauvage pendant leur absence puis, plus tard, à une machination du fait de son travail comme équipementier dans une entreprise automobile américaine. L'homme de 40 ans se prête volontiers aux prélèvements ADN exigés par les enquêteurs coréens. Sans attendre les résultats d'analyse, la police de Séoul laisse partir le Français qui rejoint son épouse en Touraine. Véronique Courjault se dira soulagée par cette découverte mais, à aucun moment, cela ne provoque chez elle un électrochoc l'invitant à livrer son secret.

Un mois plus tard, le 22 août, la France découvre ce couple. Sous la pression médiatique et sur les conseils de leur avocat, Me Marc Morin, ils participent à une conférence de presse. Alors que les premiers résultats des expertises sont accablants pour eux, ils parlent d'une même voix. « Nous ne sommes pas les parents de ces deux enfants. C'est un cauchemar [...] Une affaire qui nous dépasse totalement. On ne comprend pas ce qui nous arrive », dit Véronique Courjault. « Ma femme n'a pas accouché de ces deux enfants et par conséquent nous réfutons en bloc les orientations actuelles de l'enquête », stipule son mari, visiblement déboussolé par cette affaire. Unis dans leur couple. Unis devant la presse. Unis face à la justice coréenne. Le couple s'explique. L'un ment. L'autre pas. Personne dans leur entourage ne met leur parole en doute. La femme est dans l'impossibilité de reconnaître l'inimaginable.

Le 5 octobre, les analyses effectuées en France confirment celles de Séoul à 99,99 %. La justice française arrive au même résultat que la justice coréenne. Jean-Louis et Véronique Courjault sont bien les parents des 2 nouveau-nés. Pour la justice, ce sont d'abord 2 numéros : le 461 et le 462. « Ces tests ne changent rien à notre position », affirme le couple. « Mes clients sont abasourdis par ces résultats mais ils demeurent soudés », déclare Me Morin. 5 jours plus tard, les Courjault sont arrêtés chez des amis chez qui ils se sont réfugiés près de Tours. Placés en garde à vue, ils sont entendus séparément et reçoivent la visite d'un avocat. C'est par la bouche des policiers que Jean-Louis Courjault va apprendre l'impensable. Le 11 octobre, Véronique Courjault, après avoir nié l'évidence, bloquée face au fonctionnaire de police Gérard Bejeau, elle se confie à sa collègue. Par bribes, jamais spontanément. Elle avoue avoir tué les bébés congelés et affirme avoir agi seule. Une première fois en septembre 2002 alors que le couple venait d'arriver à Séoul. En décembre 2003, elle dépose un autre corps dans un autre tiroir, à quelques centimètres de son frère mort. À chaque fois, elle a accouché accroupie dans la salle de bains. Ses enfants sont nés à terme, viables, les poumons étaient déployés après leur premier cri. Elle ne les a ni nourris ni nettoyés. Aucune violence n'a été constatée par les légistes. Aux enquêteurs, elle déclare qu'elle les a étranglés. L'expertise médico-légale démontre qu'elle les a étouffés. Ils sont morts par asphyxie, par compression faciale. L'après-midi, elle va chercher ses 2 premiers enfants à l'école, comme si de rien n'était. Après avoir tout nettoyé dans la salle de bains.

Après 2 expertises qui mettent à mal le système de défense du couple, la mère de famille est forcée de reconnaître l'inavouable. Le congélateur est devenu le caveau de famille de 2 enfants nés dans la clandestinité. Lors de leur déménagement à Séoul en 2005, elle les a transportés à pied sur plus de 400 mètres d'une maison à l'autre, dans une capitale où les caméras de surveillance sont légion. « Je pense que je n'aurais pas pu les mettre dans une poubelle. Pas seulement par crainte d'être repérée. » Après ses aveux, Véronique Courjault est autorisée à voir son époux. Après l'avoir prise dans ses bras, il lui dit « qu'elle avait dû vivre un enfer ».

Alors que la justice française enquête sur 2 décès, Véronique Courjault en avoue un 3e. En 1999, alors que le couple réside à Villeneuve-la-Comtesse (Charente-Maritime), le scénario est presque similaire, à un détail près. Elle accouche au matin en l'absence de son mari, qui est en déplacement, et de ses 2 premiers enfants. Elle dissimule le corps dans un placard du garage, et attend que les enfants dorment le soir pour incinérer le cadavre dans la cheminée.

3 grossesses. 3 infanticides. 3 mensonges. Est-il possible que le mari n'ait rien vu ? Jean-Louis Courjault a eu des soupçons en mai 1999 alors qu'ils étaient au Maroc, avant le 1er infanticide. Mais son épouse a concédé avoir pris un peu de poids. « Comment croire que votre femme est enceinte si elle vous dit le contraire ? » se justifiera le mari. Pour ne pas éveiller les soupçons, Véronique, qui mesure moins d'1,60 m, porte des vêtements amples et ne consulte plus de gynécologue. En décembre 2003, après le dernier infanticide, elle subit une hystérectomie. À aucun moment, elle n'a songé avoir recours à une interruption volontaire de grossesse.

Présentée à un juge d'instruction, la mère est mise en examen pour assassinat et incarcérée à la maison d'arrêt des femmes d'Orléans. Le père est poursuivi pour complicité mais laissé en liberté. Brutalement, il découvre qu'il est le père de 5 enfants. « J'aurais voulu une famille nombreuse mais je n'ai pas perçu les problèmes de maternité », confie celui qui se reconnaît psychiquement aveugle. Se dessine alors le portrait d'un couple ordinaire plongé dans une affaire extraordinaire. Ils se sont rencontrés en 1987 à l'université de Poitiers où Véronique poursuit des études de sociologie. Sur leur photo de mariage en 1994, ils apparaissent habillés en noir. Au moment des faits à Séoul, Jules et Nicolas ont 11 et 10 ans. Jean-Louis Courjault a une situation profession- nelle stable et gagne raisonnablement sa vie. Véronique, 38 ans, est assistante maternelle à ses heures. Leur maison de Séoul était prise financièrement en charge par l'employeur du mari.

Par ses proches et par les experts qui vont l'examiner durant l'instruction, Véronique Courjault est dépeinte comme fragile, réservée, discrète, secrète, effacée, souffrant de carence affective, ayant des difficultés à communiquer, peu expansive, peu démonstrative, introvertie, aux sentiments cachés. Un expert ira jusqu'à dire qu'elle présente une « mésestime de soi. » Devant la juge d'instruction, en novembre 2006, elle reconnaît que même pour ses 2 premiers enfants, son mari a été prévenu avec retard. « Il est vrai que j'ai annoncé tardivement ces deux grossesses, à 2 ou 3 mois. »

Le 9 juin 2009, Véronique Courjault, 41 ans, fait son apparition dans le box des accusés de la cour d'assises d'Indre-et-Loire. Vêtue d'une veste claire sur une chemise bleue, les cheveux tirés en queue de cheval retenus par une barrette, elle comparaît seule. Son mari est face à elle, sur le banc des parties civiles. Non pour lui demander des comptes mais pour la soutenir. « Je suis tendu, très tendu. Je soutiens plus que jamais la femme que j'aime, la mère de mes enfants », lâche-t-il avant de pénétrer dans le palais. Durant les 15 jours d'audience, il ne la quittera pas du regard. Il est solidaire et amoureux. Il a bénéficié d'un non-lieu en mars 2008. Le parquet de Tours y était favorable mais le parquet général a fait appel. Il a donc fallu attendre janvier 2009 pour que la culpabilité de complicité d'assassinat soit totalement écartée. Chétive, craintive, Véronique retrouve dans la salle des assises, outre son époux, sa famille et ses amis. Toux ceux à qui elle a caché son secret durant 7 ans. La justice ayant retenu la préméditation des crimes, elle encourt la perpétuité. Elle n'a rien à voir avec celle qui nous était apparue en août 2006. On a du mal à la reconnaître. Physiquement, elle est amaigrie. Le visage est marqué, pâle, le souffle court. Son attitude n'a rien à voir avec l'assurance, l'aplomb qu'elle affichait alors. Le regard est perdu, triste. Plusieurs fois, elle essuie des larmes quand elle aperçoit ses proches. Va-t-elle trouver la force de s'exprimer, de s'expliquer ? Depuis 2 ans et demi, elle rencontre régulièrement des psychiatres et des psychologues afin de trouver enfin les mots pour exprimer ce qu'elle a du mal à avouer.

Les 7 hommes et les 2 femmes qui composent le jury populaire aux côtés des 3 magistrats professionnels (un homme et 2 femmes) ont devant eux ceux que la presse a présentés depuis le début de l'affaire comme « une infanticide en série » et un mari « un peu benêt ». Pas de pièce à conviction, seulement les fantômes de 2 bébés congelés et d'un incinéré. Le chaud et le froid. Dès le 1er jour, les assises affichent complet. Le public attend dans l'espoir de pénétrer dans la salle et dans l'intimité du couple. À la barre, les dépositions des frères et sœurs de l'accusée ne sont qu'une succession de larmes, de sanglots.

Une thérapie de groupe pour une famille de taiseux. Véronique Courjault a été élevée dans le culte du secret, du non-dit. Dans une famille où les naissances ne sont ni annoncées ni célébrées. « On s'aime fort mais on ne se le dit pas », rapporte l'enquêteur de personnalité. Pour son frère Thierry, elle s'est retrouvée mise à l'écart, isolée. Ils brossent le portrait d'une « excellente maman, d'une mère poule qui aime ses 2 premiers enfants » et d'une femme qui a gommé ses grossesses à tel point qu'elle a déclaré à l'instruction : « J'avais fini par croire que je n'étais pas la mère de ces bébés. »

Pour la première fois, ses parents l'entendent dire ses souffrances, sa détresse, ses interrogations. Avec difficultés elle se raconte, mouchoir à la main. « Ce n'est pas que je ne voulais pas d'enfant. C'est que je n'étais pas pleinement consciente d'être enceinte. Ma grossesse, je l'ai oubliée. J'étais face à une réalité que j'ai gommée. » Assurément la culture du secret de la famille a contribué à ce triple drame.

Comment juger cette affaire que, dès le début de la procédure, le procureur de la République de Tours, Philippe Varin, qui tient l'accusation au procès, qualifie d'exceptionnelle et difficilement compréhensible ?

Le terme "infanticide" employé par la presse et l'opinion publique a disparu lors du grand toilettage du code pénal en 1994. Il a fait son entrée dans le code Napoléon en 1810, date à laquelle il était puni de la peine de mort. Vichy a ensuite correctionnalisé l'infraction, redescendant la peine encourue à 10 ans. En 1954, c'est redevenu un crime à part entière. La justice parle désormais d'homicide volontaire sur une personne vulnérable en raison de son âge, de meurtre commis par un ascendant sur un descendant, de meurtre commis sur un mineur de moins de 15 ans. Dans le cas présent, les juges ont retenu l'assassinat, passible de la peine la plus lourde de notre arsenal juridique. Habituellement, les jurés se montrent plus cléments avec les auteurs d'infanticides sur des nouveau-nés, au regard de la peine encourue, qu'avec les meurtrières d'enfants. Depuis une trentaine d'années, les condamnations s'échelonnent de 5 à 15 ans[1]. Au même moment, une femme est jugée à Saint-Brieuc dans une autre affaire de bébé congelé. Elle sera condamnée à 8 ans de prison.

À Tours, les jurés se sont retrouvés face à un grand écart. Là où la justice parle de meurtre avec préméditation, les témoins sollicités par la défense évoquent un mystère médical et psychologique. Tout au long des audiences s'est installé un dialogue de sourds, un fossé. D'un côté, le président des assises et l'avocat général placent le débat essentiellement sur le plan criminel et judiciaire. De l'autre, M[es] Henri Leclerc, Nathalie Senyk et Hélène Delhommais cherchent une explication sur le terrain psychologique et analytique. Entre les deux, Véronique Courjault demeure un peu perdue. Cherchant à reconstituer les blancs de son histoire.

« Ce que j'ai fait à ces enfants est insupportable. Je les ai mis dans le congélateur parce qu'inconsciemment je voulais les garder avec moi. Pour moi, les bébés n'avaient pas une existence réelle. Les faits que j'ai commis sont monstrueux et inexplicables. [...] J'ai été enceinte de 2 premiers enfants, je leur parlais, ils me parlaient mais ceux-là je ne leur parlais pas, ils ne me parlaient pas. [...] Quand j'entends Nicolas parler de ses petits frères, c'est difficile pour moi. » Interrogée par Me Senyk juste avant les plaidoiries, elle renouvelle sa position. « Je sais que j'ai tué mes enfants. » La phrase est en apparence importante tant elle les considérait, jusqu'à présent, comme des êtres virtuels.

1. Pour 8 infanticides commis entre 1989 et 2000, Dominique Cottrez a été condamnée à 9 ans de prison par la cour d'assises de Douai en 2015. Son mari et ses 2 premières filles ne s'étaient pas rendu compte de ses multiples grossesses, sans doute aussi du fait de son important surpoids.

À l'intention de son époux, elle déclare : « J'ai manqué de force. J'ai failli te le dire et je n'y ai pas réussi, après, tout s'est embrayé. C'était quelque chose hors de ma portée. » À la barre, Jean-Louis Courjault qui évoque une « grossesse à ventre plat », qui avoue avoir été « psychologiquement aveugle », concède : « Ce sont nos enfants, nos bébés, mais il n'y a pas de relationnel. C'est différent d'avec un enfant que l'on attend. » Au président qui s'étonne qu'à aucun moment il ne se soit douté de quelque chose, il réplique : « Comment voulez-vous que j'imagine un tel scénario ? Pour moi, Véronique ne pouvait plus avoir d'enfant ! »

Souvent en pleurs, souvent déstabilisée par l'interrogatoire serré et sans concession des magistrats qui n'ont que le mot "assassinat" à la bouche, Véronique Courjault se contente de raconter son histoire d'une manière très factuelle sans tenter de se livrer, de donner les clés de son secret, si profondément ancré dans son subconscient. Alors que son avocat lui demande simplement : « Pourquoi avez-vous fait cela ? » elle répond : « Je n'ai pas de réponse qui puisse suffisamment éclairer la cour sur ces actes si graves. » Elle précise seulement qu'elle ne voulait pas une famille nombreuse comme celle dont elle est issue. « J'avais oublié cet état de grossesse [...] Je ne sais pas si je fais un déni de grossesse. Je ne sais pas comment cela s'appelle », répète-t-elle inlassablement lors de son dernier interrogatoire par le président.

Déni de grossesse, le mot est lâché. Introduit dans le prétoire aux forceps, serions-nous tentés de dire, tant la justice semble avoir des scrupules à évoquer cette hypothèse. Ce sont les avocats de l'accusée qui font venir à la barre des spécialistes pour en parler. Des sommités dans leur domaine mais qui, aux yeux de la cour d'assises, restent des témoins et non des experts que la justice a désignés au cours de l'instruction. Le docteur Michel

Dubec, psychiatre, qui s'est penché sur les plus grands criminels de ces dernières années, parle d'une « anorexie de la grossesse. La femme ne l'annonce pas, ne le prénomme pas. C'est l'enfant du silence [...] C'est surprenant la facilité qu'elle a à accoucher. Elle n'accouche pas d'un enfant, elle perd un corps, un déchet, une partie d'elle-même ». Le professeur Israël Nisand, gynécologue obstétricien au CHU de Strasbourg, est considéré comme le spécialiste en France du déni de grossesse qu'il étudie depuis 30 ans. Il parle d'un phénomène relativement fréquent – une cinquantaine de cas par an –, mal connu. Les mots dans la bouche du praticien sont dits avec le sourire mais ils glacent l'auditoire. « Le déni de grossesse a un pouvoir de contagion. Tout l'entourage passe à côté. Y compris le corps médical [...] À chaque fois, c'est l'expression d'une souffrance personnelle incroyable. [...] C'est une grossesse qui se développe à l'insu de la femme. C'est une sorte d'anesthésie, de blanc, d'effacement d'une partie de soi-même. Quand une femme répond : “Je ne suis pas enceinte”, c'est la preuve absolue du déni de grossesse [...] Quand il n'y a pas de parole d'amour pendant la grossesse, il n'y a pas de grossesse. Il ne suffit pas d'être enceinte pour attendre un enfant. » Et de préciser que cela se termine généralement par des abandons d'enfants ou des infanticides. « Ces femmes sont malades, ce n'est pas la prison qui peut les soigner. »

Seulement, ni le docteur Dubec, pourtant réputé et reconnu aux yeux des juges, ni le professeur Nisand n'ont rencontré, expertisé l'accusée. Leurs propos sont pris par le président et l'avocat général avec des pincettes. D'autant plus que les experts psychiatres du dossier ont écarté la thèse du déni de grossesse. Dans les 35 pages de l'arrêt de renvoi, rappelant les charges contre Véronique Courjault, il faut attendre la page 31 pour que le terme soit employé. Pour l'exclure. « Il ne s'agit pas d'un déni névrotique de grossesse car elle a toujours été parfaitement consciente de ses grossesses, gardant ensuite un souvenir relativement précis de l'accouchement et des infanticides, comme du mode de disparition et de camouflage du corps des nouveau-nés », écrivent les docteurs Masson et Puel-Metivier. Les experts psychiatres parlent d'un pouvoir de dissimulation extrêmement fort et s'interrogent, soulignent les magistrats, sur un plaisir secret de donner la vie puis la mort. « Il ne s'agit pas d'un déni de grossesse, au sens classique du terme, dans la mesure où Véronique Courjault a toujours été consciente de son état de grossesse, sans aucun phénomène confusionnel ou délirant ou hallucinatoire. » Ils le redisent avec force lors de leur comparution au procès.

Le second collège d'experts composé du docteur Bensoussan et du professeur Brion n'y fait pas allusion. Ils préfèrent le terme de dénégation que le premier développe devant les jurés. « Ce qui s'est passé, elle ne l'a pas voulu. [...] Elle savait qu'elle était enceinte, d'où l'issue inéluctable de ces grossesses. » En revanche, Simone Lamiraud-Laudinet et Fulbert Jadech, experts psychologues, relèvent un clivage psychique qui « la conduisait à évoluer, de façon répétitive, en une dénégation de la grossesse, un déni de la réalité objective à laquelle elle se voyait confrontée, un déni de toute considération, dans les faits en cause tout au moins, pour l'altérité de l'autre ». À la barre, ils préciseront : « Elle sait mais elle refuse cette réalité en occultant les conséquences [...] La congélation est une manière de laisser une trace. »

Refusant le déni de grossesse, l'avocat général parle de « grossesses cachées ». Philippe Varin ne voit en l'accusée qu'une dissimulatrice, une criminelle. « Elle a dupé tout le monde, trompé son entourage. Elle ne voulait pas être la mère de ces enfants, elle les a tués froidement [...] Où est le déni de grossesse dans un tel comportement ? » Avant de requérir 10 ans d'emprisonnement, il s'adresse aux jurés. « On a voulu en faire un cas d'école. Trop, c'est trop. » Et de conclure par cette formule à l'intention de la presse : « Ne diabolisez pas Véronique Courjault mais n'en faites pas une icône. » M<sup>e</sup> Henri Leclerc débute sa plaidoirie par ces mots : « L'avocat déjà ancien que je suis est très ému. » Son regard se porte plusieurs fois en direction de celle qu'il appelle affectueusement "Véronique" et non "M<sup>me</sup> Courjault". M<sup>e</sup> Leclerc plaide pour une « femme qui souffre ». Il concède que l'acte est monstrueux. « Nous touchons ici l'incompréhensible. [...] Cette femme a commis un crime, mais ce n'est pas un monstre. » Il supplie les jurés de la remettre en liberté assez vite pour qu'elle retrouve ses 2 autres enfants, les supplie de faire preuve de clémence. « Oui, elle est coupable. Personne n'est capable de donner une explication [...] Je sais que vous allez entrer en voie de condamnation. Il le faut. Vous êtes obligés de la condamner tellement la mort de ces bébés est insupportable. » Mais pour une femme qu'il juge avant tout malade, il sollicite une peine légère qui pourrait lui permettre de sortir bientôt, accompagnée d'un suivi socio-judiciaire. « Qu'avez-vous à craindre ? Elle n'est pas dangereuse. Il faut qu'elle se reconstruise. [...] Je voudrais tant qu'elle sorte ce soir. Je vous demande l'impossible parce que l'impossible me paraît juste. » Puis se tournant une nouvelle fois vers sa cliente : « Il lui faut maintenant accepter la vérité : vous avez tué vos enfants, Véronique, acceptez-le, portez-le et allez maintenant retrouver les autres. » Véronique Courjault prend une dernière fois la parole : « Je voudrais dire que j'ai essayé de m'expliquer du mieux que j'ai pu. Mes mots ne sont pas à la hauteur. Je suis consciente d'avoir tué mes enfants. Cela me restera tout le temps. » Il est 12 h 35, les jurés partent délibérer.

Alors que les jurés n'avaient à répondre qu'à 9 questions, le délibéré fut exceptionnellement long de plus de 7 heures, preuve de la complexité de l'affaire. Peu après 20 h 15, le verdict tombe. Véronique Courjault est reconnue coupable. La préméditation n'est pas retenue pour la mort du bébé incinéré. Elle l'est pour les 2 bébés congelés. Pour un meurtre et 2 assassinats, la mère des 5 enfants est condamnée, le 18 juin 2009, à 8 ans de prison. Après le verdict, encore dans la salle, Jean-Louis Courjault affiche un sourire qu'on ne lui connaissait pas. La peine prononcée est la perspective d'une libération de son épouse dans l'année. À la sortie, il ne peut que prononcer ces simples mots : « Je viens de l'annoncer à mes enfants et je peux vous assurer qu'il y a de la joie à la maison. » 12 jours plus tard, le parquet général annonce qu'il renonce à faire appel. Impossible de dire si les jurés ont retenu la thèse du déni de grossesse puisque, à l'époque, les arrêts de cour d'assises n'étaient pas motivés. Rappelons seulement qu'ils ont retenu la qualification d'assassinat pour 2 crimes sur 3. Véronique Courjault a bénéficié d'une libération conditionnelle en mai de l'année suivante, après avoir effectué un peu moins de 4 ans de prison. Elle a rejoint les siens, travaillé comme secrétaire, et fini de purger sa peine à la fin de l'année 2013. Aux bébés, longtemps appelés "461" et "462", les parents ont donné des prénoms : Alexandre et Thomas. « Ils méritent mieux que des numéros », confieront leurs parents, leur accordant également une sépulture et une existence légale. Le plus dur consistera certainement à établir un lien affectif.

Déni de grossesse ? Dénégation ? Dissimulation ? Quel mot choisir tant le langage judiciaire est tout autre : meurtre ou assassinat. Ensuite, quelle peine pour un tel crime ? Bien avant de se rendre dans la salle des délibérés, les jurés ont été les témoins silencieux de nombreuses altercations, d'un affrontement constant entre Georges Domergue[2], le président de la cour d'assises, et Me Henri Leclerc. L'avocat pénaliste inspire le respect. Il a alors près de 50 ans de barreau derrière lui. On ne compte plus le nombre de procès où il a défendu avec ténacité et brio les accusés, de Florence Rey à Dominique Strauss-Kahn en passant par Dominique de Villepin, Michel Vaujour, Richard Roman. Alors qu'il arrive à Tours, il vient d'obtenir 2 mois plus tôt l'acquittement du professeur de droit Jacques Viguier, accusé du meurtre de sa femme disparue du jour au lendemain en février 2000. Me Henri Leclerc, ancien président de la Ligue des droits de l'homme, est un militant, mettant au-dessus de tout une justice humaine, loyale. Il a toujours mis en avant, tout en respectant le corps de la magistrature, les droits de la défense, les libertés fondamentales. À chaque plaidoirie, il se met à la portée des jurés. C'est à eux qu'il s'adresse en premier, contrairement à certains de ses confrères qui plaident pour la presse. Pour tous les avocats, il est considéré comme le boss, la référence. Un statut, une stature qui ne semble pas impressionner le magistrat. Une atmosphère électrique constante va s'installer durant les débats. Les 2 hommes vont plusieurs fois s'invectiver. Le président va interrompre l'avocat, lui reprochant de plaider avant l'heure. Me Leclerc dénonce la brutalité avec laquelle le magistrat interroge l'accusée. « Il y a de votre part un parti pris contre ma cliente que je dénonce. » Agacé, le président rétorque : « Je ne vous permets pas. » Puis une autre fois : « Je mène les débats

2. Le magistrat fut précédemment directeur de cabinet de la secrétaire d'État aux Droits des victimes, Nicole Guedj, d'octobre 2004 à mars 2005. En 2014, il fait l'objet d'une rétrogradation par le Conseil supérieur de la magistrature dans une affaire l'opposant à sa hiérarchie. Il fut le premier juge d'instruction de l'affaire de la petite martyre de l'A10 (voir dans le chapitre La souffrance des victimes : « La petite martyre de l'A10, ou le combat contre la prescription »).

comme il me plaît. » Sous le feu des questions, Véronique Courjault témoigne à son tour de la difficulté qu'elle a à s'exprimer. « Je ressens les mêmes impressions que lors de l'instruction. Je me sens acculée. Ce n'est pas l'instruction, c'est un jugement. » Les magistrats de la cour d'assises ne cachent pas qu'ils n'adhèrent pas à la thèse du déni de grossesse avancée par les avocats de l'accusée. Pour eux, comme elle n'intervient qu'avec l'arrivée des derniers conseils de Véronique Courjault, en novembre 2007, il ne peut s'agir que d'une stratégie de défense. À plusieurs reprises, le président note que le discours de Véronique Courjault a évolué au fil de la procédure. Régulièrement, il va se référer à ses déclarations lors de sa garde à vue ou lors de ses interrogatoires durant l'instruction, pour mieux souligner ses contradictions.

Avec d'autres chroniqueurs judiciaires, habitués des cours d'assises, nous avons souligné dans nos papiers que les audiences étaient plutôt à charge et menées au bulldozer. Des journées entières bien remplies, avec peu de suspension pour mettre l'accusée sous pression. Bizarrement, le président a passé au crible, dès le début du procès, le mari, simple témoin, avant d'entendre l'accusée. Comme souvent en cours d'assises, le président prend la place de l'avocat général, monopolisant l'interrogatoire, ne faisant pas toujours preuve de psychologie avec un accusé fragile À aucun moment, il ne la met en confiance. Souvent je me suis interrogé si l'audience aurait été d'une autre nature avec une femme comme président.

Le 15 octobre 2010, Georges Domergue, le président des assises, adresse une lettre à 3 journalistes. Avec Christian Bindner, de *France Inter*, et Stéphane Durand-Souffland, du *Figaro*, je suis l'un des destinataires. Tous 3 avions été interrogés par un confrère de *La Nouvelle République* sur notre ressenti quant à la façon dont le procès était présidé. À ce courrier, le président joint une « note sur le procès de Véronique Courjault rédigée à l'intention du réalisateur Jean-Xavier Lestrade, auteur d'un docu-fiction intitulé *Parcours meurtrier d'une mère ordinaire, l'affaire Courjault*[3] ». Partant d'une retranscription exacte des propos tenus lors du procès, les auteurs ont reconstitué, dans la même salle d'audience, les moments forts de l'audience. Les principaux protagonistes sont interprétés par des comédiens assez ressemblants. Évidemment, ce docu-fiction pose la problématique du déni de grossesse mais souligne également les tensions entre M^e^ Leclerc et le président Domergue.

Dans sa note de 18 pages, le magistrat tente de revenir sur la manière dont il a abordé, mené et vécu ce procès. Celle-ci n'étant pas destinée à être rendue publique, nous respecterons notre engagement. Notons seulement qu'il a de l'accusée une vision différente, avec une personnalité beaucoup plus forte qu'en apparence. Il revendique le droit et le devoir de souligner le décalage entre les déclarations de l'accusée à l'audience avec celles effectuées devant les policiers et le magistrat instructeur. « À l'audience, on ne peut pas faire comme si l'instruction écrite n'existe pas », dira d'ailleurs le président durant le procès. Dans sa lettre, le président nous écrit seulement : « Je ne peux que regretter que la fascination exercée par l'accusée au cours des débats l'ait parfois emporté sur toute autre considération. Le verdict mesuré rendu par la cour d'assises d'Indre-et-Loire démontre pourtant que le fait de reconnaître à une accusée la conscience de ses actes, voire leur préméditation, n'interdit nullement une forme de compassion. »

3. Sorti en DVD en 2010 (Arte Éditions).

En septembre 2010, soit un peu plus d'un an après le verdict, je rencontre Jean-Louis Courjault à l'occasion d'un livre qu'il vient de faire publier[4]. Alors que son épouse, désormais en libération conditionnelle, s'applique à refuser tout contact avec la presse, son mari accepte de raconter l'histoire d'un mari projeté malgré lui dans un fait divers macabre. Il s'exprime en choisissant ses mots. Avec de longs temps morts, il évoque sans trop de réticence son sentiment de culpabilité, d'avoir été complice par aveuglement : « C'est une sorte de culpabilité. J'étais présent sans être là. » Il défend ardemment son épouse : « Ce scénario n'a jamais effleuré mon esprit. Comment imaginer qu'on puisse cacher une grossesse ? On ne le voit pas parce que cela ne se voit pas. [...] Ce n'était pas un mensonge mais le signe d'un malaise profond. Pas la posture d'une femme calculatrice. » Il justifie d'être resté à ses côtés après 18 ans de vie commune : « Je ne pouvais pas tirer un trait. Il fallait que je l'aide parce que le socle était là. Je n'ai pas condamné la femme que j'aimais, je respectais son silence. Je n'ai pas su tirer les ficelles. [...] Partir en courant, cela aurait été de la lâcheté. » Les crimes et le procès les ont rapprochés, rendus plus forts, plus unis encore. Probablement que cette épreuve les a aidés aussi à mieux communiquer entre eux.

Point commun de ces affaires d'infanticides, c'est qu'elles interviennent dans des familles que l'on qualifie généralement de banales, “M. et M$^{me}$ Tout-le-monde”, plongées dans le drame puis dans les méandres de la justice. Le couple Courjault en est sorti perturbé, émettant le vœu que la justice aborde différemment les dossiers de déni de grossesse. « On a instruit une affaire de meurtre sans voir qu'il s'agissait de crimes de désespoir, de panique. »

4. *Je ne pouvais pas l'abandonner* (Éditions Michel Lafon).

# Un président des assises trop bavard dans le procès d'Yves Dandonneau

Un scénario bien monté mais mal exécuté.

Un accident apparemment banal. Une Austin a percuté un rocher au bord de la CD138 dans un endroit totalement désert près de Lodève (Hérault). Le conducteur Daniel B., infirmier, va chercher du secours le plus rapidement possible en allant frapper à la porte d'une ferme. Visiblement perturbé, il répète en boucle : « Pourvu que la voiture n'ait pas pris feu. » Lorsque les pompiers arrivent sur les lieux, la crainte du conducteur s'est réalisée. La voiture est calcinée. Le passager qui avait pris place à ses côtés est mort. Brûlé vif. Le cadavre est méconnaissable, non identifiable. Le survivant effondré donne l'identité de la victime. C'est son ami Yves Dandonneau, 41 ans, à la tête d'une petite entreprise de jouets et ancien agent d'assurance. Éplorée, sa veuve, Marie-Thérèse, se déplace sur les lieux du drame 48 heures plus tard. Elle y reviendra pour déverser les cendres. « C'était la volonté de mon mari », déclare-t-elle à qui veut l'entendre.

Pas de corps. Pas d'autopsie possible.

L'affaire aurait pu s'arrêter là en cette nuit du 7 au 8 juin 1987. Personne n'aurait jamais plus entendu parler de cet accident au lieu-dit appelé le col de l'Homme Mort. Prémonitoire mais trop beau pour être vrai. C'était compter sans la vigilance des compagnies d'assurance et le flair d'un détective privé besogneux.

La veuve du défunt a touché plus de 4 millions de francs (600 000 €) que 5 compagnies d'assurance ont débloqué sans sourciller. Une somme rondelette qui met néanmoins la puce à l'oreille d'un autre assureur. Yves Dandonneau a contracté, au mois de mars précédent, 8 assurances vie dont les contrats stipulent que le capital décès peut tripler en cas de mort accidentelle. Soit un montant pouvant dépasser les 10 millions de francs (1 524 000 €). Troublant. L'Agence pour la lutte contre la fraude à l'assurance, intriguée par le nombre de contrats souscrits, désigne l'un de ses plus fins limiers pour mener l'enquête. Jean Porcer est à la retraite depuis 8 mois. Précédemment, il était adjudant-chef dans la gendarmerie. L'homme mène son enquête et accumule des indices qui débouchent sur une autre histoire. Une autre version. Rocambolesque mais meurtrière.

D'abord, il constate qu'il n'y a pas de trace de freinage sur la route. Que les roues avant de l'Austin ont été braquées comme pour ne pas rater sa cible. « J'ai eu l'impression, dira-t-il, que le seul rocher au milieu de la ligne droite attendait l'Austin. » Le peu de dégâts sur la carrosserie laisse à penser que la vitesse n'était pas excessive et peu compatible avec le déclenchement de l'incendie qui a coûté la vie au passager. Enfin la ceinture de sécurité du passager est attachée à la boucle du chauffeur. Persuadé qu'il y a là manipulation, escroquerie à l'assurance, et sans doute crime, le privé transmet le résultat de ses investigations au parquet de Montpellier qui ouvre une enquête judiciaire.

Les experts vont à leur tour alimenter un dossier qui s'alourdit de jour en jour. L'état du véhicule, totalement calciné, ne rend pas crédible la version de l'accident. Le feu a pris dans l'habitacle et non dans le moteur. Le corps et le siège du passager ont été aspergés d'un produit inflammable. Enfin, dans la carcasse qui a été passée au peigne fin, un fragment de mâchoire est retrouvé. Il y manque 2 dents de sagesse. Or le dentiste d'Yves Dandonneau est formel. Ce dernier avait une dentition impeccable. Dernier point qui intrigue les enquêteurs. Pourquoi son ami infirmier n'a-t-il pas tenté d'extraire la victime de la voiture ? Pourquoi n'a-t-il cessé de dire, en allant chercher les secours, « pourvu que la voiture n'ait pas pris feu » ?

L'infirmier, Daniel B., et la veuve, Marie-Thérèse, sont placés sur écoute. Cette dernière a déjà perçu une partie du pactole. L'étau se resserre sur un homme vivant sur la Côte d'Azur : 272 jours plus tard, le 15 janvier 1988, ce dernier est arrêté dans une villa à Rouret, près de Grasse (Alpes-Maritimes). Il dit se nommer Bernard Depenne, et être conseiller financier. Son visage respire à plein nez la chirurgie esthétique : 5 opérations sont visiblement passées par là, qui l'ont plutôt défiguré. Le faux Depenne porte des lentilles de contact. Un subterfuge pour changer la couleur de ses yeux. Prudent mais pas résistant, le métamorphosé passe rapidement aux aveux. Presque soulagé. Il est bien Yves Dandonneau. Il vit avec Danièle S., qu'il présente comme sa secrétaire, et à l'occasion une complice de plus. Étonnamment, l'interpellé n'hésite pas à révéler le nom de tous ceux qui lui ont permis de réaliser son machiavélique scénario, digne de la Série noire, que Clouzot, Chabrol ou Hitchcock auraient pu porter à l'écran. « Cela s'est fini au champagne », confiera-t-il plus tard.

Il n'y a qu'un nom que Dandonneau est dans l'impossibilité de donner. C'est celui de la victime. Non pas qu'il ne veuille pas révéler un secret. En fait, il ne le connaît pas. Il faudra 2 ans d'enquête pour rendre son identité à celui qui était assis dans la voiture à la place du mort... Dandonneau vivant, les enquêteurs se retrouvent avec un cadavre sur les bras. Dessinateur à ses heures, le suspect dresse le portrait-robot de sa victime. Il faudra 2 ans pour mettre un nom sur ce croquis.

Il s'appelle Joël Hipeau. Il a 41 ans, le même âge que son assassin. Licencié en droit et en anglais, il est devenu vagabond, noyant sa déprime dans l'alcool depuis la mort de son père et depuis son divorce. Un marginal à l'abandon. Le juge chargé de l'instruction reconstitue le parcours macabre de la victime et la machination diabolique. Traversant une mauvaise passe économique, Dandonneau réfléchit à la manière de se refaire une santé financière. L'idée lui vient au cours d'une insomnie en janvier 1987. Orchestrer sa propre mort. « J'ai une idée lumineuse. Je vais disparaître. »

Dandonneau insiste auprès de son ami Daniel B. pour lui trouver un macchabée dans une morgue. Daniel s'y refuse. Le projet macabre n'est pas abandonné pour autant.

Les 2 complices partent sur une autre idée. Récupérer un clochard qu'on leur a signalé à la gare du Nord à Paris. Un homme qui a la même stature que le cerveau de cette mort programmée. Dandonneau et sa victime partent dans une Renault 21 louée pour la circonstance, tandis que Daniel B. est dans l'Austin qui appartient à Marie-Thérèse. Direction le sud. Un voyage sans retour. Dandonneau invite Joël Hipeau à aller prendre le soleil et respirer le bon air. Le clochard ne se fait pas prier. Il est tellement rare de tomber sur des gens si bien intentionnés.

Sur la route, Dandonneau, décidément généreux, propose à son passager de revêtir des vêtements plus présentables. Les siens. Ceux du clochard sont bazardés. Hipeau transformé en Dandonneau, l'identification *post-mortem* sera plus facile. La veuve reconnaîtra un morceau de slip de son mari sur les restes calcinés de la victime. Non seulement Joël est véhiculé, emmené au soleil, habillé, mais également nourri et abreuvé. Du vin, de la bière, du whisky, à volonté. Des boissons auxquelles les 2 complices rajoutent une bonne dose de barbituriques.

L'homme qu'Yves Dandonneau et Daniel B. installent sur le siège passager de l'Austin est ivre mort. Dans un état semi comateux. Daniel projette la voiture sur le rocher à petite allure. Yves asperge d'essence la victime et l'habitacle de la voiture. Puis craque une allumette. On connaît la suite. Après le crime maquillé en accident de la route, l'ami infirmier prévient les secours et le cerveau de la machination disparaît dans la nature à bord de la Renault 21 de location qu'il rend à Perpignan.

Le mardi 30 juin 1992, on se bouscule dans la grande salle des assises à Montpellier. Nous sommes curieux de voir celui qui a imaginé cette escroquerie mortelle à l'assurance. Ses 5 coaccusés dans le box, parmi lesquels sa fausse veuve, son ami infirmier, sa secrétaire, font figure… de figurants. C'est un visage de cire que nous découvrons. Tout droit sorti du musée Grévin. Lisse, inexpressif, irréel. Une mauvaise publicité pour la chirurgie esthétique. Dandonneau a le visage osseux, les pommettes siliconées, le regard fixe et les cheveux prématurément blancs pour un homme de 45 ans. Il ne se ressemble plus vraiment. Il se laisse filmer par les nombreuses équipes de reportage qui suivent cette 1ère journée d'audience. Il semble avoir perdu aussi de sa personnalité, tant il manque d'assurance quand il s'exprime. Sa voix est tremblotante. Il apparaît timide, complexé. « Je n'arrive pas à parler, à mettre mes idées en place », lance-t-il, en perdition, au président. Sans passion, il égrène ses nombreux métiers : aide-maçon, aide-cuisinier, agent de la SNCF, gardien de la paix, agent d'assurance et chef d'entreprise. Il retrace une vie d'errance, son premier mariage à 17 ans, ses 4 enfants non désirés. « Cela n'enlève rien au fait qu'on les a aimés. » Difficile d'imaginer qu'il ait pu être l'instigateur de ce simulacre d'accident de voiture. La seule qui se réjouit de ce procès est la mère du principal accusé. Elle déclenche des sourires quand elle déclare, péremptoire, à la barre : « Rendez-vous compte, Monsieur le président, j'ai longtemps cru qu'il était mort. »

Le procès est prévu sur 4 jours. Les faits sont reconnus. La justice ne souhaite pas s'éterniser sur cette affaire. D'autant plus que le président des assises est là un peu contre son gré. Le titulaire a été obligé de se déporter. Il est déjà intervenu dans la procédure de cette affaire, ce qui l'empêche de diriger les débats. Julien Guers, plus proche de la retraite que de la sortie de l'École nationale de la Magistrature, reprend donc du service au pénal après 4 années durant lesquelles sa hiérarchie l'a envoyé s'occuper d'affaires civiles. C'est donc un président un peu hésitant, visiblement impressionné par la forte présence médiatique et le grand nombre d'avocats, qui met le procès sur les rails. Mais le manque d'assurance de ce magistrat, dans un dossier qui fourmille d'assurances vie, fait craindre le déraillement à tout moment.

Au cours d'une suspension d'audience, nous sommes plusieurs journalistes à retrouver le président des assises dans un couloir du palais. S'instaure une discussion bon enfant. La scène est hallucinante. D'abord parce qu'à aucun moment le magistrat n'impose le *off* dans l'échange que nous avons avec lui. Un de mes confrères a son calepin dans les mains et prend des notes. Un autre glisse subrepticement son micro branché à son Nagra[1] en direction de notre interlocuteur. J'écoute les propos et observe cette scène sans imaginer la suite des événements.

1. Marque d'un magnétophone longtemps utilisé par les reporters radio.

En soi, rien ne nous interdit de discuter avec les magistrats durant un procès, cela nous arrive régulièrement, principalement avec l'avocat général. Ce dernier représente une partie au procès, au même titre qu'un avocat de la défense ou de la partie civile. Avec le président des assises, cela est plus problématique. Il doit respecter son devoir de réserve.

Le lendemain matin, 1er juillet, l'audience reprend normalement avec l'examen des personnalités des accusés. Mais au fil des minutes qui passent, la salle d'audience se dissipe comme une salle de classe. On n'écoute pas plus les questions du président que les réponses. L'assistance frissonne mais pour d'autres raisons. Cela débute sur nos bancs. Nous nous sommes arrêtés de prendre des notes pour lire le papier de notre confrère du *Midi Libre*, le quotidien régional. On se le repasse en jetant des yeux interrogatifs vers le banc de la défense. La copie incriminée finit par atterrir sur la table qui sert de bureau aux avocats d'Yves Dandonneau, Me Alain Furbury, du barreau de Toulouse, et sa consœur Me Martine Figueroa, du barreau de Montpellier, n'en croient pas leurs yeux. L'article est intitulé « Le retour du président Guers ». Il n'est pas signé mais reproduit dans sa 2e colonne les propos tenus la veille par le président au cours de cette discussion de comptoir : « Cette affaire est passionnante mais pas exceptionnelle. [...] Yves Dandonneau avait d'immenses atouts, il aurait pu faire de très belles choses. Il avait une excellente situation et gagnait très bien sa vie. [...] Il a choisi le pire dans une machination diabolique. La justice humaine va passer par là. » Bonjour la présomption d'innocence.

Le président continue son audience sans avoir conscience du coup de tonnerre qui vient de frapper les bancs de la défense. Avocats et journalistes, nous avons conscience que le président vient de se prendre les pieds dans le tapis. Que le dérapage médiatique ne va pas en rester là. Pendant l'heure du déjeuner, les avocats des accusés se réunissent afin de décider de leur stratégie, suite à ce faux pas judiciaire. Car désormais la teneur des propos du magistrat ne fait aucun doute car ils ont également été diffusés par la station locale de *Radio France*. Captés par le micro indiscret du confrère.

À la reprise de l'audience, Me Furbury demande la parole au président. « Pour un président de la cour d'assises, cela constitue une manifestation d'opinion sur le rôle et la culpabilité de mon client. L'article doit être versé aux débats. » En clair, il demande que l'incident soit acté par le greffe de la cour d'assises. La requête est soutenue par ses confrères dont certains en profitent pour demander la remise en liberté de leurs clients. Les visages des magistrats se figent. Comme si une bombe venait d'exploser en pleine audience. L'avocat général, Jean Claude Plantard, agacé par ce faux pas, ne cherche pas à camoufler son désarroi et regrette que la sérénité des débats soit mise à mal. Seuls les jurés ne semblent pas comprendre ce qui se déroule devant leurs yeux.

L'audience est suspendue par le président qui revient avec la cour et les jurés une demi-heure plus tard. L'air penaud, la voix blanche, le magistrat lit un texte qu'il a écrit à la va-vite. Il fait référence à l'article 311 du code de procédure pénale qui stipule que les assesseurs et jurés « ont le devoir de ne pas manifester leur opinion ». Sous-entendu le président n'échappe pas à la règle. Puis il poursuit dans un silence de plomb : « Toutefois la sérénité des débats s'oppose à la continuation de l'instruction de l'affaire dans la mesure où l'impartialité du président est mise en cause à la suite de la parution de l'article de presse. Qu'en tout état de cause, une réponse serait insuffisante pour faire disparaître le doute manifeste quant à notre impartialité, il y a lieu d'ordonner en conséquence le renvoi de l'affaire devant la prochaine session de la cour d'assises. » Le président dépose les armes. Il se rend. Il s'éjecte.

L'audience est levée. Il est 16 heures, tout le monde se lève et remballe ses affaires. Le procès est renvoyé dès le lendemain de son ouverture. Avant qu'il n'ait véritablement débuté. Nous en oublions presque Yves Dandonneau. Son crime était presque parfait mais son procès est totalement raté. À son insu. Le soir même, la bavure du magistrat fera les gros titres.

Les avocats obtiennent un renvoi qu'ils n'avaient pas plaidé. Si l'incident avait été acté, comme demandé, le procès aurait continué, sauf nouveau rebondissement. Mais la condamnation aurait été probablement cassée suite au pourvoi qu'ils auraient déposé. D'où un second procès qui se serait déroulé devant une cour d'assises d'un autre département. Le président, qui avait deviné que son procès allait à la cassation, a préféré se sanctionner lui-même. Certes le président a tenu ses propos hors audience, mais ils ont été rendus publics. Donc tout autant problématiques.

Le procès du mort-vivant revient devant les assises de l'Hérault le lundi 12 octobre 1992. Le président René Gabel a pris la place du président Julien Guers. D'autres jurés siègent à ses côtés. L'avocat général en revanche n'a pas changé. Les débats, durant les 5 jours d'audience, ne permettent pas de répondre avec précision comment est mort le faux Dandonneau et qui lui a donné la dose mortelle et le coup de grâce. Les experts décrivent un accusé principal comme narcissique, instable, éternel adolescent. Il confie qu'il a « accouché » en détention d'un volumineux manuscrit qu'il a adressé à un important éditeur parisien.

Le dernier jour s'achève dans une ambiance un peu surréaliste. Me Éric Dupond-Moretti, qui en est à ses premiers faits d'armes, termine sa plaidoirie pour la partie civile en entonnant de sa voix grave des extraits de *L'Auvergnat*, de Georges Brassens. Joël Hipeau voulait profiter de sa descente dans le Midi pour aller se recueillir sur la tombe du chanteur à Sète. Dans la soirée du vendredi 16 octobre, Yves Dandonneau est condamné à 20 ans de réclusion criminelle. Les jurés de Montpellier n'ont pas suivi l'avocat général qui a requis la perpétuité. Ses principaux complices écopent de peines allant de 14 ans à 4 ans avec sursis.

# Partie VII

# La souffrance des victimes

« La justice fait toujours un mécontent », disait Simone Rozès, ancienne première présidente de la Cour de cassation. C'est parfois le cas du condamné. Souvent celui de la victime, déçue par une longue attente rarement "récompensée" par une décision à la hauteur de ses espérances. Des 2 côtés de la barre, c'est la même croyance exprimée par cette formule récurrente : « J'ai confiance dans la justice de mon pays. » Après des audiences pesantes, souvent interminables, où la technicité du dossier prend le pas sur l'émotion, lorsque arrive l'heure du jugement, la colère succède à l'espoir.

Les magistrats le répètent. La justice n'est pas là pour aider les victimes à faire leur deuil. Dans les procès liés à des catastrophes ou à des scandales sanitaires, la justice avance lentement. Les victimes du crash du Mont Saint-Odile ont attendu 14 ans avant l'ouverture du procès à Colmar qui a débouché sur une relaxe générale des 6 prévenus poursuivis pour "homicide involontaire". Lorsque le *serial-killer*, enfin arrêté après des années d'enquête, fait son entrée dans le box, il trouve face à lui plusieurs familles unies dans la douleur. Ces dernières savent que leurs questions resteront sans doute sans réponse. Passage obligé de ces procès, les magistrats réservent plusieurs jours d'audience afin que les victimes viennent exprimer leur souffrance à la barre. Les photos des disparus apparaissent sur un grand écran disposé dans la salle d'audience. Mais jamais le quantum de la peine n'atténue la peine imprescriptible des proches. Les victimes sont rarement réconciliées avec la justice après un procès.

Présente à la procédure, la victime a le statut de partie civile. Juridiquement, elle n'est considérée comme victime que lorsque le tribunal ou la cour d'assises a décidé qu'elle devait être indemnisée.

Si au cours d'un procès, son influence est toute relative, la victime est en droit de déclencher la procédure. En portant plainte. Quitte à se retrouver dans une grande solitude comme ce fut le cas à Lyon dans le procès du cardinal Philippe Barbarin. Le combat de Thérèse et Xavier T. nous plonge dans le sensible contentieux de l'irresponsabilité pénale. Comment accepter que son enfant ait été tué par un individu qui ne sera jamais jugé ? Mais même lorsque l'accusé comparaît, rien ne peut empêcher la colère des parents d'une victime à l'égard de la justice. C'est ce que nous revivrons au cours du procès du meurtrier d'Audrey à Saintes. À l'opposé, l'histoire de la petite martyre de l'autoroute A10 est le contre-exemple. Celui d'une justice tenace. Qui n'abandonne pas sa mission pendant plusieurs décennies. Cette affaire témoigne de l'obstination d'une chaîne de magistrats et d'enquêteurs pour résoudre une énigme avant que les faits soient prescrits. À qui appartient le visage tuméfié de cet enfant retrouvé mort dans un fossé au bord de la route des vacances, et qui sont les auteurs de ce crime ?

# Quand les victimes se sentent bien seules : l'affaire Barbarin

Ils sont habillés en costume. Mais ce sont des hommes de robe que l'on juge. Si l'on osait, on pourrait parler d'un beau casting. Un prêtre, l'évêque de Nevers, l'archevêque d'Auch et le cardinal de Lyon, primat des Gaules. Il ne manque à l'appel que le secrétaire de la Congrégation de la doctrine de la foi, protégé par l'immunité que lui offre le Vatican.

C'est déjà en soi une victoire pour les parties civiles d'être parvenues à faire comparaître ces hommes d'Église devant le tribunal correctionnel de Lyon en ce lundi 7 janvier 2019. Elles le doivent principalement à François Devaux, le président de l'association La parole libérée. Tous les prévenus, dont 2 laïcs, ont à répondre de « non-dénonciation d'agressions sexuelles sur mineurs[1] ». Parmi eux, une sommité de l'Église, Philippe Barbarin, 68 ans, archevêque de Lyon depuis septembre 2002 et nommé cardinal depuis octobre 2003.

Le 17 juillet 2014, un père de famille de 40 ans, Alexandre H., écrit au cardinal Barbarin. Il porte à sa connaissance que, de 9 à 11 ans, il a été abusé sexuellement, avec de nombreux garçons

1. D'autres ecclésiastiques ont eu à répondre du même délit pour ne pas avoir signalé les agissements de prêtres de leur diocèse. En 2001, Mgr Pierre Pican a été condamné par le tribunal correctionnel de Caen à 3 mois avec sursis. Par souci d'apaisement, il n'a pas fait appel. En novembre 2018, Mgr André Fort a été condamné à 8 mois de prison avec sursis par le tribunal correctionnel d'Orléans. Lui non plus n'a pas fait appel.

de son âge, par le père Bernard Preynat, en charge des scouts de la paroisse Saint-Luc. Il s'étonne que celui-ci soit toujours en contact avec des mineurs. Le lendemain, l'archevêque lui répond : « L'on comprend qu'il vous ait fallu du temps pour pouvoir le mettre à l'écrit. » Le 23 novembre suivant, le quadragénaire renouvelle ses accusations lors d'une rencontre d'une heure avec le primat des Gaules. Durant les semaines suivantes, les 2 hommes continuent d'échanger des courriers. Constatant en mars 2015 que le curé est toujours en poste malgré le signalement fait auprès de l'archevêque de Lyon, Alexandre H. écrit 2 courriers au pape, puis décide de saisir le procureur de la République. À l'été 2015, le cardinal Barbarin signe des décrets qui ont pour effet d'interdire au père Preynat d'être en contact avec des mineurs.

Deux procédures sont ouvertes. L'une contre le père Peyrat. Elle a abouti à la condamnation de ce dernier le 17 mars 2020 à 5 ans de prison ferme pour agressions sexuelles à l'encontre de plusieurs jeunes scouts. Aucun mandat de dépôt n'ayant été desservi par le tribunal, il reste libre en attendant son procès en appel. L'autre, ouverte fin février 2016, vise la hiérarchie catholique. A-t-elle su ? A-t-elle tu ? Pour François Devaux, il n'y a aucun doute : « Il y a des gens responsables qui ont su et qui ont laissé faire, c'est inacceptable. »

Mis en cause, le cardinal Barbarin se contraint à participer à une conférence de presse le 15 mars. Il s'adresse d'abord à ceux qui, après Alexandre H., ont porté plainte contre lui. « On comprend leur colère, leur désarroi, leur souffrance intérieure, ils savent que nous compatissons. Pour ma part, je veux dire avec la plus grande force que jamais, jamais, jamais je n'ai couvert le moindre acte de pédophilie. » L'ecclésiastique aurait pu s'arrêter là. Mais plus tard, il lâche la phrase de trop : « Les faits sont heureusement prescrits. Grâce à Dieu[2]. » Une formule maladroite et malheureuse.

Le 8 juin 2016, le cardinal Barbarin se présente au commissariat pour être entendu. Il y reste pendant 10 heures, se défendant sur le fond et sur le droit. « Pas une seconde, il ne m'est venu l'idée d'aller dénoncer le père Preynat à la police. Je crois que lui-même [Alexandre H.] n'a jamais pensé que j'aurais dû le faire. Alexandre était un adulte, c'était à lui de le faire et, quand ils étaient enfants, leurs parents auraient pu le faire. » Barbarin conservera cette position durant toute la procédure.

Le 1er août 2016, le procureur de Lyon, Marc Cimamonti, classe l'affaire sans suite : 3 pages pour dire que force est de constater que l'action était éteinte. Rappelant d'abord « les faits dont [Alexander H.] avait lui-même été victime au temps de sa minorité entre 1983 et 1986 de la part de Bernard Preynat, faits qu'il a lui-même présentés comme prescrits ». Constatant ensuite que cette procédure « émanait d'une personne quadragénaire que rien n'empêchait de porter plainte ». Notant enfin que sa démarche auprès du cardinal Barbarin « avait pour finalité non pas d'amener les responsables de l'archevêché à saisir la justice pénale [...], mais d'écarter ce prêtre de toute fonction sacerdotale ou religieuse avec des enfants ».

Alors que la Confédération des évêques de France promet de faire la lumière sur les agissements coupables de ces prêtres, affirmant qu'il n'y a pas de loi du silence dans l'Église, après 6 mois d'enquête, la justice décide de mettre un point final à cette affaire. Le 18 novembre, lors d'une messe dans la cathédrale, le cardinal déclare vouloir demander pardon aux victimes des prêtres pédophiles.

2. La formule sera reprise par François Ozon pour le titre de son film, inspiré de l'affaire : *Grâce à Dieu.*

Les anciens scouts du groupe Saint-Luc de Sainte-Foy-lès-Lyon, victimes du père Preynat, auraient pu saisir un juge d'instruction pour relancer l'enquête. Mais ils ont préféré une procédure plus rapide. La citation directe. Déposée le 23 mai 2017, elle leur permet de poursuivre eux-mêmes les 7 personnes qui, selon eux, devaient rendre des comptes sur le silence de l'Église face aux agissements coupables d'un de leurs prêtres. Comme c'est la procédure, au cours d'une audience dite de consignation, le tribunal de Lyon fixe une somme qu'ils doivent verser pour couvrir une éventuelle amende, dans le cas où, à l'issue de cette affaire, le tribunal juge cette procédure abusive.

Lors du 1er procès en janvier 2019, le cardinal Barbarin reste sur sa stratégie de défense. « Je ne vois pas de quoi je suis coupable. Je n'ai jamais cherché à cacher, encore moins à couvrir, ces faits horribles. » Sans surprise, la vice-procureure, Charlotte Trabut, ne dévie pas de la trajectoire tracée par le procureur de la République en août 2016. « Le ministère public ne s'oppose pas aux parties civiles, pas plus qu'il ne soutient *mordicus* les prévenus. »

Mais la magistrate a fait du droit. La majorité des faits remontent aux années 1980, donc sont prescrits, la plainte à 2016. Les délais de prescription, en vigueur à l'époque, font que l'on ne peut pas remonter avant 2013[3]. Pour ceux révélés après cette date, il n'est pas prouvé, selon le parquet, que le prévenu soit coupable d'avoir voulu entraver le cours de la justice.

Le 7 mars 2019, le tribunal rend son jugement. Le cardinal est relaxé pour les faits antérieurs à juillet 2014, date à laquelle

3. Rappel, la prescription intervenait alors au bout de 3 ans. Elle est depuis août 2018 effective au bout de 6 ans pour les délits. Une modification législative qui ne s'applique pas à ce dossier en raison de son antériorité.

Alexandre H. entre en contact avec lui. Pour les juges, les faits sont soit non constitués, soit prescrits. En revanche, Philippe Barbarin est reconnu coupable de non-dénonciation d'agressions sexuelles à compter de juillet 2014. En conséquence, le tribunal le condamne à 6 mois d'emprisonnement avec sursis et à verser 1 € symbolique de dommages et intérêts à chaque partie civile. Dès le lendemain, le cardinal fait appel de cette condamnation. La dizaine de personnes à l'origine de cette citation directe a gagné la première bataille, 11 jours plus tard, le cardinal Barbarin remet sa démission au pape François, qui la refuse au nom de la présomption d'innocence.

Les 28 et 29 novembre suivants, tout le monde se retrouve dans l'ancien palais de justice de Lyon, au bord de la Saône. La position du parquet général n'a pas varié. Il se contente de rappeler le droit et de maintenir la position affichée depuis 2016. Les débats ont principalement lieu entre plaignants et défense.

Le 30 janvier 2020, la cour d'appel rend son arrêt. Les juges épinglent le cardinal. « Contrairement aux dénégations du prévenu, Philippe Barbarin avait bien eu à ce moment, qu'il faut remonter au 31 mars 2010, connaissance effective des atteintes sexuelles sur mineurs de moins de 15 ans susceptibles d'avoir été commis par Bernard Preynat [...] même si aucun nom de victime n'a été cité à cette occasion. » Sur la question principale, elle donne raison à la défense et se retranche derrière la position du parquet général, du procureur de la République. Autrement dit, ceux qui avaient conclu à un classement sans suite avaient la bonne lecture du dossier.

Au milieu des 37 pages de cet arrêt, une phrase résume la position des magistrats intervenus en seconde instance. « Ils pouvaient donc dénoncer eux-mêmes auprès des autorités les atteintes ou agressions sexuelles qu'ils avaient subies pendant leur minorité. » En clair, ne pas faire le reproche à autrui de ce que vous auriez pu faire vous-même.

Seule consolation, la cour d'appel ordonne la restitution aux parties civiles de la somme d'argent consignée au démarrage de la citation directe. La justice ne considère pas qu'elle ait été confrontée à une procédure abusive.

Bien qu'innocenté par la justice, Philippe Barbarin voit son souhait exaucé par le pape qui accepte sa démission d'archevêque de Lyon.

Plus que jamais, le droit a occupé, au cours de ces 2 procès, autant de place que les faits proprement dits. Au centre de ces échanges entre les parties civiles et la défense – le parquet restant légèrement en retrait –, l'article 434-3 du code pénal. Pourtant, il ne fait que 7 lignes. Il appartient à un chapitre intitulé : « Des entraves à la saisine de la justice. »

« Le fait, pour quiconque ayant eu connaissance de privations, de mauvais traitements ou d'atteintes sexuelles infligées à un mineur de moins de 15 ans ou à une personne qui n'est pas en mesure de se protéger en raison de son âge, d'une maladie, d'une infirmité, d'une déficience physique ou psychique, ou d'un état de grossesse, de ne pas en informer les autorités judiciaires ou administratives est puni de 3 ans d'emprisonnement et de 45 000 euros d'amende. »

Pour les juristes, il s'agit d'un délit instantané, fixé dans le temps. Le texte a été modifié par la loi du 3 août 2018[4]. Le législateur a remplacé le participe passé par le présent. On peut

4. Loi renforçant la lutte contre les violences sexuelles et sexistes. Elle a, entre autres, rallongé le délai de prescription pour les crimes sexuels commis sur les mineurs, qui passe de 20 à 30 ans après l'âge de la majorité. Une disposition non rétroactive.

lire désormais « quiconque ayant connaissance ». De même a été ajouté, après le passage sur les autorités judiciaires ou administratives : « ou de continuer à ne pas informer ces autorités tant que ces infractions n'ont pas cessé est puni de 3 ans d'emprisonnement et de 45 000 euros d'amende. »

Le délit instantané est devenu un délit continu. Autrement dit, la prescription ne commence à courir que lorsque cessent les infractions qui auraient dû être dénoncées.

Autre changement notable intervenu avec la loi de 2018 : lorsque les faits non dénoncés concernent un mineur de moins de 15 ans, la peine encourue est de 5 ans d'emprisonnement et de 75 000 euros d'amende.

Cette modification est intervenue alors que la procédure contre le primat des Gaules était encore en cours, elle n'a donc pas eu d'influence notoire sur la décision des juges. Mais sans le vouloir, le cardinal Barbarin a accéléré la prise de conscience des autorités religieuses sur le fléau que constituent les affaires de pédophilie au sein de leurs églises. Et « grâce à Dieu », il a permis à la justice d'avoir des armes plus fortes pour lutter avec efficacité contre ces silences coupables.

# L'ASSASSIN SANS VISAGE, OU FAUT-IL JUGER LES "FOUS" ?

Journalistes, nous sommes souvent amenés à entrer en contact avec des familles de victimes. C'est une démarche quelquefois difficile, les proches plongés dans le drame préférant parfois rester éloignés de la sphère médiatique. Plus rarement, ce sont les victimes qui prennent contact avec la presse.

Le 29 septembre 1994, je reçois un courrier de la mère d'une jeune fille prénommée Laure. Elle a été sauvagement tuée 10 mois plus tôt dans le hall de son immeuble. C'est un cri et un appel au secours. « Je refuse de toutes mes forces ce refus de rendre sa dignité à ma fille, et de soustraire définitivement son assassin à une possible prise de conscience de son acte dans le cas où il échapperait à toute justice. »

Passer plusieurs fois par jour dans le lieu où son enfant a été tué est un supplice incommensurable. Un calvaire. « Une épouvante, un effondrement », confieront plus tard Thérèse et Xavier T. En mémoire de leur fille Laure, le couple a choisi de ne pas déménager et de continuer à vivre quelques étages plus haut.

Le 18 novembre 1993, Laure rejoint le domicile parental vers 19 h 45. Elle vient de quitter sa grand-mère à qui elle a souhaité un joyeux anniversaire. Laure est âgée de 20 ans et, après le bac, elle est entrée à la faculté pour suivre des études de lettres modernes. Alors qu'elle pénètre dans le hall de son immeuble, après avoir fait le code d'entrée, la jeune fille sent que quelqu'un se faufile derrière elle. Elle se retourne et fait face à un jeune homme qui la menace d'un couteau. Laure n'a aucun doute sur les intentions de l'agresseur. Pour tenter de le calmer, elle lui tend son porte-monnaie qui contient un peu plus de 10 euros. La jeune fille reçoit un 1er coup de couteau à la hauteur du cou. 7 autres suivent. Après quoi, l'agresseur ouvre la porte d'entrée donnant sur la rue et prend la fuite. Les rares passants décrivent simplement une silhouette disparaissant dans la pénombre de la nuit.

Laure reste inerte sur le carrelage du hall d'entrée. Elle perd beaucoup de sang. Une lésion à la carotide provoque une forte hémorragie. Les secours ne peuvent rien faire. Quelques étages plus haut, le monde s'écroule pour ses parents, et son frère Jean, de 2 ans son cadet. Qui a pu commettre ce crime gratuit ? Thérèse et Xavier, tous deux agents artistiques, craignent que le meurtre de Laure ne reste impuni. Ils n'ignorent pas que certaines agressions, certains viols, n'ont pas d'issue judiciaire, faute d'avoir identifié un suspect.

Deux jours plus tard, une lueur d'espoir renaît. À défaut de mettre pour l'instant un visage sur l'agresseur, ils peuvent mettre un nom : Jean-Luc G. Il a avoué le meurtre de Laure en se confiant à un ami séminariste qui décide de prendre contact avec la brigade criminelle. Connaissant les antécédents psychiatriques de son ami et sa situation précaire de vagabond, il attire l'attention des enquêteurs sur les troubles psychiques dont souffre Jean-Luc.

En garde à vue, le suspect reconnaît les faits et explique le pourquoi de son agression. Après avoir eu longtemps recours à des prostituées, il recherche désormais des aventures avec des non-professionnelles. Il avoue ainsi que, la veille du meurtre, il a agressé une autre jeune fille avec un couteau acheté le matin même. Renseignements pris, aucune plainte n'a été enregistrée. Jean-Luc confie aux enquêteurs qu'après chaque agression, il se débarrasse du couteau, le plus souvent dans une poubelle. Ainsi le matin du meurtre de Laure, il s'est procuré une autre arme blanche qui, à son tour, a été jetée. Le lendemain, le jeune homme a racheté un couteau que les enquêteurs vont saisir lors de la perquisition effectuée à son domicile.

L'arrestation de Jean-Luc G. est un soulagement pour les proches de Laure. Ils savent que l'instruction va être longue mais la perspective d'un procès leur apporte une once d'apaisement. Ils ont confiance dans la justice d'autant plus que le dossier a été confié au juge Jean-Pierre Getti. Ce magistrat est précédé d'une réputation irréprochable. Parmi les importants dossiers qu'il a instruits, figure entre autres celui du milicien Paul Touvier, arrêté dans un prieuré à Nice en 1989 après 44 ans de cavale[1].

Pour Thérèse et Xavier, le procès ne peut que déboucher sur une condamnation lourde du jeune homme qui encourt la perpétuité. Contrairement à l'idée reçue, le procès ne contribue pas à réaliser le travail de deuil, et encore moins à tourner la page. Mais il constitue une étape importante. Indispensable.

Malheureusement, les parents de Laure n'en ont pas fini avec les épreuves. Jean-Luc est fâcheusement connu des services judiciaires et psychiatriques. Son "casier" fait apparaître une précédente condamnation. Un an de prison pour l'agression d'une vieille dame. À l'époque, les experts psychiatres l'ont considéré comme « responsable de ses actes et apte à comparaître devant un tribunal ». Comme le veut la procédure criminelle, le juge

1. Voir le chapitre « Crimes contre l'humanité : le long chemin de la justice », dans lequel le dossier Touvier est évoqué.

Getti ordonne une expertise psychiatrique. Pour l'expert, le suspect souffre d'une « psychose lourde ayant aboli son discernement et le contrôle de ses actes » et qualifie le mis en examen de « psychopathe évolutif dangereux, inaccessible à une sanction pénale ».

Consciencieux, le juge Getti ordonne une contre-expertise. Les nouveaux experts confirment les conclusions de leurs précédents collègues. Incompréhension du côté des parents de Laure. Comment expliquer qu'un individu qui a été jugé responsable lors d'une première affaire soit devenu « irresponsable » dans la seconde ? Comment justifier qu'un homme aussi méthodique dans le déroulement de ses crimes soit considéré comme "fou" ?

Le magistrat instructeur est forcé d'appliquer la loi. Le suspect bénéficie d'un non-lieu. Jean Luc G. échappe contre son gré à un procès et à la justice. Son cas n'est plus du ressort des magistrats mais des psychiatres. Juridiquement, il n'est plus un criminel mais un malade. Il doit quitter la prison pour un établissement spécialisé. Le magistrat décide d'une hospitalisation d'office dans un centre hospitalier pour malades difficiles à Sarreguemines (Moselle).

Pour les parents de Laure, c'est un nouveau coup dur. « Il n'y aura pas de déclaration de culpabilité. Il ne nous verra pas et nous ne le verrons pas non plus. Il restera ce silence et ce vide terriblement effrayants. Comme si Laure n'avait jamais existé », commente alors sa mère à la presse. Conseillés par leur avocat, M^e^ Henri Leclerc, ils font appel de ce non-lieu devant la chambre d'instruction de la cour d'appel de Paris. En février 1997, ils demandent la publicité des débats qui leur sera refusée. Pas de presse et pas d'accusé non plus. Jean-Luc G. n'est pas présent, le médecin-chef de Sarreguemines s'opposant à la comparution du jeune homme. M^es^ Leclerc et Valérie Dubois, avocate de l'accusé, développent leurs arguments lors d'une audience à huis clos. Pour Me Dubois, « soigner est préférable à une condamnation ». La psychiatrie avant la justice. Les 3 magistrats suivent la position de l'avocate. Par un arrêt de 7 pages, daté du 19 février 1997, la 3e chambre d'accusation confirme le non-lieu. Les juges écrivent que « sa curabilité et sa réadaptabilité ne pourront être appréciées qu'après une période thérapeutique efficace et avec au préalable un séjour dans une unité de soins spécialisée pour malades difficiles ». Les juges n'ont plus la mainmise.

Juridiquement, le dossier judiciaire est clos. Personne ne peut assurer les parents de Laure du devenir de Jean-Luc G. Si pour eux, il est le meurtrier, pour la justice, il ne reste que le suspect. Pour Thérèse, Xavier et Jean, Jean-Luc est resté une énigme, un inconnu. Un criminel qu'ils n'ont jamais vu. Un assassin sans visage.

Thérèse et Xavier T. n'ont jamais désarmé. Le 22 septembre 1994, ils lancent une pétition afin que l'irresponsabilité pénale d'un accusé soit du ressort de jurés d'assises et plus de magistrats professionnels. La pétition finit par ces mots : « L'assassin de notre fille s'est vanté de vouloir recommencer. Il peut ressortir de l'asile psychiatrique dans six mois, dans un an, ou… suivant la décision de 2 médecins traitants. » La mère de Laure écrit à Jacques Toubon, alors ministre de la Justice : « S'il s'agit d'un malade mental, sa place est à l'hôpital psychiatrique mais nous voulons qu'il soit auparavant jugé. C'est la seule manière de restaurer la dignité des victimes mais aussi de respecter les assassins. La grandeur de l'homme, c'est sa responsabilité. Le non-lieu, c'est l'occultation, la négation du crime : c'est le faire porter seul par les personnes les plus meurtries. Je termine en disant mon violent sentiment d'injustice, de solitude, de vide vertigineux, d'impuissance devant une machine qui menace de s'arrêter avant que la justice soit dite, seulement dite... » La pétition recueille de nombreuses signatures. Mais elle restera longtemps lettre morte. Aucun ministre de la Justice, aucun parlementaire ne reprend cette initiative à son compte. Probablement freinés par les magistrats qui, dans leur majorité, sont opposés à cette réforme.

C'est un autre fait divers qui relance un an plus tard le débat. En décembre 2004, Romain Dupuy décapite avec un sabre une infirmière et une aide-soignante de l'hôpital de Pau (Pyrénées-Atlantiques) où il a été déjà interné[2]. Il est arrêté lors d'un banal contrôle routier au cours duquel il tire 3 fois sur les policiers. Les experts diagnostiquent une schizophrénie paranoïde et concluent unanimement à son irresponsabilité pénale. À l'occasion d'une rencontre en août 2007 à Bayonne avec Nicolas Sarkozy, les parties civiles font part de leurs souhaits de voir le suspect jugé publiquement. Le Président déclare qu'en « tant que chef de l'État, je dois veiller à ce que les victimes aient le droit à un procès où le criminel, où les experts, où chacun devra exprimer sa conviction. Je ne suis pas sûr que le mot non-lieu soit parfaitement compréhensible pour un mari dont on a égorgé la femme ou pour une femme dont on a décapité la sœur ».

À la demande expresse du président de la République, Rachida Dati, ministre de la Justice, élabore un texte qui est voté très rapidement par le Parlement. Il instaure une audience où, publiquement, l'irresponsabilité pénale du mis en examen est débattue. La première audience a lieu à Pau dans la salle de la cour d'assises, mais c'est bien la chambre de l'instruction qui siège. Autrement dit, 3 magistrats, pas de jurés, un avocat général. L'accusé Romain Dupuy est présent, assisté de son avocat.

2. Se reporter au témoignage d'Erick Maurel, procureur de la République de Pau dans *Les Magistrats sur le divan* (Éd. du Rocher).

Les parties civiles, la presse et le public occupent les autres places de la plus grande salle du palais. C'est un procès qui n'en est pas un. Il ne s'agit pas de se prononcer sur la culpabilité de l'assassin mais de dire s'il est apte à être jugé ou pas. Certains souhaiteraient que des jurés participent à cette audience. Décider d'envoyer un individu en prison est déjà une lourde responsabilité. Leur demander de se prononcer sur l'irresponsabilité pénale paraît plus difficile.

Durant les 3 jours d'audience, Romain Dupuy est interrogé, et les experts psychiatres ont développé longuement leurs rapports d'expertise. Tous ceux qui ont assisté à ces audiences peuvent témoigner des propos délirants, incohérents tenus par l'accusé. Dans ses divagations verbales, Romain Dupuy parle pêle-mêle « de serpents, de Martiens, de morts-vivants, de monstres le guidant dans ses actes, et de voix [qu'il a] entendues lui dire de commettre ces crimes ». Quelques jours plus tard, les 3 magistrats confirment le non-lieu psychiatrique délivré par le juge d'instruction. Romain Dupuy ne sera pas incarcéré mais interné d'office.

Depuis janvier 2018, il est en droit de quitter l'Unité pour malades difficiles de Cadillac (Gironde) pour rejoindre une unité psychiatrique plus classique. Une décision qui ne peut être prise qu'après qu'un collège d'experts s'est prononcé.

Jusqu'au 1er mars 1994, c'est l'article 64 du code pénal qui définissait l'irresponsabilité pénale. Promulgué en février 1810, il stipulait qu'il n'y a « ni crime, ni délit, lorsque le prévenu était en état de démence au temps de l'action, ou lorsqu'il a été contraint par une force à laquelle il n'a pu résister ». Aujourd'hui, le législateur s'est voulu plus précis pour déterminer le champ d'application de la loi. Si le discernement ou le contrôle de ses actes a été aboli par un trouble psychique ou neuropsychique, il n'y a pas de procès. Si les experts ne concluent qu'à une altération, l'accusé est renvoyé devant ses juges qui doivent tenir compte de cet élément. Il reste que la frontière entre ces 2 acceptions peut être fragile, comme ce fut le cas en Corse.

En novembre 2012, le jeune Andy comparaît devant la cour d'assises des mineurs à Ajaccio. Alors qu'il a 16 ans, il tue ses parents et ses frères en août 2009. En pleine nuit, dans le petit village d'Albitreccia, Andy se lève, se saisit d'un fusil à pompe et méthodiquement se dirige vers la chambre de ses parents qu'il abat froidement. Il fait de même avec ses 2 frères jumeaux âgés de 10 ans. Après quoi, il quitte la maison familiale en emportant la montre de son père et la somme de 2 500 € enfermée dans le coffre-fort. Pendant 24 heures, il erre dans le maquis corse avant d'être retrouvé, choqué, pieds nus et en short, par un de ses oncles sur une plage des environs. « Je ne savais plus où j'étais. Je voyais tout flou. Il y avait quelqu'un d'autre à ma place » sont ses premières déclarations aux enquêteurs. Il avoue ses crimes sans être capable de les expliquer, parlant d'une « irrésistible pulsion ».

Au procès, ses proches ne reconnaissent pas dans le box celui dont ils disaient, au début de l'instruction, qu'il avait un visage d'ange. Andy apparaît absent, s'exprimant peu. Il a la tête baissée. « J'aime ma famille, mes parents. Je sais que je l'ai fait mais ce n'est pas moi qui l'ai fait. » En détention, il poursuit ses études et passe avec succès son baccalauréat scientifique. Alors que le parquet général requiert une peine de 18 ans de réclusion, la cour d'assises des mineurs de Corse-du-Sud refuse de le condamner, considérant qu'il est irresponsable pénalement. Elle répond oui à toutes les questions sur la culpabilité mais également à celle sur l'irresponsabilité pénale. Le verdict tombe à 1 heure du matin le samedi 17 novembre 2012. Après 5 heures de délibéré, Andy est acquitté. En conséquence, Andy quitte la prison de Borgo (Haute-Corse) pour un établissement psychiatrique du continent. En décembre 2013, la cour d'assises des mineurs à Aix-en-Provence confirme cet arrêt en appel. Les 8 experts qui l'ont examiné n'ont pas tous eu la même approche de son état mental au moment des faits. Devant les jurés, les différents experts n'ont pas réussi à se mettre d'accord entre abolition ou altération du discernement.

Un fait divers a récemment relancé ce débat. Le 3 avril 2017, en pleine nuit, Kobili Traoré, 27 ans, pénètre dans l'appartement d'une voisine, Sarah Halimi. Après l'avoir rouée de coups, le jeune homme défenestre la sexagénaire du balcon du 3e étage en ayant prononcé « Allah Akbar » et en la traitant, en arabe, de diable. Pour les proches de la victime, le caractère antisémite du crime ne fait pas l'ombre d'un doute. Après avoir été écartée dans un premier temps, cette circonstance aggravante est retenue par la justice, 11 mois plus tard. Les plus grands experts psychiatres auprès de la cour d'appel de Paris sont amenés à se pencher sur le cas de l'accusé. Le 1er, pas des moindres, le docteur Zagury, conclut à une altération du discernement due à « une bouffée délirante aiguë induite par l'augmentation de la consommation de cannabis ». Sans exclure la thèse d'un crime antisémite. Les 2 autres collèges d'experts, soit 6 praticiens, retiennent l'abolition. En novembre 2019, les parties se retrouvent devant la chambre d'instruction de Paris pour une audience où, là encore, il ne s'agit pas de trancher sur la culpabilité de Kobili Traoré. La question d'un crime antisémite ou pas n'est pas au centre des débats. Le 19 décembre 2019, l'arrêt est rendu. Les 3 magistrats se rangent aux arguments de la majorité des experts et aux conclusions du juge d'instruction. Kobili Traoré ne peut pas être jugé. Son hospitalisation assortie de mesures de sûreté sur une durée de 20 ans est ordonnée par la justice. Le meurtrier, non reconnu coupable pénalement, retourne en psychiatrie.

Un arrêt qui ne contente pas les parties civiles et qui est vivement commenté par la presse et l'opinion publique sur les réseaux sociaux. Ce dossier aurait pu rester une affaire judiciaire. Il est devenu politique. Lors de son voyage à Jérusalem, devant la communauté française, Emmanuel Macron fait part de son sentiment. Après avoir rappelé qu'un président de la République ne devait pas commenter une décision de justice, qu'un pourvoi en cassation a été formé, que la justice avait reconnu le caractère antisémite, il a déclaré : « On ne peut pas, sur ces sujets, décider de nous en remettre uniquement à la justice. Parce que c'est un sujet compliqué. [...] Même si à la fin le juge décidait que la responsabilité pénale est là, le besoin d'un procès est là. Il faut que tout ce qu'un procès comporte de réparation puisse se tenir, ce que personne ne peut remettre en cause. » 2 jours après l'intervention du chef de l'État, dans un communiqué écrit à 4 mains, Chantal Arens, première présidente de la Cour de cassation, et François Molins, procureur général près la Cour de cassation, « rappellent que l'indépendance de la justice dont le président de la République est garant, est une condition essentielle du fonctionnement de la démocratie. Les magistrats de la Cour de cassation doivent pouvoir examiner en toute sérénité et en toute indépendance les pourvois dont ils sont saisis ».

Depuis l'application de la loi instaurant l'audience publique voulue par Nicolas Sarkozy, la cour d'appel de Paris a été saisie environ 70 fois en un peu plus de 10 ans. Dans une large majorité des cas, les magistrats ont confirmé le non-lieu psychiatrique.

Les parents et les grands-parents d'Agnès Marin posent une autre question : « Faut-il juger les experts ? » La jeune fille a été violée, tuée et son corps en partie calciné par un de ses camarades au lycée cévenol du Chambon-sur-Lignon[3]. Le jeune homme, Mathieu M., a déjà été poursuivi pour un autre viol, commis un an plus tôt. L'un des experts, le docteur Claude Aiguevives, avait conclu dans son rapport : « Nous considérons que cette personne n'est pas dangereuse. » Sa remise en liberté et son placement dans l'établissement privé ont, selon la famille d'Agnès, favorisé la mort de cette dernière. Les proches d'Agnès en veulent autant au juge qu'à l'expert. Lors du procès au Puy-en-Velay, où l'expert était venu témoigner à la barre, ce dernier a essuyé les foudres de l'avocate générale : « Je reproche à cet expert d'avoir émis un avis lapidaire et trompeur dans sa formulation. » De son côté, le psychiatre, inscrit sur la liste des experts assermentés auprès de la cour d'appel de Montpellier, s'est défendu : « Ce n'est pas moi qui ai libéré ce garçon ou qui n'ai pas assuré son suivi ensuite. [...] On ne fait pas une médecine qui est gagnante à tous les coups. » Une phrase malheureuse qui n'est pas sans rappeler celle qu'un autre expert, Jean-Luc Viaux[4], nous avait sortie devant les caméras après sa comparution au procès en appel de l'affaire d'Outreau à Paris : « Quand on paie les expertises au tarif de femme de ménage, on a des expertises de femme de ménage. »

La famille d'Agnès Marin a demandé que l'expert ne puisse plus intervenir dans des procédures judiciaires. Demande restée lettre morte. La même démarche a été diligentée par le ministre de la Justice Pascal Clément. Les 2 demandes sont restées lettre morte.

3. Voir le témoignage du magistrat Jean-Yves Coquillat dans *Les Magistrats sur le divan* (Éd. du Rocher).
4. Voir le chapitre consacré à l'affaire d'Outreau.

# Deux ténors face à la colère des parents d'Audrey

Ce sont 2 hommes d'une carrure imposante qui sont assis devant moi. L'une est celle de Franck T., père de la victime, Audrey. L'autre est celle de son avocat, Me Éric Dupond-Moretti. Les 2 hommes se ressemblent. Des corpulences de bûcherons. Un visage rond, en partie dissimulé sous une barbe bien entretenue. Nous sommes à la cour d'assises de la Charente-Maritime, à Saintes. À l'entrée de l'accusé dans le box, le père, devant moi, se lève et se dirige vers le box : « Ordure. Tu vas crever. Saloperie. Pourriture. Fumier. » Alors qu'un policier s'interpose, il continue : « Tu veux une balle dans la tête ? Charogne. » À la présidente des assises, Anne-Marie Baudon, qui lui demande de surveiller son langage, il adresse un : « Oh vous, la justice ! » Mais c'est l'accusé qui retient toute sa haine : « Tu as passé une bonne nuit, salope ? » Son épouse, à sa gauche, fait avec la main un geste d'égorgement qu'elle accompagne d'un « c'est tout ce qu'il mérite ». L'avocat de la défense, un autre ténor du barreau, Me Jean-Louis Pelletier, préfère ne pas intervenir. Pour ne pas faire monter la tension. L'audience est suspendue alors qu'elle vient à peine de débuter.

Les 2 avocats se connaissent. S'apprécient. Se respectent. Me Dupond-Moretti considère Me Pelletier comme son mentor. Ils ont en commun une force de conviction, une présence, une voix qui font qu'on les écoute, si ce n'est religieusement au moins avec intérêt et admiration. Jean-Louis Pelletier n'en est pas à son 1^er^ procès d'assises. Depuis plus de 40 ans, il défend les plus grands noms de la criminalité, à commencer par celui qui fut un temps l'ennemi public n°1, Jacques Mesrine. Contrairement à son collègue de la partie civile, il a connu le temps où son client encourait la peine capitale, et où, parfois, il fallait plaider la grâce présidentielle dans un bureau à l'Élysée. En 1980, il assure la défense de Philippe Maurice[1], condamné à mort pour le meurtre d'un policier. Quelques semaines avant ce procès à Saintes, il était l'un des nombreux avocats des acquittés d'Outreau. À ses cotés, lors du procès en appel à Paris, M^e^ Dupond-Moretti. Devenu avocat en 1984, d'abord au barreau de Lille avant de rejoindre celui de Paris, il est le routard des assises. Avalant autant les dossiers de procédure que les kilomètres qui séparent un palais d'un autre, au volant de sa voiture où il chantonne ses chansons françaises préférées. Capable d'intervenir dans plusieurs procès en même temps, il accumule les clients et les acquittements, ce qui lui vaut le surnom d' "Acquittator". Vilipendant la justice médiatique, il n'hésite pas à rejoindre les plateaux de télévision pour dire leurs quatre vérités aux magistrats et aux "bien-pensants". Les prétoires ne lui suffisant plus, il exerce son talent oratoire également au théâtre ou au cinéma. Il est devenu depuis ministre de la Justice.

L'ambiance est donnée alors que le procès n'a pas encore débuté. Une telle violence de la part de parents d'une victime est rare au milieu du prétoire. D'habitude, ils apparaissent abattus, déboussolés, perdus de se retrouver dans un univers froid,

1. Sa peine a été commuée en réclusion criminelle à perpétuité après l'arrivée au pouvoir de François Mitterrand et l'abolition de la peine de mort. Devenu en détention docteur en histoire médiévale, il est aujourd'hui libre et incarne la réinsertion des longues peines.

solennel. Ils se retranchent derrière leur avocat qui leur sert de rempart. À Saintes, ce sont 2 écorchés vifs, 2 parents meurtris qui se sont assis sur les bancs des parties civiles. Et visiblement, leur avocat a décidé de les laisser exprimer publiquement leur colère. Et leur douleur.

Une violence rare mais compréhensible. Leur fille, Audrey, 16 ans, est morte 2 ans et demi plus tôt. Alors qu'elle s'inquiète de ne pas la voir revenir, sa mère part à sa recherche. Elle la retrouve, chemin du Vert-Clos, à demi dénudée. Alors qu'elle rentrait chez elle en vélo à l'heure du déjeuner, la jeune lycéenne a été violée, étranglée et étouffée à l'aide d'un bâillon enfoncé dans la bouche. En ce début du mois d'août 2003, elle vient d'aider son père, ostréiculteur, à vendre des huîtres sur le marché de Saint-Martin-de-Ré. Portrait-robot, barrages filtrants, auditions, 900 signalements qu'il faut recouper, une centaine de prélèvements ADN effectués sur l'île ne permettent pas de faire avancer l'enquête. 75 gendarmes de la cellule Homicide 17 sont pourtant mobilisés sur ce crime, mais la population de l'île à cette saison est de 150 000 personnes. La tâche est ardue. Une seule personne est passée à proximité de la scène de crime. Elle a vu une silhouette de garçon derrière les fourrés. Elle a pensé que c'était un couple d'amoureux et elle a continué son chemin.

C'est fin décembre dans la région parisienne que le meurtrier présumé, Frédéric R., est arrêté chez sa mère. Il n'oppose aucune résistance, comme soulagé d'être enfin appréhendé. Il a été identifié grâce à une empreinte génétique relevé sur le corps de la victime. Il a 24 ans et travaillait comme saisonnier l'été précédent dans un restaurant de l'île de Ré. Ce n'est pas un inconnu des enquêteurs. Son employeur du mois d'août avait signalé aux gendarmes qu'il avait remarqué son comportement “bizarre” et une plaie inexpliquée à la main après les faits. Auditionné, le jeune homme avait été incapable d'expliquer sa blessure mais il avait été remis en liberté. Bien qu'ayant terminé son contrat de saisonnier le 31 août, il n'a quitté l'île que le 10 septembre. Considéré comme suspect potentiel, il est convoqué à la police de Nanterre le 22 octobre. Il s'y rend et accepte que son empreinte génétique soit prélevée. La comparaison fait “tilt”. Le travail de fourmi a porté ses fruits. Placé en garde à vue en décembre, il passe rapidement des « aveux précis, circonstanciés et cohérents » selon le procureur de la République de La Rochelle. Son casier judiciaire est vierge. On apprend seulement quelques jours plus tard qu'un précédent restaurateur l'a licencié, en 2001, pour violences verbales à l'adresse d'une employée. Aussitôt l'arrestation du meurtrier présumé arrêté, Nicolas Sarkozy, ministre de l'Intérieur, appelle les parents pour leur témoigner son soutien.

Le mercredi 25 janvier 2006 au matin, les parents et leur fils font face à Frédéric R. Ce dernier évoque la souffrance de ne pas connaître son père et le souvenir d'une enfance difficile entre le manque d'affection de sa mère et la violence d'un des compagnons de celle-ci. À l'âge de 5 ans, il déclare avoir été victime d'une agression sexuelle par un voisin. À l'époque, sa mère n'a pas porté plainte. C'en est trop pour Franck T. qui bondit une nouvelle fois de son banc vers le box. À l'adresse de la présidente qui tente de le raisonner, il lance un tonitruant : « Ferme ta gueule ! » Puis il enchaîne, regardant l'accusé : « Vous ne voulez pas un mouchoir non plus ? Il faut arrêter de dire que ce n'est pas de sa faute. Tu te prends pour qui ? C'est la faute à cette grosse merde. » Un policier s'interpose alors qu'il se dirige vers M^e^ Pelletier. M^e^ Dupond-Moretti, qui essaie de le calmer, se fait rabrouer aussi. La présidente préfère suspendre à nouveau l'audience ; 2 fois en une matinée.

À la reprise de l'audience, en début d'après-midi, contrairement à la règle, les parents d'Audrey ne se lèvent pas à l'entrée de la cour. Le message est clair. Appelé à la barre, le père parle de sa fille. C'est un homme cassé qui s'exprime. « Audrey était une jolie fille et puis il l'a massacrée. » « Personne ne peut appréhender votre douleur, précise la présidente qui souhaite faire baisser la tension, je souhaite que vous restiez jusqu'au bout. » « Je ne sais pas si je le pourrai. La douleur est tellement forte. Je ne dors plus la nuit. Je dois continuer à avancer. » Martine T. se dirige à son tour vers la barre. Elle reste traumatisée d'avoir découvert elle-même sa fille morte au bord du chemin. « Ce que je veux, c'est qu'il crève par mes propres mains. J'ai perdu l'amour de ma vie. Vous le comprenez, ça ? Il n'y a pas de justice. Cela ne mérite que la mort. » Martine et Franck ont dans leurs mains une photo de leur fille dans un cadre. Elle a été prise 2 jours avant le crime. Leur avocat demande qu'elle circule parmi les jurés.

Dans l'après-midi, c'est Frédéric R. qui raconte les faits. Il confirme avoir pris 4 cachets d'ecstasy. « Je me suis senti chaud, j'avais envie de parler à quelqu'un. J'ai tourné en rond. J'ai aperçu Audrey. J'ai été pris d'une pulsion. Je l'ai suivie puis interpellée. Pour lui demander l'heure. C'est là que je l'ai agressée. J'ai été pris de panique. » Il confirme que, lors de sa 1re audition le 11 août, il a fourni un faux alibi. Que lors de la 2de audition, le 22 octobre à Nanterre, il a compris qu'il était suspecté mais qu'il n'a pas voulu avouer.

« Si vous n'aviez pas été confondu par l'ADN, auriez-vous avoué ? l'interroge la présidente.

— Oui, répond l'accusé.

— Pourquoi ne pas l'avoir fait ?
— Je n'ai pas eu le courage. »
Devant moi, la mère murmure : « Crève. »

Le jeudi après-midi, Dominique B. se présente devant la cour. C'est la femme qui est passée près de la scène du crime en pensant assister à des ébats amoureux. Après avoir vu l'annonce de la mort de la jeune Audrey à la télévision, elle s'est présentée à la gendarmerie. À la barre, elle pleure. « Je suis bouleversée. Je me souviens de son visage. Je la vois toujours. » La présidente tente de la rassurer. « C'est à partir de vos déclarations qu'a été effectué le portrait-robot. Cela vous obsède. Ne vous faites pas de reproche. Vous culpabilisez. » « C'est très dur pour moi. Cela me rend malade », réplique le témoin dans un sanglot. L'avocat général, à son tour, cherche à la rasséréner. « Vous n'avez rien à vous reprocher. Votre témoignage a été capital. » M^e^ Éric Dupond-Moretti s'approche de Dominique B. « Les parents ne vous font aucun reproche. Vous ne pouviez pas imaginer. » La femme repart de la salle d'audience. Elle s'est libérée du poids qui lui pèse depuis plus de 2 ans. C'est une des forces du débat public des cours d'assises. Verbaliser au maximum ce dont on a été témoin. Ce que l'on sait.

Au matin du 3^e^ jour, Me Dupond-Moretti arrive à la cour d'assises pour plaider. Il a le visage sombre. Il est concentré. A-t-il « dégueulé » dans sa chambre d'hôtel à Saintes, comme il le confie régulièrement aux chroniqueurs judiciaires ? Probablement. Qu'il soit du côté de la défense ou du côté de la partie civile, c'est le même engagement de sa part. Un bulldozer au service de son client. Dans ce dossier, exceptionnellement, il ne fera pas le procès de la justice, des magistrats. Il met ses tripes au service d'un couple meurtri. « Ça devait être une journée calme et tranquille. » L'avocat nous emmène sur l'île de Ré. Il fait revivre Audrey. « Un homme la suit, la regarde, la désire. Il va lui demander l'heure. Sa dernière heure. La souffrance d'Audrey a été immense. J'espère qu'elle a été inconsciente quand celui-là a réglé ses comptes de personnalité. » Puis Dupond-Moretti abandonne l'accusé et se concentre sur ce qu'oublient trop souvent les avocats de parties civiles. Il parle de ses clients. Les parents. « Franck, il est dans une culpabilité que personne ne peut imaginer. La veille du crime, Martine ne voulait pas qu'Audrey aille travailler. Franck en a décidé autrement. » Puis l'avocat explique le comportement agressif du père depuis le début de l'audience. « Les règles du procès, il ne peut pas l'entendre. Il ne veut pas l'entendre. Il est dans une haine totale. Vous êtes des juges, il est le père de cet enfant. C'est le client le plus difficile que j'aie eu. C'est le client que j'aime le plus. Franck voudrait qu'on juge un crime et vous, vous jugez un homme. Le procès qui permet le deuil des victimes, je n'y crois pas. La dignité des victimes, cela me fatigue. Elles sont seules. Irrémédiablement seules. Même le chien est devenu fou depuis qu'Audrey est partie. Martine n'est plus jamais rentrée dans sa chambre. Elle n'arrive plus à pousser la porte de la chambre. Une petite fille s'est endormie dans un lit de poussière et ses doigts pointent l'océan. » L'avocat se rassied dans le silence. Il a plaidé une demi-heure. Peut-être une de ses plus belles plaidoiries.

Guy Étienne, l'avocat général, suit l'affaire depuis le 1er jour. Sa voix s'étrangle quand, au début de son réquisitoire, il confie que ce crime l'a impacté. « Audrey, je ne l'ai pas connue mais j'ai le sentiment d'être proche. Son visage ne me quitte plus. » Puis il se tourne vers la droite en direction des parents. « J'ai compris qu'ils n'attendaient rien de la justice. Je respecte leur position. Je n'ai jamais vu une souffrance aussi puissante. » Il lui faut désormais évoquer les faits reprochés à l'accusé. Ce qu'il appelle la « rencontre d'un ange et d'une âme grise ». « Bien sûr qu'il a souffert de carences graves, qu'il a été victime de violences. Et alors ! L'enfance malheureuse n'est rien par rapport au sordide et à la violence des faits, par rapport à la souffrance des parents. C'est un tsunami qui a emporté ma conviction. Une seule peine est possible, la plus haute. » Le magistrat requiert la perpétuité assortie d'une période de sûreté de 20 ans. « Ce qui le fera sortir à 44 ans », précise-t-il.

Les premiers mots de Me Jean-Louis Pelletier vont à ceux qui l'ont parfois malmené, menacé lors du 1er jour : « Je comprends parfaitement leur attitude, leur comportement, leur sentiment. » Des mots que les parents d'Audrey n'entendent pas. Ils ont préféré sortir pendant la plaidoirie de la défense. Avec un léger accent méridional, la voix posée, le mot mesuré, l'avocat se focalise sur son client. « On ne pardonne pas l'impardonnable [...] mais mon seul objectif est qu'il mérite une peine véritable. Je ne suis pas ici pour m'excuser mais pour tenter d'expliquer. Il n'a jamais fait parler de lui avant. Ce n'est pas le parcours d'un délinquant, d'un voyou, mais d'un pauvre garçon. » Me Pelletier a en ligne de mire l'avocat général à qui il reproche d'avoir requis la peine maximale. « Vous voulez sa tête. Heureusement qu'elle ne tombe plus depuis 1981. Les circonstances atténuantes, on les accorderait à un chien [...] Frédéric R., il me touche. Qu'il vous touche aussi », adresse-t-il aux jurés.

L'accusé, qui est resté la plupart du temps tête baissée, se lève pour prendre la parole en dernier. « Je voudrais que tout cela ne soit pas arrivé. J'ai commis l'irréparable. La seule chose que je puisse faire, c'est de payer ma dette à la justice. Je regretterai toute ma vie. »

Deux heures un quart plus tard, les jurés répondent « oui » aux 4 questions. Frédéric R. est condamné à 30 ans de réclusion criminelle assortie d'une période de sûreté des 2/3, et accompagné d'un suivi socio-judiciaire et d'une injonction de soins de 5 ans. Le verdict est accueilli dans un silence religieux.

Sur les marches du palais, M^e^ Pelletier salue la décision des jurés et annonce que son client ne fera pas appel de sa condamnation. De son côté, M^e^ Dupond-Moretti déclare : « Ce crime est impardonnable mais l'homme qui l'a commis a une personnalité qui a manifestement retenu l'attention de la cour d'assises. Et ça n'est pas illégitime. » Discrètement, les parents et le frère d'Audrey ont quitté la cour d'assises. Selon leur avocat, ils ne sont pas apaisés « mais ce procès n'a pas été inutile pour eux et ils sortent d'ici différents ».

Différents certainement. Car ceux qui, le 1^er^ jour, avaient manifesté devant moi leur colère, leur douleur, leur haine à l'encontre de l'accusé et de son avocat, et leur rejet vis-à-vis de la justice, offraient 3 jours plus tard un visage plus ouvert. Ainsi lorsque après le verdict l'audience civile, chargée d'évaluer les dommages et intérêts, a débuté, M^e^ Dupond-Moretti leur a demandé, d'un geste de la main, de se lever à l'entrée de la cour. Et pour la 1^ère^ fois, Martine et Franck ont salué les 3 magistrats. Étonnant M^e^ Dupond-Moretti, si connu pour partir en guerre contre les magistrats à l'audience, quitte à dépasser parfois la ligne jaune, qui a, ce jour-là, déployé des efforts de diplomatie pour rendre grâce à des juges.

# La petite martyre de l'A10, ou le combat contre la prescription

Pendant 30 ans, l'enfant martyre de l'A10 n'a eu ni prénom, ni nom. On sait désormais que Inass est née en juillet 1983 à Casablanca (Maroc). Son corps meurtri a été retrouvé le 11 août 1987 au kilomètre 135, dans un fossé le long de l'autoroute qui conduit vers Bordeaux. Ce sont 2 employés de la société Cofiroute qui découvrent ce pitoyable petit corps, enveloppé dans une couverture. Une énigme pour les enquêteurs de l'époque car sa disparition n'est signalée par personne. Aucun parent. Aucun voisin. On sait seulement que la fillette, de type méditerranéen, a entre 3 et 5 ans, qu'elle mesure 0,95 m, qu'elle a les cheveux bruns bouclés et les yeux de couleur marron foncé. Dernier détail, elle porte un pyjama. Mais surtout, son corps et son visage sont couverts de coups, de fractures, de brûlures provoquées par un fer à repasser, de morsures d'origine humaine. Selon les médecins légistes, la mort remonte à quelques heures. Probablement la conséquence des mauvais traitements subis par la fillette.

Ce sont les gendarmes et les juges de Blois qui sont chargés de l'enquête, le cadavre ayant été découvert dans le périmètre de leur juridiction. Mais comment retrouver l'identité d'une fillette de bientôt 4 ans dont on ne sait rien ? Georges Domergue[1] est

1. Magistrat que l'on a déjà rencontré dans le chapitre consacré à Véronique Courjault.

le 1er juge d'instruction chargé du dossier. Pendant les 2 ans où il reste en poste à Blois, il va s'efforcer d'élucider cette énigme. Le magistrat a simplement une conviction. Puisque personne ne se manifeste dans l'entourage de la victime, c'est sûrement que la solution de ce crime est dans le cercle familial. Les enquêteurs vont faire du porte-à-porte, visiter près de 65 000 écoles de la métropole, contacter 6 000 médecins, assistantes maternelles, juges des enfants, lancer un appel à témoin avec la photographie de la petite victime. Le visage de la fillette est tellement meurtri qu'il est décidé de retoucher numériquement la photo pour la rendre diffusable. Plus de 125 000 affiches sont placardées dans des lieux publics. En France comme dans une trentaine de pays. Le mystère reste entier. Personne ne se manifeste. Personne ne donne l'ombre d'une piste. En 1997, soit 10 ans après la macabre découverte, un nouveau juge d'instruction ferme le dossier par un non-lieu. Une décennie plus tard, sans un nouvel acte de procédure, l'affaire aurait été prescrite. Donc fermée définitivement.

Dès son arrivée à Blois, comme procureur de la République, Joëlle Rieutort rouvre le dossier, le sauvant des oubliettes judiciaires. D'abord parce que, comme ses prédécesseurs, elle n'imagine pas un seul instant que ce crime reste impuni, mais aussi parce qu'elle considère que l'évolution technologique et scientifique ne peut que contribuer à son élucidation. Toutes les pièces à conviction du dossier ont été précieusement gardées et conservées dans de bonnes conditions. Cela permet des prélèvements d'ADN qui, un jour, pourront être utiles. Dans un 1er temps, un ADN masculin et un ADN féminin sont relevés, mais ils sont inconnus du fichier national des empreintes génétiques (FNAEG).

Le miracle survient en 2017. Un jeune homme est interpellé suite à une bagarre. Son ADN "tilte" avec celui de la petite victime de l'A10. C'est son frère. Il a 34 ans. Il n'a jamais entendu parler d'Inass. Pour la première fois depuis 30 ans, les enquêteurs ont une piste. Direction les domiciles respectifs du père et de la mère, séparés depuis 8 ans. Ahmed T. vit à Puteaux (Hauts-de-Seine), Halima T. à Villers-Cotterêts (Aisne). Le 12 juin 2018, ils sont interpellés au petit matin et conduits à Orléans où ils sont placés en garde à vue. Ils sont respectivement âgés de 66 et 64 ans. 2 jours plus tard, ils sont mis en examen pour meurtre, recel de cadavre, violences habituelles sur un mineur de moins de 15 ans.

La fillette a enfin un prénom et un semblant d'existence. Déclarée à l'état civil à Casablanca, elle a été élevée par ses grands-parents au Maroc avant de rejoindre ses parents en France. Elle a 2 sœurs aînées et 4 frères, dont 3 sont nés après sa mort.

Le 10 août 1987, le couple décide de partir en vacances. Direction le Maroc. Durant la garde à vue, le père explique que, de retour le soir chez lui, il a découvert Inass inanimée sur le canapé. « Un accident, une chute dans l'escalier », a justifié son épouse. S'ensuit une scène hallucinante. Le couple prend la route à bord de leur voiture. À l'arrière, les 2 grandes sœurs et le bébé de 6 mois se partagent la banquette avec leur sœur décédée.

Au kilomètre 135 sur l'A10, la voiture s'arrête sur le bas-côté. Il fait nuit. Nous sommes en plein été, en pleins congés scolaires. Le trafic sur cet axe routier est intense mais personne ne remarque rien. Le corps d'Inass est déposé au fond d'un fossé. Enroulé dans une couverture pour simple linceul. Quelques minutes plus tard, la voiture repart en direction du sud. Il n'y a plus que 3 enfants sur la banquette arrière.

Durant sa garde à vue, la mère a un discours confus, reconnaissant avoir été violente vis-à-vis de sa fille mais niant être responsable de son décès. Après un an de détention provisoire, le père est remis en liberté. Contre l'avis du parquet. Frédéric Chevallier, le procureur de la République de Blois qui suit le dossier depuis son arrivée en 2015, n'a pas la même lecture du dossier que ses collègues du siège. Pour lui, la part de responsabilité du père et de la mère dans la mort de leur fille est à part égale. La décision finale reviendra aux jurés de la cour d'assises du Loir-et-Cher.

Dans le petit cimetière de Suèvres, près de Blois, où Inass a été enterrée peu après la découverte de son corps, la tombe est régulièrement fleurie. Pas par sa famille mais par les villageois qui la considèrent comme un peu des leurs. Pendant 30 ans, seule l'inscription « Ici repose un ange » symbolisait sa sépulture. Désormais, un prénom est inscrit.

Après avoir libéré, en juin 2019, le père de la petite victime, la justice a remis en liberté, pour raisons de santé, la mère, un an plus tard. Cette dernière est placée sous bracelet électronique et assignée à résidence chez l'un de ses enfants. Le couple n'a pas encore été jugé pour la mort d'Inass.

Outre le fait qu'aucun des magistrats ayant eu en charge cette affaire n'a songé à la laisser s'enterrer, il y a une disposition légale qui a également guidé ces professionnels du droit : la prescription. Preuve de son importance, la prescription apparaît dans le code de procédure pénale dès les premiers articles. Ainsi l'action publique pour l'application d'une peine s'éteint avec elle, comme avec la mort du prévenu. En 2017, depuis la loi Fenech-Tourret, les délais de prescription ont été rallongés, doublés. En clair, passé cette date, la justice ne peut plus rien faire pour vous. En matière de crime, elle intervient au bout de 20 ans. En matière de délit, le délai est de 6 ans, 1 an pour une contravention.

Comme toujours en matière juridique, il y a des exceptions. Dans les affaires de harcèlement, la prescription débute au bout de 6 ans. Dans le cas d'une injure ou d'une diffamation, l'action s'éteint au bout de 3 mois, ou 1 an s'il y a un caractère raciste, sexiste ou homophobe. Pour les affaires politicofinancières, les poursuites pour abus de confiance ou abus de biens sociaux peuvent intervenir 6 ans après la découverte de l'infraction. Dans le cas de dossiers terroristes, la prescription criminelle est portée à 30 ans, et en matière de délit à 20 ans.

Lorsque la victime est mineure, la prescription criminelle est portée à 30 ans après sa majorité, en cas de viol. En cas d'agression sexuelle, la plainte peut être déposée jusqu'à 20 ans après la majorité si le mineur avait moins de 15 ans, jusqu'à 10 ans si le mineur était âgé de plus de 15 ans.

Autre exception, déjà évoquée dans un précédent chapitre, les crimes contre l'humanité sont imprescriptibles.

Qui dit affaire prescrite dit affaire non jugée. Cela ne veut pas dire que le délit ou le crime n'a pas eu lieu. Mais plutôt qu'aucun procès ne pourra aboutir. D'où l'importance pour la victime de porter plainte le plus rapidement possible afin que la justice fasse son œuvre.

La prescription, forcément mal vécue par les victimes privées, a ses adeptes. Ceux-ci prônent un droit à l'oubli qui part du principe qu'au regard du délai raisonnable exigé par la Cour européenne des droits de l'homme, il y a une injustice à faire comparaître un individu plusieurs années après son crime alors qu'il n'est peut-être plus le même.

Juger un suspect des décennies plus tard comporte le risque de faire appel à des témoins aux souvenirs fragiles ou déformés, ou de se référer à des pièces du dossier qui ont disparu des scellés.

Reste que si le législateur a cru bon de rallonger les délais de prescription, c'est afin de tenir compte des progrès techniques et scientifiques, meilleurs alliés des juges pour résoudre une énigme judiciaire.

L'affaire de la petite martyre de l'A10 en est une magnifique preuve.

# Épilogue

À l'extérieur du palais, la nuit est tombée. Dans quelques cabinets d'instruction, la lumière est encore allumée. Preuve que certains juges travaillent jusqu'à pas d'heure. Les couloirs se sont vidés. Des avocats, qui ont mis en boule leur robe noire dans leur sacoche, quittent les salles d'audience à la va-vite. Plus loin un petit homme pousse un “diable” rempli de dossiers. Dans une cour intérieure, une sirène retentit. Un fourgon quitte le palais pour ramener plusieurs détenus à la maison d'arrêt. Le silence s'installe alors que s'approche minuit. Seuls les bruits du boulevard du Palais se font entendre. Les grilles vont bientôt être fermées. Deux gendarmes restent en faction.

Dans notre salle, l'audience touche à sa fin. Les yeux fatigués, la voix éteinte, le président esquisse un mouvement pour se lever.

« Mesdames, Messieurs. L'audience est levée. »

# TABLE

IMPRIM'VERT®

Achevé d'imprimer par CPI,
en janvier 2021
N° d'imprimeur : 162349

Dépôt légal : mars 2021

*Imprimé en France*